Spielmacher Gottes?

Spielmacher Gottes?

Facetten des bischöflichen Amtes

Herausgegeben von Christoph Koller, Katrin Gallegos Sánchez, Thomas Neumann und Benedikt Steenberg

FREIBURG · BASEL · WIEN

Gedruckt mit Unterstützung der

und des Verbands der Diözesen Deutschland (VDD)

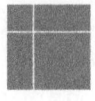

© Verlag Herder GmbH, Freiburg im Breisgau 2024
Alle Rechte vorbehalten
www.herder.de
Umschlaggestaltung: Verlag Herder
Umschlagmotiv: Bishops arrive for the opening mass of the annual
German Bishop's Converence in a cathedral in Muenster March 10, 2014
© picture alliance / REUTERS | INA FASSBENDER
Satz: Barbara Herrmann, Freiburg
Herstellung: CPI books GmbH, Leck
Printed in Germany
ISBN Print 978-3-451-39862-9
ISBN E-Book (PDF) 978-3-451-83401-1

Inhalt

Anstoß 7
*Christoph Koller, Katrin Gallegos Sánchez, Thomas Neumann,
Benedikt Steenberg*

Spielregeln

Der Bischof als Träger der Hirtensorge 13
Benedikt Steenberg

Und sie bewegen sich doch!
Die Macht der Diözesanbischöfe in Transformation 27
Katrin Gallegos Sánchez

Zusammen ist man weniger allein?
Die bischöfliche Kollegialität in Bischofskonferenz und
Bischofssynode 64
Christoph Koller

Spielfelder

Besser beraten?
Kirche und Consulting 83
Steffen Engler

Alle Jahre wieder – die bischöfliche Visitation
Kontrollinstanz oder Hirtensorge? 97
Oliver Schmitz

Alles in einer Hand?
Systemische Grenzen beim Umgang mit sexualisierter Gewalt
in der Kirche 111
Benjamin Vogel

Der Bischof und sein (Geheim-)Archiv 119
Nadja Schmitz-Arenst

Der Bischof und die Universität
Kanonistische Anmerkungen zum Rechtsverhältnis des
Diözesanbischofs zu einer katholisch-theologischen Fakultät   130
Thomas Neumann

Spielmacher

Herr Bischof, wie geht Bischof sein?
Ein Gespräch mit Erzbischof Stephan Burger und
Bischof Dr. Heiner Wilmer SCJ 167

Die Autor:innen 189

Anstoß

Wer und was genau sind Bischöfe? Sind Diözesanbischöfe „Spielmacher"? Diese Metapher bietet uns Bischof Dr. Heiner Wilmer SCJ im Gespräch für das vorliegende Buch an. Sie stammt aus dem Teamsport, z. B. dem Fußball. An dieser Metapher wird deutlich: das Verständnis von Bischofsein verändert sich. Während die Rollenverteilung bei traditionellen Bildworten wie Hirte und Schafen auf einem wesensmäßigen Unterschied beruht und den Hirten allein in die sorgende, verantwortliche Position rückt, ggf. durch seine Hütehunde unterstützt, sind die Rollen im Teamsport viel differenzierter verteilt. Da gibt es die Sichtbaren auf dem Platz: Spieler:innen, die auf ihrer jeweiligen Position spezialisiert sind, in der Verteidigung, im Mittelfeld, in der Offensive, für Standards, und deren Zusammenspiel für eine erfolgreiche Partie notwendig ist. Auf dem Platz sind auch die Offiziellen, welche ein faires und regelkonformes Miteinander garantieren. Und es gibt die vielen anderen, die weniger sichtbar, aber genauso spielentscheidend sind: der Trainerstab, medizinisches Fachpersonal, die Verwaltungsmitarbeitenden und Vereinsmitglieder, die Fanclubvorsitzenden und das Stadionpublikum. Alle gemeinsam haben Anteil am Erfolg des Teams. Alle können zum Spielmacher werden, ihre Aufgabe ist dabei die Strategie im Auge zu behalten und das Spiel am Laufen zu halten. Der Spielmacher kann also auf jeder Position agieren, er ist flexibel und hat immer alle Beteiligten im Blick.

Zwischen dem Bild des Hirten mit seiner Herde und jenem des Spielmachers in der eigenen Mannschaft zur Versinnbildlichung des Bischofsamts liegt eine Spannung, die unsere Zeit kennzeichnet. Das eine offenbart ein eher hierarchisches, das andere ein eher dynamisches Verständnis. Beide Begriffe finden zeitgleich Verwendung für die Charakterisierung des einen bischöflichen Amtes. Verstehen sich Bischöfe selbst (auch) als Spielmacher, so sind für sie die Gläubigen nicht mehr (nur) Herde, sondern Teammitglieder. In diesem gewandelten Verständnis des Miteinanders verändert sich notwendigerweise auch die Kommunikation zwischen denen, die die katholische Kirche als Bischöfe leiten, und jenen, die ihnen als Theolog:innen wissenschaftliche Unterstützung anbieten, Vorschläge machen und evaluieren. Zwischen denen, für die Wissenschaft das tägliche Brot ist und jenen, die ihr täglich Brot mit der praktischen Umsetzung der Theologie verdienen und die theoretischen Gedanken einem praxistauglichen Faktencheck unterziehen.

Das vorliegende Buch reflektiert aus theologischer und insbesondere kirchenrechtlicher Perspektive das Thema des Diözesanbischofs. Dabei greifen wir die Sportmetapher für die Struktur des Bandes gerne auf, denn dieses Buch soll dabei helfen, die verschiedenen Blickwinkel und Herangehensweisen an das Thema im Sinne einer teamsportlichen Leistung zu integrieren. So werden die Spielregeln erklärt, die Rahmenbedingungen, die durch Kirchenrecht, Theologie und gesamtgesellschaftliche Transformation das Bischofsein aktuell bedingen. Wie geht Verkünden, Heiligen, Leiten heute? Es werden exemplarische Spielfelder aufgezeigt, auf denen die bischöflichen Spielmacher unterwegs sind. Zu Wort kommen Theolog:innen, die aus der wissenschaftlichen, kirchlichen und außerkirchlichen Praxis ihren Blick auf die Rechtsfigur des Diözesanbischofs wesentlich aus deutscher Perspektive richten. Schließlich kommen zwei der Spielmacher selbst zu Wort, denn was wäre das Reden über das Bischofsamt, ohne auch mit Bischöfen selbst darüber zu sprechen?

Auf diese Weise kann das theologische Treiben von der Praxis lernen und die pastorale Praxis von der Präzision und Klarheit der Wissenschaft befruchtet werden. So haben es die Autor:innen dieses Bandes – Priester, Pastoralreferent:innen, Wissenschaftler:innen an theologischen Fakultäten und Theolog:innen innerhalb und außerhalb des kirchlichen Dienstes – gehalten, wenn sie sich seit beinahe 20 Jahren im gemeinsamen Oberseminar mit kirchenrechtlichen Themen beschäftigt haben. Dabei wurden sie angeleitet und gefördert durch ihren akademischen Lehrer Georg Bier. Anlässlich seiner Verabschiedung in den Ruhestand als Inhaber des Lehrstuhls für Kirchenrecht und Kirchliche Rechtsgeschichte an der Universität Freiburg zum Ende des Sommersemesters 2024 danken die Herausgeber:innen und Autor:innen mit diesem Buch für sein Engagement und seine aus- und andauernde Begleitung.

Georg Bier hat durch die Thesen in seiner Habilitationsschrift „Die Rechtsstellung des Diözesanbischofs nach dem Codex Iuris Canonici von 1983" die kanonistische und auch theologische Fachwelt aufgerüttelt. Sind die Diözesanbischöfe wirklich autonome Nachfolger der Apostel und Repräsentanten Christi in ihren Teilkirchen oder doch nur „Verwaltungsbeamte des Papstes"? Was ist der wirkliche Beitrag des II. Vatikanums und seiner Rezeption und was der Beitrag des Kirchenrechts zum Thema des Bischofsamtes? Diese Debatten sind bis heute noch nicht abgeschlossen und der aktuelle Nachfolger Petri, Papst Franziskus, nimmt einerseits die Bischöfe wie noch keiner seiner jüngeren Vorgänger in die Pflicht und richtet gleichzeitig über seine Mitbrüder im Bischofamt in einer Strenge wie kein anderer Papst der Moderne vor ihm.

Unser Dank gilt dem Verlag Herder für die Aufnahme in sein Verlagsprogramm, sowie dem Verband der Diözesen Deutschlands (VDD) und der Erzbischof Hermann Stiftung für die großzügige Unterstützung bei den Druckkosten. Dr. Caroline Isabella Sachs hat in großem Umfang korrekturgelesen, Mira Vierneisel, wissenschaftliche Hilfskraft am Lehrstuhl für Kirchenrecht und kirchliche Rechtsgeschichte der Universität Freiburg, hatte alle formalen Anforderungen im Blick und die Artikel für die Drucklegung redigiert. Dem Erzbischof von Freiburg, Stephan Burger, und dem Bischof von Hildesheim, Dr. Heiner Wilmer SCJ, danken wir für das offene und fruchtbringende Gespräch, das wir in autorisierter Fassung in diesem Buch abdrucken dürfen.

Spielmacher und Hirten, Verwaltungsbeamte und autonome Nachfolger der Apostel: diese vielseitigen Facetten des bischöflichen Amtes anzuerkennen versucht das vorliegende Buch, das selbst in der Spannung dieser Begrifflichkeiten und der dahinterliegenden Hermeneutik steht. Möge es bei der Suche nach der jeweils hilfreichsten Metapher dienen und so das Zusammenspiel zwischen den Akteur:innen aus Theorie und Praxis beflügeln sowie zum Überdenken der Spielregeln und ihrer Anwendung anregen. Ein Buch für Spielmacher, Spieler:innen und für die interessierten Zuschauer.

Viel Freude bei der Lektüre!

St. Trudpert im Münstertal, am 7./8. Juni 2024
Christoph Koller, Katrin Gallegos Sánchez,
Thomas Neumann, Benedikt Steenberg

Spielregeln

Der Bischof als Träger der Hirtensorge

von Benedikt Steenberg

Ein idyllisches Bild: In der Lüneburger Heide labt sich eine Schafherde am satten Heidekraut. Zwischen schattenspendenden Bäumen und duftenden Sträuchern tun die Schafe das, was Schafe für gewöhnlich tun: Sie grasen, rennen, kabbeln sich und grasen wieder. Lämmer machen die ersten tapsigen Schritte an der Seite des Mutterschafs. In der Luft liegt neben dem Duft der Heide auch der Geruch nach Schaf. Das Blöken der Tiere vervollständigt die Szenerie.

Am Rand der Herde lehnt ein Mann in grünem Mantel und einem Hut mit weiter Krempe auf einem Holzstab: unverkennbar der Hirte. Er, der die Herde weidet, weiß genau, für wie viele Tiere er Verantwortung trägt. Neben den Schafen sind da noch die drei Schäferhunde, deren Aufgabe es ist, die Schafherde im Sinne des Hirten in Zaum zu halten. Der Hirte weiß, dass es seine Pflicht ist, die Herde auch morgen auf eine saftige Weide zu führen. Dass er den Tieren, wenn es heiß und trocken ist, auch Wasser zu geben hat. Er muss sich um die trächtigen Mutterschafe kümmern und sie bei der Geburt notfalls unterstützen. Kranke Tiere lässt er medizinisch behandeln. Er ist es auch, der dafür Sorge trägt, dass die Schafe zur rechten Zeit geschoren werden und dass die gewonnene Wolle wirtschaftlich vermarktet wird. Und schließlich ist es auch an ihm, dem Hirten, die Lämmer auszuwählen, die den nächsten Sommer nicht mehr erleben werden, weil er sie zum Schlachten gibt. Der Hirte trägt die Hirtensorge für die ihm anvertraute Herde.

Szenenwechsel: Eine Kirche in Süddeutschland. Es ist ein Samstagabend im Herbst. Vorabendmesse. Im Evangelium hat Jesus gerade seine Zuhörer:innen desillusioniert, indem er ihnen prophezeit, dass eher ein Kamel durch ein Nadelöhr ginge, als dass ein reicher Mensch ins Himmelreich gelange. In der Predigt nutzt der Priester diese Bibelstelle für eine sehr fundierte Grundsatzpredigt zur Frage von Haltung in der Kirche und dem Verhältnis von Hierarchie, Macht und Verantwortung. Ein Gedanke aus der Predigt, wenn auch sehr komprimiert wiedergegeben, lautet: Wenn Jesus seine

Worte erst gemeint hat und Menschen, die zu sehr auf Machterhalt und Äußerlichkeiten fixiert sind, dadurch Gefahr laufen, ihr Seelenheil zu verwirken, so müsse man mit Blick auf manchen Kirchenoberen die Frage stellen, ob dieser denn des Reiches Gottes teilhaftig werden wird. Denn allein schon, sich als Oberhirte der Kirche zu verstehen und einen entsprechenden Habitus an den Tag zu legen, sei reinste Anmaßung. So sage Jesus Christus klar: Er, und nur er sei der gute Hirte (vgl. Joh 10,11). Da es für eine Herde aber immer nur einen Hirten geben kann, könne es sich bei den kirchlichen „Oberhirten" strenggenommen und bestenfalls um Leithammel, keinesfalls um Hirten, handeln. Hirtenattitüde dürfe es in der Kirche nicht mehr geben. Die Hirtenmetapher müsse in der Kirche hinterfragt werden, zu sehr rechtfertige sie gefährliche Machtstrukturen und ermögliche Missbrauch. Würden sich die „Oberhirten" als „Leithammel" verstehen, so wäre dies auch eine notwendige Entlastung von einer über die Jahrhunderte lehramtlich aufgeladenen Erwartung an die klerikalen Verantwortungsträger der Kirche.

Auch, wenn die Forderung aus der pointierten Predigt, die Kirche müsse sich von der Hirtenmetapher lösen, nachvollziehbar wirkt, so muss die Frage erlaubt sein: Geht das überhaupt, eine Kirche ohne Hirten? Zugespitzt und fokussiert: Ist es (kirchenrechtlich) überhaupt möglich, dass ein Diözesanbischof nicht Hirte, sogar: Oberhirte, ist?

Ein kursorischer Blick über einschlägige kirchliche Verlautbarungen zeigt, wie eng die Hirtenmetapher insbesondere mit dem Bischofsamt verbunden ist. Die deutsche Übersetzung des Dekrets des Zweiten Vatikanischen Konzils über die Bischöfe *Christus Dominus* lautet: „Dekret über die Hirtenaufgabe der Bischöfe in der Kirche".[1] Die ordentliche Bischofssynode von 2001 beschäftigte sich mit dem Thema „Bischof", das Ergebnis der Synode fasst Johannes Paul II. in dem nachsynodalen Schreiben vom 16.10.2003 *Pastores Gregis*[2] zusammen, zu Deutsch „Die Hirten der Herde", gemeint sind die Bischöfe. Die Kongregation für die Bischöfe veröffentlichte am 22.02.2004 in Fortschreibung vorheriger Dokumente das „Direktorium für den Hirtendienst der Bischöfe"[3]. Auch der aktuelle Papst bedient sich der Charakterisierung der Bischöfe als Hirten, etwa wenn der Titel der Apostolischen Konstitution, mit welcher ein neues kirchliches Strafrecht eingeführt wird, den apostolischen Auftrag „Weidet die Herde Gottes" als Titel trägt[4] und sich damit an die Bischöfe als oberste Hirten wendet. Das kirchliche Gesetzbuch ist keine Ausnahme: C. 375 § 1 CIC besagt beispielsweise:

> „Die Bischöfe, die kraft göttlicher Einsetzung durch den Heiligen Geist, der ihnen geschenkt ist, an die Stelle der Apostel treten, werden in der Kirche zu Hirten bestellt, um auch selbst Lehrer des Glaubens, Priester des heiligen Gottesdienstes und Diener der Leitung zu sein."

So, wie Christus in sich Prophet (Lehren), Hohepriester (Heiligen) und König (Leiten) vereint, so sind die Bischöfe in apostolischer Nachfolge als Hirten in der Kirche zum Lehren, Heiligen und Leiten berufen. Die Trias Lehren-Heiligen-Leiten ist mit dem Hirtenamt verbunden. Bischöfe sind zu Hirten berufen um zu lehren, um zu heiligen und um zu leiten.[5]

Die drei im Hirtenamt zusammengefassten Dienste des Lehrens, Heiligens und Leitens sind eng verbunden mit dem Konzept von Vollmacht (lat.: *potestas*), welchen Klerikern aufgrund von Weihe und Amtsübertragung verliehen wird. Während das Zweite Vatikanische Konzil (etwa in LG 19, CD 2,2, AA 2) davon ausgeht, dass mit der Weihe die eine heilige Vollmacht (lat.: *sacra potestas*) übertragen wird, deren Ausübung aber erst durch die Wahrnehmung eines bestimmten Amtes möglich ist, ist das Konzept von *potestas* im kirchlichen Gesetzbuch uneinheitlich. Grundsätzlich geht der CIC von einer Unterscheidung von Weihevollmacht und Leitungsvollmacht aus, wobei gem. c. 129 CIC die Weihe Voraussetzung für die Übertragung von Leitungsvollmacht ist.[6] Somit ist die Leitungsvollmacht (lat. *potestas regiminis* bzw. *potestas jurisdictionis*) eng verbunden mit der Hirtenvollmacht[7], welche in den *tria munera* Christi (Lehren-Heiligen-Leiten) wurzelt[8]. Ein kirchliches Amt, welches Leitungsvollmacht beinhaltet, ist demnach eng verbunden mit der Übernahme und der Ausübung von Hirtensorge.[9]

Doch nicht nur Bischöfe sind in der Kirche Hirten. Auch Priestern kann Hirtensorge übertragen werden. So ist jeder Hirte (lat.: *pastor*) in der Kirche Träger der Hirtensorge (lat.: *cura pastoralis*). Dies ist konkret und vor Ort in den Pfarreien der Fall, wo die Pfarrer für ihr Pfarrgebiet die Hirtensorge verantworten. C. 519 CIC besagt:

> „Der Pfarrer ist der eigene Hirte der ihm übertragenen Pfarrei; er nimmt die Hirtensorge für die ihm anvertraute Gemeinschaft unter der Autorität des Diözesanbischofs wahr, zu dessen Teilhabe am Amt Christi er berufen ist, um für die Gemeinschaft die Dienste des Lehrens, des Heiligens und des Leitens auszuüben ..."

Der Pfarrer partizipiert am Hirtendienst des Diözesanbischofs, wird so selbst zum eigenberechtigten Hirten für den ihm anvertrauten Teil des Gottesvolkes und nimmt im Auftrag des Bischofs die Hirtensorge für die Pfarrei wahr. Die Hirtensorge des Pfarrers ist aber nicht, wie beim Bischof, in der Weihe begründet. Zwar befähigt die Priesterweihe, „in der Person Christi, des Hauptes, zu handeln" (c. 1009 § 3 CIC), also ontologisch an Christi statt (insbesondere bei der Feier der Eucharistie) zu agieren. Damit ist jedoch nicht die automatische Teilhabe an den *tria munera* Christi verbunden. Dazu bedarf es eines Amts, das Hirtensorge beinhaltet. Mit Blick auf die einem Pfarrer übertragene Hirtensorge liegt diese bspw. institutionalisiert im Amt des Pfarrers vor, unabhängig vom jeweiligen Amtsträger. Da aber nur einem Priester gültig das Amt des Pfarrers (und andere Ämter, die mit Leitungsvollmacht[10] einhergehen oder die der umfassenden Seelsorge dienen[11]) übertragen werden kann (c. 521 § 1 CIC), ist kirchenrechtlich die Priesterweihe Voraussetzung für die Wahrnehmung von Hirtensorge.[12] Bei der Ausübung der Hirtensorge in der Pfarrei kann der Pfarrer von weiteren Klerikern (Priestern oder Diakonen) sowie Laien unterstützt werden. Andere Kleriker können demnach gem. c. 519 CIC bei der Ausübung der Hirtensorge „mitwirken" *(„cooperare")*, Laien hingegen „mithelfen" *(„operam conferentes")*.[13]

Während Priestern die Hirtensorge somit nicht *per se* zufällt, sondern ihnen diese durch ein Amt – und in der Regel in Abhängigkeit von einem Bischof – übertragen wird, macht die Bischofsweihe den Bischof qua Weihe zum Träger von Hirtensorge. Somit wird hier das grundsätzliche Konzept, dass zur Ausübung von Hirtensorge zunächst ein Amt, das Leitungsvollmacht beinhaltet, notwendig ist, durchbrochen. Die Bischofsweihe versetzt eine Person in den Bischofstand, die Person ist nun Bischof, nicht mehr (nur) Priester. Unabhängig von dem konkreten Amt, dass diese Person übernehmen soll (etwa Diözesanbischof, Auxiliarbischof, Kurienbischof oder Apostolischer Nuntius) bringt allein die Zugehörigkeit zum Bischofsstand bestimmte Befugnisse mit sich (Weihevollmacht). So hat jeder Bischof gem. c. 375 CIC aufgrund der gültigen Bischofsweihe schon Anteil an den *tria munera*. Alle Bischöfe sind laut § 1 zu Lehrern des Glaubens, Priestern des heiligen Gottesdienstes und Diener der Leitung bestellt. Jedoch schränkt § 2 die Ausübung der *munera* des Lehrens und des Leitens ein. Diese können nur in hierarchischer Gemeinschaft mit dem Papst und dem Bischofskollegium ausgeübt werden.[14] Bezüglich des Heiligens jedoch spenden alle Bischöfe das Sakrament der Taufe (cc. 861 § 1, 862 CIC), der Firmung (c. 882 CIC), der Buße (c. 967 § 1 CIC), der Krankensalbung (c. 1003 §§ 1–2 CIC) und der Weihe (c. 1012 CIC) immer und überall gültig (wenngleich mitunter nicht erlaubt) und feiern überall gültig die Eucharistie (cc. 900, 910 CIC). Hinsichtlich des Dienstes an der Lehre dürfen Bischöfe überall predigen, es sei denn, es steht im Einzelfall ein ausdrückliches Verbot des jeweiligen Ortsbischofs entgegen (c. 763 CIC).[15]

Da diese Befugnisse für alle Bischöfe gelten, sind sie auch für Diözesanbischöfe einschlägig. Was ist aber das Proprium der diözesanbischöflichen Hirtensorge? Während das kirchliche Gesetzbuch für den Pfarrer unter dem entsprechenden *Caput* einen Katalog bereithält, wie dieser konkret seinen Hirtendienst zu verrichten hat (cc. 528–535 CIC), so bleibt der *Codex* im entsprechenden Artikel über die Diözesanbischöfe (cc. 381ff. CIC) eher oberflächlich.

So trägt c. 383 § 1 CIC dem Diözesanbischof auf, seinen Hirtendienst für alle ihm anvertrauten christgläubigen Menschen wahrzunehmen. Konkret bedeutet dies, dass er seinen Hirtendienst hinsichtlich des *munus docendi*, der Lehre, durch regelmäßige Predigt und Auslegung der kirchlichen Glaubenslehren für die Gläubigen erfüllt und darüber wacht, dass die einschlägigen Vorschriften zu Predigt und Katechese befolgt werden[16] (vgl. c. 386 § 1 CIC). Hinsichtlich des *munus sanctificandi* (cc. 387–390 CIC), des Heiligungsdienstes, beschränkt sich der Artikel über die Diözesanbischöfe auf die Pflicht, jeden Sonntag und gebotenen Feiertag die Messe für das Gottesvolk seiner Diözese zu applizieren (c. 388 § 1 CIC). C. 391 § 1 CIC legt für die Hirtensorge des Bischofs hinsichtlich des *munus regendi* schlicht fest: „Es ist Sache des Diözesanbischofs, die ihm anvertraute Teilkirche nach Maßgabe des Rechts mit gesetzgebender, ausführender und richterlicher Gewalt zu leiten."[17] Es folgen in den cc. 391–400 CIC Konkretionen der diözesanbischöflichen Amtspflichten, so zum Beispiel die Pflicht zur regelmäßigen Visitation seines Bistums.[18]

Weitere konkrete Rechte und Pflichten des Diözesanbischofs finden sich im kirchlichen Gesetzbuch durchaus an unterschiedlichen Stellen. Als oberster Träger des *munus docendi* in seiner Diözese ist der Bischof nicht nur selbst gehalten, die unverfälschte kirchliche Lehre in Predigt, Katechese und Hirtenschreiben darzulegen. Da er „Leiter des gesamten Dienstes am Wort Gottes" (c. 756 § 2 CIC) in seiner Diözese ist, hat er grundsätzlich eine Verantwortung für die Verkündigung der kirchlichen Lehre in seiner Diözese, etwa an den katholischen Schulen (cc. 804, 806 CIC), hinsichtlich der Ausbildung der Lehrkräfte für den Religionsunterricht (c. 805 CIC), an den kirchlichen Hochschulen und Universitäten (c. 810 § 2 CIC), theologischen Fakultäten[19], aber auch an den Akademien an anderen Bildungseinrichtungen, die in seiner Diözese als kirchliche Einrichtungen bestehen. Diese Verantwortung nimmt der Diözesanbischof präventiv wahr, beispielsweise durch den Erlass einschlägiger Ausbildungs- und Studienordnungen, durch Ordnungen für die Verleihung einer kirchlichen Lehrbefugnis, in welcher persönliche und fachliche Anforderungen an Personen, die die kirchliche Lehre verkünden sollen, definiert sind. Wird der Diözesanbischof auf Missstände in der Lehre aufmerksam, so ist es seine Pflicht, zu intervenieren. In diesem Fall kann der Diözesanbischof sogar zum Entzug einer Lehrerlaubnis oder zur Verhängung eines Predigtverbots verpflichtet sein, wenn dem Missstand auf anderer Weise nicht abgeholfen werden kann.

Das Direktorium für den Hirtendienst der Bischöfe stellt hinsichtlich der Verantwortung des Diözesanbischofs für den Heiligungsdienst in Nr. 142 heraus: „Der Bischof muss insbesondere die Verantwortung für den Gottesdienst als ureigene Amtsaufgabe betrachten, und im Hinblick auf diese Aufgabe übt er auch die anderen

Aufgabenbereiche als Lehrer und Hirte aus." Das Direktorium sieht im *munus sanctificandi* also einen zentralen Kern der bischöflichen Hirtensorge, von welchem die beiden übrigen *munera* des Lehrens und des Leitens nicht losgelöst werden können. Konkret hat der Diözesanbischof die Befugnis, innerhalb der Grenzen seiner Zuständigkeit[20] die Liturgie zu regeln und zu normieren (c. 838 §§ 1 und 4 CIC), da er „Leiter des liturgischen Lebens der Diözese"[21] ist. Er kann hinsichtlich der Feier der Sakramente Erlaubtheitskriterien aufstellen (c. 841 CIC). Der Diözesanbischof hat auch dafür Sorge zu tragen, dass in seiner Diözese den Gläubigen ein regelmäßiger Besuch der Sonntagsmessen möglich ist. Dies betrifft eine adäquate Personalplanung, also eine flächendeckende Versorgung des Diözesangebietes mit Priestern, wie auch das Vorhalten geeigneter Kirchengebäude. Hier wird die enge Verbindung des *munus sanctificandi* zum *munus regendi* sichtbar, denn Personal- und Gebäudemanagement gehört wesentlich zur Verwaltung der Diözese und damit zum Leitungsdienst.

Schließlich ist der Leitungsdienst in sich rechtlich in drei Grundvollmachten zu untergliedern: die Verwaltungsvollmacht (lat.: *potestas exsecutiva*), die gesetzgebende Vollmacht (lat.: *potestas legislativa*) und die richterliche Vollmacht (lat.: *potestas iudicialis*). Während der Diözesanbischof die legislative Vollmacht immer höchstpersönlich ausüben muss, kann er sich bei Exekutiv- und Judikativvollmacht vertreten lassen. Dies geschieht in der Regel dadurch, dass er entsprechend befähige Priester in die kirchenrechtlich vorgesehenen Stellvertreterämter des Generalvikars für die Verwaltung und des Gerichtsvikars[22] für die Rechtsprechung beruft (c. 391 § 2 CIC). Als oberster Leiter seiner Diözese vertritt der Bischof die ihm anvertraute Teilkirche rechtlich (c. 393 CIC).

Dabei wird gerade am Begriff der Leitung ein Proprium der *cura pastoralis* deutlich, denn Leitung in der Kirche ist dogmatisch und kirchenrechtlich an den Hirtendienst gebunden. Leitung – im kirchenrechtlichen Sinne – ausüben können in der Kirche grundsätzlich nur Personen, die Hirtensorge wahrnehmen, da, wie beschrieben, das *munus regendi* zu den *tria munera* des Hirtendienstes gehört. Diese Personen sind vor allem die in apostolischer Sukzession stehenden Bischöfe, denen, wenn sie Diözesanbischöfe sind, Leitungsvollmacht (lat.: *potestas regiminis*) in primärer Form zukommt. Die den Diözesanbischöfen zu- und untergeordneten Träger von Leitungsvollmacht, sei diese stellvertretend (etwa als General- oder Bischofsvikar) oder eigenberechtigt (etwa als Pfarrer) befinden sich immer in einer direkten oder indirekten Abhängigkeit vom bzw. zum Diözesanbischof.[23]

In der Hirtensorge des Diözesanbischofs sind die *tria munera* des Lehrens, Heiligens und Leitens integrativ zusammengefasst. Dies wird deutlich in seiner umfassenden Verantwortung für die Seelsorge in der ihm übertragenen Diözese. C. 369 CIC definiert eine Diözese als einen „Teil des Gottesvolkes, der dem Bischof in Zusammenarbeit mit dem Presbyterium zu weiden anvertraut wird". Die Sorge für die Gläubigen durch den Bischof und sein Presbyterium ist konstitutiv für die Diözese. Hier ist der Anknüpfungspunkt für die in der kirchenrechtlichen Literatur uneinheitliche Verhältnisbestimmung von Hirtensorge, *cura pastoralis*, und Seelsorge, *cura animarum*.[24]

Hirtensorge kann demnach nur von Klerikern übernommen werden. Nichtkleriker können, wie oben dargelegt, bei der Ausübung von Hirtensorge nicht „mitwirken" (das ist anderen Klerikern überlassen), sondern „mithelfen" (c. 519). Dies gilt auch für den Bereich der Seelsorge. Nach kirchlicher Logik ist für die vollumfängliche Seelsorge (lat.: *plena cura animarum*) die Priesterweihe notwendig. Für kirchliche Ämter, die dieser vollumfänglichen Seelsorge dienen, ist die Priesterweihe Voraussetzung (c. 150 CIC). Jedoch können auch Nichtkleriker, die dazu geeignet sind, mit kirchlichen Ämtern betraut werden (c. 228 § 1 CIC), nicht ausgeschlossen Ämter, die der Seelsorge (*cura animarum*, nicht jedoch *plena cura animarum*) dienen.[25]

Es ist integraler Teil der Hirtensorge des Diözesanbischofs, Seelsorge zu gewährleisten. Dazu gehört es, innerhalb einer Diözese Strukturen zu schaffen und aufrecht zu erhalten, in denen Seelsorge gelingen bzw. ermöglicht werden kann. Innerhalb vieler deutscher Diözesen laufen deswegen Prozesse und Projekte, um angesichts von sich zuspitzendem Personalmangel, und das meint nicht nur Priestermangel, Strukturen und Voraussetzungen zu schaffen, die in Zukunft weiterhin Seelsorge überhaupt ermöglichen.

In seiner Verantwortung für die Seelsorge in seinem Bistum hat der Diözesanbischof auf alle drei *munera* zurückzugreifen und muss durch Lehre, Heiligung und Leitung für seine Diözese Wege für die Zukunft der Seelsorge erschließen. Dabei geht es nur vordergründig um die Frage, ob Pfarreien zu fusionieren sind, wie Pfarreien in Zukunft zu leiten sind, ob eine Pfarreileitung ohne Pfarrer flächendeckend möglich und notwendig ist, oder wie Pfarrer von Verwaltungstätigkeiten entlastet werden können. Stattdessen gilt es vielmehr zu definieren, welches die Inhalte von Seelsorge sind bzw. zukünftig zu sein haben.[26] Das Prinzip „*form follows function*", die Struktur folgt dem Inhalt, gilt somit auch für die Seelsorge. Konkret setzt das ein Umdenken, ein Einlassen auf Neues und Risikobereitschaft voraus. Das bedeutet, auch unangenehme und schmerzhafte Entscheidungen zu treffen. Aber so zu handeln ist letztlich Ausdruck der Wahrnehmung der Grundverantwortung des Diözesanbischofs für die Sorge um dem ihn anvertrauten Teil des Gottesvolkes, welches zu weiden ihm aufgetragen ist.

Da die Hirtensorge die Hirten der Kirche auf die *tria munera Christi* verpflichtet, sie gleichsam christologisch begründet wird, ist Hirtensorge ein wesentlicher Bestandteil der hierarchischen Verfassung der katholischen Kirche.[27] Eine Kirche ohne Hirten ist somit schlechterdings nicht denkbar. Die hierarchische Verfassung der Kirche „lebt" von der Zuordnung der Kirchenglieder zu einem bestimmten Ort innerhalb der Hierarchie, die ihrem Wesen nach *top-down* geprägt ist. Keine Herde ohne Hirten, die für die Herde sorgen.[28]

In Wahrnehmung der ihm übertragenen Hirtensorge ist der Bischof nicht nur den Menschen in seinem Bistum verpflichtet, sondern eingebunden in ein umfassendes und globales Netz von Beratung und Entscheidung. Er trägt als Teil des Bischofskollegiums Verantwortung für die Weltkirche, etwa auf Konzilien, und ist auf Bischofssynoden Berater des Papstes. Er vernetzt sich in der Bischofskonferenz mit seinen Amtsbrüdern und berät sich mit diesen. Er lässt sich für die Wahrnehmung seines Leitungsamtes selbst beraten, von intern und extern. So entsteht ein Netzwerk zwischen den Hirten, die sich gegenseitig austauschen und beraten, wobei durchaus auch die fachliche Expertise von Nicht-Hirten eingeholt wird.[29]

Jedoch stößt das Bild des Hirten heute an seine Grenzen.[30] Die Gedanken aus der Predigt, die zu Beginn dieses Textes wiedergegeben wurden, spiegeln ein Gefühl, das die meisten Gläubigen in der heute wohl teilen: Statt passiv als Herde, die geweidet werden muss, verstehen sich Katholik:innen heute als autonome Akteure ihres (Glaubens-)Lebens. Die wenigsten noch so engagierten Mitglieder der katholischen Kirche würden sich selbst im Bild des Schafes wiederfinden. Sie verorten sich nicht in einer Glaubenswelt, in der Hirten wissen, was gut für sie ist, in der Hirten ihnen eine Weide zuweisen, in denen allein Hirten entscheiden, wo die Herde morgen weiden wird. Zudem soll es auch Bischöfe geben, die sich sehr unwohl fühlen mit ihrer Bezeichnung als Hirte.[31]

Das Kirchenrecht definiert Hirtensorge vom Weiheamt her und weist den Hirten einen prominenten Ort in der kirchlichen *Top-Down*-Hierarchie zu, nämlich in der Regel oben. Die hierarchische Verfassung der Kirche schaut nur auf den *Status quo*: Wo steht jemand in der Hierarchie, welche Befugnisse sind mit dieser Stellung verbunden? Daher wirken kirchliche Amtsträger mitunter isoliert in ihrem Amt und losgelöst von der kirchlichen Basis. So laufen einige Hirten Gefahr, den Bezug zur Herde, dem Volk Gottes, zu verlieren.

Es kann heilsam sein, sich bewusst zu machen, dass auch kirchliche Hirten der Herde entstammen. Sie sind Teil des Volkes Gottes und aus dem Volk Gottes heraus sind sie berufen, für das Volk Gottes zu sorgen.[32] Diejenigen, die in der Kirche Hirtensorge tragen, sind selbst Teil der Herde und aus der Herdendynamik heraus nehmen sie Verantwortung für die Herde wahr. Abgesehen davon, dass diese Erkenntnis, wenn man sie zu Ende denkt, die kirchlichen Hirten tatsächlich eher zu Leithammeln (als zu Hirten) macht, vermag sie auch einen anderen wichtigen Impuls zu setzen. Das Hirtesein, in englischer Sprache: *shepherdship*, ist im kirchlichen Kontext eine sakramental begründete und daher existenzielle Form von Leitung, von Leadership. Diese Leadership bekommt im Zusammenhang mit dem kirchlichen Hirtenamt eine neue Wendung: Von Leadership zum *Leader-Sheep*.

Zurück auf die Lüneburger Heide: Der Hirte im grünen Mantel blickt über seine Herde. Er weiß um die Verantwortung, die er trägt. Diese lastet an manchen Tagen schwer auf ihm, denn seine Aufgabe als Hirte ist eine tägliche Herausforderung, die Zukunft ist keinesfalls gesichert. Zudem ist ein alter Bekannter nach Norddeutschland zurückkehrt, der Wolf. Und diesem ist scheinbar nicht beizukommen, hat er doch auch in seiner Herde schon Schafe gerissen. In solchen Momenten fragt er sich, warum er diese Arbeit überhaupt macht. Es gibt immer weniger Menschen wie ihn, und immer weniger Menschen verstehen ihn und seine Lebenswelt.

Dann aber gibt es Tage wie den heutigen. An solchen atmet er die Heideluft, hört das Blöken und Meckern der Schafe, sieht die Lämmer an der Seite ihrer Muttertiere. Er sieht seine Schäferhunde und weiß, er kann sich auf sie verlassen, sie behalten die Herde im Blick und warnen vor Gefahren. Er blickt sich um, sieht die wunderbare Natur und erkennt: Hirte sein heißt nicht, die Herde zu beherrschen. Hirte sein bedeutet, gemeinsam mit der Herde auf dem Weg zu sein. Er ist nicht Hirte, um Lämmer zu schlachten, auch wenn das dazugehört. Er ist Hirte, um den Schafen Leben zu ermöglichen. Trotz aller Widrigkeiten. Und er weiß: Er ist gerne Hirte, denn er ist Hirte nicht aus Selbstzweck, sondern Hirte ist er nur mit der Herde. Würde man ihn fragen, wie er sich selbst sieht, so würde er antworten: als ein *Leader-Sheep*.

Anmerkungen

[1] Im lateinischen Original: „*Decretum de pastorali Episcoporum munere in Ecclesia*". Zur nicht unproblematischen Übersetzung des Titels sei hingewiesen auf die Kommentierung von Klaus Mörsdorf zu *Christus Dominus*, in: ²LThK Bd. 13, Das II. Vatikanische Konzil Bd. II., S. 148f.

[2] Dt. in VApSt 163.

[3] Dt. in VApSt 173.

[4] Papst Franziskus, Apostolische Konstitution „*Pascite Gregem Dei*" vom 23.05.2021, in: AAS 113 (2021), S. 534–537.

[5] Das spiegelt sich auch in den Insignien des Bischofs: Der Bischofsstab hat seine Ursprünge u. a. im Hirtenstab, dessen Krümme am oberen Ende dazu dient, Tiere einzufangen und zu lenken.

[6] Diese Unterscheidung wird jedoch im CIC nicht konsequent durchgehalten. So bedarf es bspw. zur Ausübung der Weihevollmacht bei einigen Sakramenten einer speziellen Befugnis (lat. *facultas*), etwa für die Firmspendung (cc. 822f. CIC) oder die Feier des Bußsakraments (c. 966 CIC).

[7] Vgl. Hallermann, Heribert, „Vollmacht", in: Hallermann, Heribert; Meckel, Thomas; Droege, Michael; de Wall, Heinrich (Hg.), Lexikon für Kirchen- und Religionsrecht. Online unter: https://dx.doi.org/10.30965/9783506786401_0290 (alle Internetlinks in diesem Beitrag wurden zuletzt abgerufen am 15.04.2024).

[8] Vgl. Demel, Sabine, „Vollmacht, heilige", in: Dies., Handbuch Kirchenrecht, Freiburg ²2013, S. 615.

[9] Auch, wenn nicht jedes kirchliche Amt, das Leitungsvollmacht beinhaltet, zeitgleich Hirtensorge überträgt, etwa das Amt des Diözesanrichters an einem kirchlichen Gericht, welches zweifelsohne *potestas jurisdictionis* enthält.

[10] Vgl. c. 129 § 1 CIC.

[11] Vgl. c. 150 CIC.

[12] Gem. c. 517 § 1 CIC kann die Hirtensorge für eine oder mehrere Pfarreien mehreren Priestern gemeinsam übertragen werden. Nach diesem Modell übernimmt ein Team von Priestern, die nicht Pfarrer sind, gemeinsam die Aufgaben und Amtshandlungen des Pfarrers. So übernimmt dieses Priesterteam gemeinsam die Hirtensorge, die im Regelfall dem Pfarrer zukommt. Nach c. 517 § 2 CIC können Personen, die nicht die Priesterweihe empfangen haben, an der Ausübung der pfarrlichen Hirtensorge zwar beteiligt werden *(„participatio in exercitio curae pastoralis paroeciae")*. Diese Personen sind jedoch nicht selbst Träger der Hirtensorge, sondern diese wird von einem Priester geleitet. Die Übernahme von Hirtensorge setzt also immer die Priesterweihe voraus.

[13] Hierbei handelt es sich nicht nur um einen sprachlichen Unterschied. Nach kirchlicher Lehre besteht zwischen geweihten und nichtgeweihten Personen eine ontologische, also im Sein begründete Differenz. Kleriker sind geistliche Amtsträger und qua Weihe dazu bestimmt „entsprechend ihrer Weihestufe unter einem neuen und besonderen Titel dem Volk Gottes zu dienen" (c. 1008 CIC).

[14] Jeder Bischof, der in Gemeinschaft mit dem Haupt und den Gliedern des Bischofskollegiums steht, ist Teil des Bischofskollegiums und somit gemeinsam mit dem Papst Träger der höchsten und vollen Gewalt hinsichtlich der Gesamtkirche (c. 336 CIC). Beispielsweise auf einem Konzil versammelt üben die Bischöfe ihren Leitungsdienst aus (c. 337 § 1 CIC). Jeder Bischof ist zudem Träger des authentischen Lehramtes (vgl. c. 753 CIC), das heißt, er verkündet die katholische Glaubenslehre verbindlich und, unter besonderen Bedingungen (cc. 749 § 2, 750 CIC) auch endgültig, also unfehlbar.

[15] Vgl. Bier, Georg, Die Rechtsstellung des Diözesanbischofs nach dem Codex Iuris Canonici von 1993, Würzburg 2001 (= FzK; 32), S. 48.

[16] Zu denken wäre hier sicherlich an den Vorbehalt der Homilie, also der Predigt im Rahmen einer Eucharistiefeier, für Kleriker gem. c. 767 § 1 CIC.

[17] Zu diesem Leitungsauftrag ist sicherlich die Pflicht zur Visitation Diözese nach cc. 396–398 CIC hinzuzählen.

[18] Vgl. hierzu den Beitrag von Oliver Schmitz in diesem Band, der die Praxis der Visitation im Bistum Essen vor den Hintergrund seiner Erfahrungen reflektiert.

[19] Eine ausführliche Darstellung des Rechtsverhältnisses des Diözesanbischofs zur theologischen Fakultät bietet Thomas Neumann in seinem Beitrag in diesem Band.

[20] Dies ist sowohl territorial, also auf seine Diözese bezogen, zu verstehen, als auch inhaltlich, da die grundsätzliche Regelungsbefugnis in liturgischen Dingen in den meisten Fällen beim Apostolischen Stuhl liegt.
[21] Kongregation für die Bischöfe (Hg.), Direktorium für den Hirtendienst, in: VApSt 145.
[22] Im deutschen Sprachraum wird dieser in der Regel „Offizial" genannt.
[23] Vgl. Dessoy, Valentin, Geteilte Leitung: Grundlinien einer kirchenrechtskonformen, konfigurierbaren Organisationslösung. Online unter https://www.futur 2.org/article/geteilte-leitung/.
[24] Einen Überblick über die Diskussion geben Neumann, Thomas, Kollegialität als Leitungsmodell? Kirchenrechtliche Perspektiven für Machtverteilung und Partizipation in der Pfarrei, in: Rees, Wilhelm; Kalb, Heribert; Niemand, Christoph (Hg.), Kanonist, Ordensmann und Gestalter. FS zur Emeritierung von Severin Johann Lederhilger OPraem, Berlin 2023 (= Kanonistische Studien und Texte; 79), S. 169–194; bes. S. 175–177; Korta, Stefan, Cura pastoralis im Codex Iuris Canonici, in: Weiß, Andreas (Hg.), Flexibilitas iuris canonici: FS für Richard Puza zum 60. Geburtstag, Frankfurt 2003 (= Adnotationes in ius canonicum; 28), S. 203–221; Morein, Elmar Maria, Neubestimmung des Begriffs *cura pastoralis*, in: Ders. (Hg.), Geteilte Gemeindeleitung aufgrund einer Neubestimmung der *cura pastoralis*. Wie eine neue Kirchenrechtstheorie die Zukunft der Pfarreien sichert, Münster 2021 (= Tübinger Kirchenrechtliche Studien; 14), S. 177–226.
[25] So sind nach rechtlichen Gesichtspunkten die in Deutschland etablierten Berufsgruppen der Gemeinde- und Pastoralreferent:innen zweifelsohne als ein kirchliches Amt im Sinne von c. 145f. CIC zu verstehen, da sie durch partikulares Recht dauerhaft eingerichtet wurden, einem geistlichen und seelsorglichen Zweck dienen und es zu ihrer Ausübung der bischöflichen Sendung bedarf.
[26] Dies setzt voraus, sich grundlegend mit der Frage zu beschäftigen, was Seelsorge heute eigentlich meint, was es bedeutet, wenn Papst Franziskus fordert, Kirche „von der Rändern" her zu denken; vgl. Papst Franziskus, Ansprache bei seiner ersten Generalaudienz am 27.03.2013. Online unter https://www.vatican.va/content/francesco/de/audiences/2013/documents/papa-francesco_20130327_udienza-generale.html.
[27] Vgl. Hallermann, Heribert, „Hirtensorge", in: Hallermann, Heribert; Meckel, Thomas; Droege, Michael; de Wall, Heinrich (Hg.), Lexikon für Kirchen- und Religionsrecht. Online unter https://dx.doi.org/10.30965/9783506786388_0411.
[28] Zu einer guten Hirtensorge gehört heute, Systeme für einen verantwortungsvollen Umgang mit Fällen von sexualisierter Gewalt in der Kirche, deren Prävention und deren Aufarbeitung zu schaffen. Benjamin Vogel untersucht in seinem Beitrag in diesem Band exemplarisch die Problematik der bischöflichen Verantwortung hierfür einerseits und das Erfordernis eines möglichst kirchenunabhängigen, transparenten Umgangs mit dieser Thematik andererseits. Nadja Schmitz-

Arenst stellt vor diesen Hintergrund in ihrem Beitrag wichtige Fragen zu den kirchlichen Archiven.

[29] Die Beiträge in diesem Band von Christoph Koller, Katrin Gallegos Sánchez und Steffen Engler richten den Fokus auf dieses Gefüge von Beratung und Entscheidung: Christoph Koller untersucht Formen der institutionalisierten Beratung von Bischöfen auf Bischofssynode und Bischofskonferenz. Steffen Engler stellt die Chancen von externer Beratung und Consulting dar und Katrin Gallegos Sánchez führt vor Augen, wie das Verständnis von (bischöflicher) Macht so transformiert werden kann, dass sie nicht mehr (nur) als Ausdruck willkürlicher Herrschaft wahrgenommen wird, sondern als konstruktives Element zur Gestaltung und Steuerung.

[30] Die MHG-Studie zur Aufarbeitung von sexuellem Missbrauch durch Kleriker und Ordensangehörige auf dem Gebiet der Deutschen Bischofskonferenz aus dem Jahr 2018 nennt das Bild des Hirten in Bezug auf Priester als einen von zwei Faktoren für ein klerikalistisches Verständnis von Kirche (neben dem Faktor des kirchlichen Unfehlbarkeitsanspruchs). Diese beiden Faktoren habe zu einer Überhöhung und Übermacht der Institution geführt, der sich Betroffene gegenübersahen. Vgl. Dreßing, Harald u. a.: Sexueller Missbrauch an Minderjährigen durch katholische Priester, Diakone und männliche Ordensangehörige im Bereich der Deutschen Bischofskonferenz, 2018 (online unter https://www.dbk.de/fileadmin/redaktion/diverse_downloads/dossiers_2018/MHG-Studie-gesamt. pdf), S. 329.

[31] Zu sehr, so scheint es, wirkt hier ein (Selbst-)Verständnis von Bischöfen als Trägern von „Pastoralmacht" im Sinne Michel Foucaults, vgl. u. a. Foucault, Michel, Subjekt und Macht, in: Ders. (Hg.): Ästhetik der Existenz. Schriften zur Lebenskunst, Frankfurt 2007, S. 81–104. Zwar ist die Ausübung dieser Pastoralmacht nach Foucault überaus anspruchs- und aufopferungsvoll – der Hirte muss im Zweifel sein Leben für jedes einzelne Schaf riskieren und ist gleichermaßen für die gesamte Herde als auch für jedes Individuum verantwortlich –, jedoch bleiben die Schafe, bleibt die Herde, passiv, sie sind Objekt, nicht Subjekt des Handelns. Mehr noch: die Herde definiert sich aus und über den Hirten. Ohne Hirten keine Herde. Hierzu sowie zur gesamten Einordnung der Hirten-Herde-Metapher in das Denken über Regieren über und Führen von Menschen vgl. Bröckling, Ulrich, Von Hirten, Herden und dem Gott Pan. Figurationen pastoraler Macht, in: Ders., Gute Hirten führen sanft. Über Menschenregierungskünste, Berlin 2017, S. 15–44. Zur Einordnung des Hirtenbildes in die Ideengeschichte aus rechtshistorischer und rechtsphilosophischer Perspektive: Wenger, David R., Der gute Hirte als Verfassungsbild. Eine Recht-Fertigungs-Tragödie mit Pierre Legendre, Michel Foucault und Carl Schmitt, in: Rechtsgeschichte 8 (2006), S. 111–128.

[32] Jede:r Getaufte ist auf Christus den Priester, König und Propheten getauft worden und hat aus dieser Taufwürde heraus Anteil an den *tria munera* Christi (vgl. LG 10–12), sodass notwendigerweise alle Formen der besonderen Ausübung der Ämter Christi im Weiheamt aus dem allgemeinen Priestertum, Königtum, Prophetentum aller Getauften erwachsen.

Und sie bewegen sich doch!
Die Macht der Diözesanbischöfe in Transformation

von Katrin Gallegos Sánchez

Eine „Verwirrung"[1] hat die katholische Welt ergriffen. Franziskus, Papst und Bischof von Rom, hat das gewohnte katholische Machtgefüge durcheinandergewirbelt. Seine Hilfsmittel waren u. a. eine Fußnote in *Amoris laetitia*, runde Tische sowie stimmberechtigte Laien bei der Bischofsynode, uneindeutige Antworten auf klar formulierte *dubia* rund um die Weltsynode, darüber hinaus eine Erklärung zur Segnung von Menschen in irregulären Situationen samt nachgeschobener Presseerklärung. Die Verwirrung erfasste gleichermaßen jene, die sich eine klare Zurechtweisung der Abweichler:innen in die geltenden kirchenrechtlichen Normen erwarteten als auch jene, die sich ob der pastoralen Ausrichtung von Franziskus endlich neue rechtliche Normen erwarteten, in denen sich aus ihrer Sicht mehr Barmherzigkeit ausdrücken würde. Die Verwirrung resultiert daraus, dass sich die gewohnten Muster von gültig und ungültig, richtig und falsch, katholisch und nicht-katholisch, von Macht haben und Ohnmächtigsein nicht mehr anwenden lassen. Aber über „Macht" reden? Das ist schwierig, häufig negativ konnotiert.

Wir befinden uns mitten in einer Transformation und auch Macht ist Gegenstand der Veränderung. Gleichzeitig ist sie das notwendige Mittel, sozusagen das Werkzeug mit dem die Veränderung gestaltbar ist. Nötig sind demnach Subjekte mit Macht (als Instrument), um Machtstrukturen (als Objekt) zu verändern. Den Diözesanbischöfen kommt als Subjekten mit Macht in herausgehobener Weise die Möglichkeit zu, Veränderungsprozesse zu gestalten und Machtstrukturen – die sie selbst betreffen – umzugestalten. Um diese Macht, welche die Bischöfe als Werkzeug nutzen (können), geht es im Folgenden; außerdem um die Machtstrukturen, die sie mit ihrer Macht ändern können und um die Differenz zwischen beiden, welche hilft, Verwechslung zu vermeiden.

1. Was ist Macht?

1.1 „Herrschaft" als dogmatisch-kirchenrechtlicher Fakt

Die Normen zur Machtverteilung in der katholischen Kirche sind auch nach elf Jahren franziskanischem Pontifikat gleich geblieben: Die Machtstruktur ist klar geteilt, nach unten in „Herrschaft"[2] (Max Weber) und nach oben in Gehorsam/Loyalität. Die Diözesanbischöfe stehen über den Priestern und Laien ihrer Diözese, der Papst steht über allen. Solange dieser als oberster Gesetzgeber nichts anderes entscheidet, ändert sich nichts. Daran gibt es wenig zu deuten. Wer anders denkt, täuscht sich – rein kirchenrechtlich betrachtet.[3]

Ein erster Hinweis auf die Transformation findet sich dennoch. Der auf die Mitglieder bezogene Herrschaftsbereich schrumpft. In Deutschland ist das an der Zahl der Kirchenaustritte abzulesen. Zwar geht damit die Kirchengliedschaft nicht verloren, aber wer geht drückt aus: Die Loyalitätspflicht ist mir egal. Damit ist die Sanktionsmöglichkeit verwirkt. Selbst konservative Kreise gehen mittlerweile davon aus, man könne das Katholischsein „abstreifen"[4]. Und wer selbst nicht mehr Mitglied ist, lässt die eigenen Kinder i. d. R. nicht taufen. Spätestens in der zweiten Generation ist rein rechtlich die „Herrschaft" verwirkt.

1.2 Machtverlust

Macht indes ist mehr als rechtlich legitimierte Macht („Herrschaft"). Das zeigt sich im CIC, wenn Normen den guten Ruf schützen oder den verlorengegangenen guten Ruf als Versetzungsgrund für Pfarrer anführen.[5]

In vielen Teilen der Welt haben die katholische Kirche als Ganze und ihre prominenten Amtsträger, die Diözesanbischöfe, den guten Ruf verloren – meist ohne rechtliche Konsequenzen. Die KMU-Studie 2023 macht regional in Zahlen greifbar, was zuvor bereits Viele als Gefühl eingeholt hatte: Die katholische Kirche in Deutschland erodiert,[6] sie befindet sich in einem „dramatischen Niedergang"[7].

Zu diesem Verlust trug wesentlich das Aufdecken von Missbrauch und der mangelhafte Umgang damit bei. Für Deutschland markiert das Jahr 2010 einen Wendepunkt, der durch Vulnerabilität, (ebenfalls eine Form von Macht[8]) entstand. Vulnerabilität meint die Verletzlichkeit oder die Bereitschaft sich verwundbar, angreifbar oder verletzlich zu machen oder zu zeigen. Sie manifestierte sich seinerzeit im Mut der Betroffenen zu reden, sich zu offenbaren und im Mut eines Einzelnen (P. Klaus Mertes SJ) sich dem Fehlverhalten seiner Vorgänger zu stellen und den Betroffenen zuzuhören.

Das Vertrauen in die katholische Kirche in Deutschland ist seither größtenteils verspielt und damit die Möglichkeit ihrer Amtsträger:innen zu wirken. Anders als der „Herrschaftsverlust" sind die verlorenen Einflussmöglichkeiten auf Politik, Wissenschaft und andere gesellschaftliche Akteur:innen, sowie auf das Wertegerüst der Gesellschaft nicht zu quantifizier:innen. Die Pastoralmacht ist dekonstruiert.[9]

Damit fehlt Macht. Sei es, dass man diese als Chance auch gegen Widerstand zu wirken definiert, wie Max Weber, oder wie Niklas Luhmann als Chance, einen unwahrscheinlichen Selektionszusammenhang wahrscheinlicher zu machen. Macht ist eine Wirkmöglichkeit, die jemandem zukommt, z. B. aufgrund legitimer Zuschreibung (z. B. durch Gesetz), illegitimer Aneignung (z. B. Manipulation, Gewalt) oder aufgrund anderer Eigenschaften, welche die Aussicht erhöhen, dass eigenen Anweisungen, Ideen oder Steuerungsimpulsen Folge geleistet wird (z. B. Eloquenz, Weisheit, Charisma, Finanzkraft, Aufmerksamkeit, Vulneranz, Argumentationsfähigkeit).

In diesem Sinne haben Diözesanbischöfe, denen mit c. 381 § 1 CIC in ihrer Diözese sämtliche ordentliche, eigenberechtigte und unmittelbare Gewalt *(potestas)* zukommt, in den vergangenen 14 Jahren massiv an Machtfülle eingebüßt,[10] ganz ohne dass sich das weltkirchliche Recht oder dogmatische Vorgaben geändert hätten. Im Nachgang zu *#Outinchurch* haben die deutschen Bischöfe auch nach innen das letzte arbeitsrechtlich wirksame Sanktionsinstrument (Herrschaftsmittel) zur Durchsetzung kirchlicher Moralvorstellungen im Privatleben der (nicht-klerikalen) Angestellten aufgegeben: Die Grundordnung für den kirchlichen Dienst wurde in diesem Punkt grundlegend überarbeitet.[11]

1.3 Macht als Werkzeug

Macht an sich ist neutral. Sie ist ein Werkzeug, dessen Nutzung vom Nutzer abhängt. Macht kann eingesetzt werden, um andere zu stärken, Unrecht anzuprangern, Gerechtigkeit durchzusetzen und – in der Kirche besonders wichtig – um von den eigenen Glaubensüberzeugungen zu sprechen. Macht kann aber auch verwendet werden, um zu missbrauchen, eigene Bedürfnisse vor die der Gemeinschaft zu stellen und Entwicklungen zu unterbinden.

1.4 Macht funktioniert nur im Plural

Außerdem stellt Macht immer ein Beziehungsangebot dar. Wer etwas bewirken will, ist darauf angewiesen, dass jene, die er dazu benötigt, a) seine Erwartung wahrnehmen, b) dem mit der Erwartung ausgedrückten Willen Sinn zuschreiben und c) der Erwartung Folge leisten. Das gilt für alle, die am Erhalt oder an der Veränderung von Machtstrukturen arbeiten wollen: für den kirchlichen Gesetzgeber und kirchliche Amtsträger:innen, für Wissenschaftler:innen und Aktivist:innen, für Synodale und Einzelkämpfer:innen und für den Diözesanbischof als Einzelnen und im Kollegium.

Hildegard Keul weist darauf hin, dass „die Macht" nur im Plural existiert, ganz entgegen der Assoziation, die der verwendete Artikel im Singular bewirkt.[12] Als Beziehungsangebot hängt sie von denen ab, mit denen und bei denen Macht ausgeübt wird. Als Wirkmacht ist sie abhängig von den eigenen Fähigkeiten im Kontext der Fähigkeiten anderer. Selbst die Macht eines Despoten ist von jenen abhängig, die ihn als solchen anerkennen und aus Angst vorauseilend, wegen eigener Vorteile, oder weil ihnen ein besseres Muster fehlt, das System mittragen (mit der Geschichte von des Kaisers neuen Kleidern lernen das schon Kinder).

So hat der Diözesanbischof *de jure* in seiner Diözese die höchste ordentliche Gewalt, vulgo Macht. Die Rolle des Diözesanbischofs ist Teil der kirchlichen Hierarchie, der CIC das Rollenbuch.[13] Der Diözesanbischof soll sie füllen. Was allen Klerikern in Kleidung und Verhalten ziemt gilt in besonderem Maße für ihn. Er ist Vater, Bruder und Freund seiner Priester, Lehrer des Glaubens für seine Diözesanen, Hirte *(pastor proprius)* seiner „Schafe", Gesetzgeber und Richter.[14] *De facto* hat der Diözesanbischof seine Macht nur, insofern seine Leute „mitspielen". Der Bischof und mit ihm jede:r kirchliche Amtsträger:in spielen ihre Rollen also nie alleine. Das Umfeld spielt mit, indem es Erwartungen an das Verhalten, Kommunizieren, Tun und Lassen richtet. Ebenso indem es selbst kommuniziert, tut, lässt und sich verhält. Ein Kirchenaustritt ist dann das Zurückweisen der angedachten Rolle.[15] Macht, auch Macht aufgrund einer Rolle, funktioniert nur im Zusammenspiel. Damit gewinnt der Machtbegriff eine weitere Dimension, die Hannah Arendt beschreibt. Für sie ist Macht immer eine Macht mit anderen und die Möglichkeit gemeinsam zu gestalten.[16]

1.5 Macht als Gestaltungselement – Eine Haltungsfrage

„Macht hat, wer macht", diese alte Weisheit bedeutet: wer machen kann, gestaltet. Wer Macht nutzt, braucht die Transformation der Kirche weltweit und hierzulande nicht bloß erleiden oder fürchten; er oder sie kann die Kirche aktiv formen. Dadurch verliert der Wandel einen Teil seines Schreckens. Diözesanbischöfe haben qua Amt die Möglichkeit, ihre Macht als Gestaltungsmacht einzusetzen, sie haben den Werkzeugkasten in der Hand. Für sie gilt, was auch Führungspersonen in anderen Organisationen und auf anderen Ebenen betrifft: Es gibt hilfreiche und weniger hilfreiche Haltungen, die einen solchen gestaltenden Umgang mit Macht beflügeln oder verhindern. Die Haltungen sind, um im Bild des bischöflichen Werkzeugkastens zu bleiben, mit der Pflege, Ordnung und Sorgfalt zu vergleichen, die den Arbeitsgeräten zuteil wird. Mithilfe der Haltungen wird der adäquate Einsatz der Gestaltungswerkzeuge erst möglich (vgl. Praxisbox 1). Dazu gehört es, zum Ermöglicher zu werden und selbst auf ergebnisoffene Prozesse zu vertrauen, dafür Kontrolle abzugeben. Außerdem zählt dazu, das Alte wertzuschätzen und gleichzeitig die Emotionen zuzulassen, welche der Abschied davon evoziert. Für die Umsetzung in die Praxis finden sich hier und im Folgenden konkrete Anregungen in den Praxisboxen.

Praxisbox 1: Macht-unterstützende Haltungen in Veränderungsprozessen[17]
Vertrauen ermöglichen: Nur wer Vertrauen hat in jene, die leiten, wird sich gestaltend, motivierend, mittragend in ein Vorhaben einbringen. Doch: Vertrauen kann man nicht „machen", man kann es sich verdienen, man kann es als Vorschuss geschenkt bekommen

und man kann darum werben. Selbst bewirken, befehlen oder erzwingen lässt es sich nicht. Nur verspielen kann man es selbst, zuweilen sehr schnell. Hatte man früher gesamtgesellschaftlich geweihten Amtsträgern ein hohes Maß an (Vorschuss-)Vertrauen entgegengebracht, ist dies heute eher in (Vorschuss-)Misstrauen gekippt. Gerade deshalb kann es helfen, dazu beizutragen, dass andere gewillt sind, ihr Vertrauen zu geben: durch Transparenz in der Kommunikation, Offenheit für andere Meinungen, Authentizität, das Eingestehen eigener Fehler, das Einhalten von Versprechen und Ehrlichkeit hinsichtlich dessen, was geht und was nicht geht. Das ist besonders bei Veränderungsprozessen notwendig. „Für viele Mitarbeiter ist die Art, wie ein Veränderungsprojekt kommuniziert und prozessiert wird, mindestens so wichtig wie die Frage, was konkret geändert werden soll."[18] Und nicht zuletzt gilt: Wer vertraut, dem wird vertraut.

Kultur des Ermöglichens: *Empowerment* gilt als eines der Leitworte aus der Kirchenentwicklung. Wer machtvoll handeln will, braucht die vielen anderen, die mit ihm handeln, braucht die Ideen und die Bedenken, die konstruktiv ins Gespräch gebracht den gangbarsten Weg zeigen. Dazu kann der Diözesanbischof selbst beitragen, indem er Aktivitäten von Mitarbeitenden fördert (ehren- wie hauptamtlichen), die Lust am Mitgestalten haben. Er kann einladen sich Gedanken zu machen und sollte dann bereit sein auch zuzuhören (sonst ist das Vertrauen wieder verspielt). Und er kann seine Macht als diözesaner Oberhirte dazu einsetzen die Ermöglichungsräume offen zu halten, damit sich das Klima tatsächlich ändern kann und nicht Einzelne den offenen Raum als Machtlücke missinterpretieren, die sie selbst zu füllen wünschen.

Wertschätzen, was da ist: Das katholische Traditionsargument wird in Veränderungsprozessen vielfach als Hemmschuh wahrgenommen. Das ist problematisch, denn alle Stakeholder, angefangen beim Diözesanbischof über die Gläubigen, Priester, pastoralen Mitarbeitenden bis hin zu Kooperationspartnern und interessierter Öffentlichkeit sind, trotz aller möglichen Kritik, im Allgemeinen mit dem, was und wie es bisher gemacht wurde, identifiziert. Die Arbeitsweisen, Haltungen und Lehren stecken als lange antrainierte Muster in allen, die mit der Ortskirche in ihrer konkreten Ausgestaltung zu tun haben. Eine Veränderung bedeutet immer ein Stück

Verlust dessen, was war. Wenn der Diözesanbischof zu Beginn eines Transformationsprozesses das, was war, ausreichend würdigt, bedankt und ggf. verabschiedet, vermeidet er mehr Widerstand als notwendig dem Neuen gegenüber.

Ergebnisoffene Prozesse: In den hochkomplexen Herausforderungen, in denen Kirche heute steht, kann nicht mehr ein Einzelner, der Diözesanbischof, alleine tragfähige Lösungen finden. In vielen deutschen Bistümern laufen die Umstrukturierungen deshalb als Beteiligungsprozesse. Hilfreich ist, wenn dabei Partizipation tatsächlich als Haltung erlebt wird, die in einem ergebnisoffenen Prozess als echte Wirksamkeit erlebbar ist und nicht bloß als Methode verwendet wird, die dem Diözesanbischof womöglich die Legitimation für seine vorab feststehenden Ziele einbringen soll. Dabei spielt insbesondere das Erwartungsmanagement zu Beginn und während eines Beteiligungsprozesses eine entscheidende Rolle: Was ist bereits gesetzt und was soll ergebnisoffen behandelt werden? Was passiert mit den Ergebnissen und damit mit der von den Beteiligten investierten Zeit und Lebensenergie? Welche Ergebnisse, Argumente, Ideen werden am Ende warum aufgegriffen oder verworfen? Damit verbunden ist der Mut zur Auseinandersetzung, ohne den ein Autoritätsverlust droht.

Kontrollverlust zulassen: Wenn ein Diözesanbischof bereit ist, ergebnisoffen zu diskutieren, einen Veränderungsprozess ggf. anzupassen und seine ursprünglichen Ziele möglicherweise am Ende zu modifizieren, durchlebt er mehrere Phasen des Kontrollverlustes. Er, der in seinem Bistum ergebnisverantwortlich ist, setzt sich den Anfragen, Verunsicherungen und Infragestellungen durch die Beteiligten aus. Theologisch gesprochen ist hier der „Sitz im Leben" für das Wehen des Heiligen Geistes zu verorten.

Mit Emotionen umgehen: Gefühle wie Wut, Trauer, Angst und auch Freude oder Neugier sind starke Antriebsfedern. Ihre Grundfunktion ist es, Menschen zu schützen und sie auf ihre Bedürfnisse zu verweisen. Damit entwickeln sie Macht, die jenseits rationaler Argumente in Veränderungen eine große Rolle spielen. „Gefühle und logisches Denken sind zwei parallele Steuerungssysteme des Menschen, welche sich wechselseitig beeinflussen"[19] Will ein Diözesanbischof also Prozesse gestalten, ist es notwendig, mit diesen Gefühlen umzugehen. Wer Gefühle als Hinweisgeber auf Bedürfnisse ernstnimmt, nimmt nicht nur den Menschen in seiner von Gott geschenkten Ganzheit ernst, sondern verschafft sich gleichzeitig die Option, Gefühle zu transformieren oder dabei zu unterstützen. Dann kann aus Angst Zuversicht, aus Ohnmacht Kraft, aus Trauer Dankbarkeit werden.

2. Wie funktioniert Veränderung?

Wo können Diözesanbischöfe ihre Macht als Werkzeug ansetzen, um Machtstrukturen als Objekte der Veränderung neu zu gestalten? Wie ist dieses Werkzeug für den Einsatz zu präparieren, wie vor misslichem Gebrauch oder vor Verletzungsgefahr zu sichern? Und was hilft, die Nachhaltigkeit ihres Bemühens wahrscheinlicher zu machen?

Um Antworten zu finden, ist zunächst zu klären, ob in einer Organisation, näherhin der katholischen Kirche, deren dogmatische Festschreibungen und nachfolgende Normen auf die Absicherung einer absolutistisch-männerbündisch regierten geschlossenen Gesellschaft abzielen[20], Veränderung der Machtverteilung überhaupt möglich ist? Und, wenn ja, dann wie? Die bloßen Vorschläge von Wissenschaftler:innen, insbesondere Kirchenrechtler:innen, direkt auf die Strukturen einzuwirken, scheinen vielfach verhallt.[21]

Ein kurzer Ausflug in die systemische Organisationsentwicklung mag helfen: Jede Organisation ist ein soziales System, so auch die katholische Kirche als Ganze. Systemtheoretisch bedeutet das, sie besteht aus dem, was Systeme sozial macht: Kommunikation. Die Struktur der Organisation Kirche bildet demnach ihre Grammatik. Gleichwohl setzen die Kommunikationen Inhalte und Akteur:innen voraus, also Menschen und ggf. Gott (wenn man ihn in seiner Eigenschaft als ansprechbarer und handelnder Akteur in der Kirche mit einbezieht). Diese sind jedoch nicht mit der Organisation identisch. Die Organisation ist mehr als die Summe ihrer Akteur:innen plus Synergieeffekt. Sie ist das sich ständig entwickelnde und auf Selbsterhalt ausgerichtete Kommunikationssystem, welches sich durch seine Abgrenzung definiert. Hierin besteht eine doppelte Chance und es droht eine doppelte Hürde:

- Chance 1: Die menschlichen Akteur:innen lernen durch die Veränderung ihres Bewusstseins. Das geschieht z. B. durch neue Einsichten aus Erfahrungen und Gesprächen.
- Hürde 1: Weil Menschen und Organisation nicht identisch sind, lernen Organisationen nicht mit ihren Mitgliedern, sondern nur durch die Veränderung des Kommunikationssystems. Das ist der Grund, warum die Organisation Kirche nicht aus der Erfahrung des Misslingens von Kommunikation lernt, wie sich z. B. für die Dialogprozesse auf DBK-Ebene Norbert Lüdecke wundert.[22] Es lernen jeweils nur die an ihnen beteiligten Akteur:innen (oder auch nicht).
- Chance 2: Systeme können nur von innen heraus verändert werden, da die Veränderung „nicht von außen importiert werden kann"[23]. Die Unzufriedenen und Unangepassten in der Kirche erfüllen damit einen wichtigen Dienst, indem sie die Organisation antreiben, die Kommunikation in der Kirche kontinuierlich zu verändern (um den Inhalt der Gottesbotschaft auch in Zukunft zu vermitteln).
- Hürde 2: Es genügt nicht, ausschließlich bei den Menschen auf Veränderung zu setzen *oder* bloß die Organisation in ihren Kommunikationsstrukturen zu verändern, beides ist notwendig. Für beides braucht es unterschiedliche Werkzeuge.

Würde dies anerkannt, wäre mancher Streit um die Vorrangigkeit von (persönlicher) Glaubenserneuerung versus Veränderung diözesaner Organisationsstrukturen überflüssig.

2.1 Menschen lernen durch neue Einsichten und Erfahrungen ...

Ein erstes Werkzeug, welches Diözesanbischöfe in Händen halten, ist demnach ein Hebel, um auf die Erfahrung von Menschen einzuwirken. Das gilt sowohl hinsichtlich der Verbreitung des Evangeliums als befreiender Botschaft, nachdem Kirche lange als Erfahrungsraum von Drohbotschaft statt Frohbotschaft wahrgenommen wurde,[24] als auch, was ein gemeinsames Lernen betrifft. Dazu kann ein Diözesanbischof zunächst selbst (als Lernender) in die Begegnung mit Menschen seiner Diözese treten, sei es bei der Visitation[25] oder indem er andere exemte Erfahrungsräume innerhalb seines Territoriums aufsucht: Nicht-kirchliche Schulen, Betriebe, Krankenhäuser,

Reinigungsfirmen, Baustellen etc. Er kann seine Mitarbeitenden zu solchen Erfahrungen ermutigen und neue Erfahrungsräume für Engagierte ermöglichen. Er kann z. B. über seine Dienststellen Exkursionen anbieten, bei denen Multiplikator:innen andere Kirchenerfahrungen machen, wie am *Bukal-ng-tipan*-Institut auf den Philippinen, der *freshX*-Bewegung in der *Church of England*, der Kirche im Europapark, der Touristenseelsorge an der Nordsee, den „Zeitfenstern" in Aachen und vielen weiteren kirchlichen „Andersorten". Schließlich kann er darauf hinwirken, Ressourcen bereit zu stellen, welche die Ausbildung und Arbeit von Kirchenmenschen unterstützen, die solche Erfahrungsräume im eigenen Umfeld erschließen wie in der schulnahen Jugendarbeit, in betroffenensibler Pastoral, Betriebsseelsorge u. a.

Als gemeinsamer Erfahrungsraum von Bischöfen und Laien sei hier exemplarisch der Synodale Weg genannt. Selbst wenn, wie Kritiker behaupten, die „Veranstaltung"[26] lediglich einen „politischen Zweck"[27], nämlich den der „Befriedung der Kirchenkrise"[28], gehabt haben sollte, so ist doch offensichtlich, dass im Laufe des Prozesses Menschen Erfahrungen gemacht haben, die ihr Bewusstsein veränderten. Dabei ist es belanglos, welchem kirchenrechtlichen Stand oder welchem kirchenpolitischen Lager sie zugehören, Belege dafür finden sich beispielsweise in den Diskussionsbeiträgen gegen Ende des Synodalen Weges. Selbst von jenen, die am letzten Versammlungstag gegen den Handlungstext zur geschlechtlichen Vielfalt stimmten oder sich enthielten zeigen sich manche als Lernende aufgrund von Begegnung.[29] Auch die beiden Bücher zur Berufung von Frauen, die Philippa Rath herausgegeben hat, fanden ihren Ursprung in einem Kaffeepausen-Gespräch.

2.2 ... Organisationen lernen durch neue Kommunikationsstrukturen

Wenn Organisationen aus Kommunikation bestehen, dann bedeutet Macht in Organisationen zuallererst Kommunikationsmacht. Organisationen lernen und verändern sich darum, wenn die Kommunikation umgebaut wird.[30] Das erklärt die Ungleichzeitigkeit der Entwicklung von Mitgliedern einer Organisation und der Organisation selbst. Mit Blick auf den Umbau der Kommunikationsstrukturen halten die Diözesanbischöfe jedoch mit ihrer Stellung für die Diözese ein Multitool in der Hand. Das gibt ihnen vielfältige Möglichkeiten, Kommunikationsräume und Kommunikationsmuster aufzubrechen und neu zu gestalten. Sie können Beratung und Partizipation neu durchdenken (lassen) und die Gremienstrukturen anpassen. Wenn sie für Evaluation und Feedback sorgen, entwickeln sie ihre Institution von der lehrenden zur lernenden weiter (vgl. auch Praxisbox 2).

Wie und mit welchem Erfolg die Bischöfe ihr Multitool einsetzen, hängt wesentlich vom eigenen Willen, Durchhaltevermögen und der Unterstützung kundiger Handwerker:innen ab, denn das vorhandene Kommunikationssystem wird Widerstand leisten. Es gehört zur Eigenschaft eines Systems, selbsterhaltend auf Veränderungen zu reagieren.

Praxisbox 2: Werkzeuge des Diözesanbischofs zur Umgestaltung von Kommunikationsstrukturen
Der Diözesanbischof kann
... Kommunikationsräume in der Diözese umgestalten (lassen) und neue schaffen. Damit sorgt er für *safe spaces*, die Vertrauen und Öffnung ermöglichen. Orte, an denen angstfrei gesprochen, weiterentwickelt, bedauert, gezweifelt, getrauert, Rückmeldung gegeben, reflektiert, entschuldigt und in die Zukunft geblickt werden kann.

... Kommunikationsmuster durchbrechen, indem er neue etabliert. Das seit Jahrhunderten eingeimpfte katholische Kommunikationsmuster lautet: der Höherrangige, Obere, Geweihte etc. weiß besser Bescheid als die Untergebenen, Laien, usw. Deshalb lehren die Erstgenannten, während die anderen hören. Das ist bis heute dogmatisch und kirchenrechtlich verankert.[31] Dieses Grundprinzip lässt sich auf Diözesanebene rechtlich nicht abändern. Aber es lässt sich ergänzen durch partikularrechtlich geschützte, neue Kommunikationsmuster und dadurch in seiner Auswirkung weitestgehend umschiffen. Beispiele sind transparente Kommunikationswege, die Förderung und Wertschätzung hilfreicher Kommunikationsmuster (was spricht gegen die Auslobung eines „Kommunikationspreises des Monats"), die Ausbildung der Bischöfe selbst und von Multiplikator:innen in Achtsamer und Gewaltfreier Kommunikation, die Veränderung der bischöflichen Verwaltungskommunikation (z. B. garantierte Eingangsbestätigung bei verzögerter Bearbeitung), Ein-

führung von Clearingstellen, oder gar die Einrichtung einer Diözesanstelle gegen Gewalt.

... **Beratung und Partizipation neu durchdenken.** Wenn sich die Lösungen für die Probleme der hochkomplexen Gegenwart und Zukunft nicht mehr einsam von einer Führungskraft finden lassen, dann ist dafür eine neue Strategie notwendig. Kirche kann nur so viel Dienst und Verkündigung leisten, wie ihre Mitarbeiter:innen und Mitglieder fähig und willens sind. Alle Förderung in diesem Bereich nutzt allerdings nichts, wenn „die Organisation von ihren Strukturen und ihrer Kultur her nicht in der Lage ist, die Potenziale der Mitarbeiter zu nutzen"[32]. In der Kirche gilt das auch für die ehrenamtlich Engagierten. Hier kann der Bischof Sorge tragen, dass Mitwirkende auf allen Ebenen in Beratungen einbezogen werden. Resonanzrunden sind eine der Möglichkeiten. Dabei werden an bestimmten Punkten im Veränderungsprozess Thesen, Zwischenergebnisse oder beabsichtigte Schritte vorgestellt. Um Resonanz sind alle von einer anstehenden Entscheidung betroffenen Personengruppen oder Interessenlobbyisten gebeten. Es gelingt Bischöfen dadurch, Entscheidungen signifikant zu verbessern, wenn die Rückmeldungen der Befragten tatsächlich ernstgenommen werden und solche Runden nicht als bloße Bestätigung oder für rein kosmetische Korrekturen genutzt werden.

... **Räte und Gremienstruktur erneuern.** Schon seit dem Zweiten Vatikanischen Konzil sind zahlreiche Gremien, Räte und Kammern Orte des institutionalisierten Gesprächs. Als Beratungs- oder Entscheidungsgremien spielen sie in der Leitung von Diözesen und auf Ebene der Pfarrei eine wichtige Rolle. Je nach diözesaner Verfasstheit kommen diesen Gremien aus Klerikern, haupt- und ehrenamtlichen Laien mehr oder weniger Rechte und Pflichten bei der Beratung des Bischofs und seinen Entscheidungen zu. Diese Gremien sind in Deutschland häufig demokratisch verfasst und ihre Mitglieder durch Wahl, Zuwahl oder Berufung legitimiert. Mit dem Mandat geben die Wahlberechtigten ihre Mitgestaltungsmacht an die gewählten Vertreter:innen ab. Daraus ergibt sich ein Problem: Die Legitimierung erfolgt mittlerweile nur noch durch einen sehr geringen Prozentsatz aller Wahlberechtigten.[33] Jene, die wählen, gehören zu einem harten Kern. Außerdem sind die Wahlberechtigten nicht deckungsgleich mit jenen, für welche Kirche am entsprechenden Ort zuständig ist,

z. B.: Ausgetretene, Menschen anderer Konfessionen, „besonders die Armen und Bedrängten aller Art".[34] Sie alle haben kein Stimmrecht (mehr), hätten aber für die Entwicklung und den Dienst vor Ort Wertvolles beizutragen. Hinzu kommt eine praktische Schwierigkeit, die allerorts in Vereinen und bürgerschaftlichem Engagement festzustellen ist: Die zur Verfügung stehende Zeit von Ehrenamtlichen für die Beteiligung geht massiv zurück, so dass das „Zeit-Haben" zu einem entscheidenden Selektionsfaktor wird. Aufgabe des Diözesanbischofs ist es, für eine möglichst hohe Beteiligung aller relevanten Gruppen zu sorgen. Ausgehend von der These, dass sich Menschen grundsätzlich beteiligen möchten bei Entscheidungen, die sie selbst betreffen und Ideen gerne einbringen, wenn sie den Eindruck haben tatsächlich gehört zu werden, gälte es hier, eine Form der Beteiligung zu finden, welche die verschiedenen zeitlichen Ressourcen und Kommunikationswege der zu Beteiligenden berücksichtigt.[35]

Für die Qualität des Ergebnisses ist weniger erheblich, ob diese Beteiligung bei der Beratung oder beim Treffen der Entscheidung erfolgt. Wichtiger ist, wie divers die Stimmen sind, welche gehört werden z. B. hinsichtlich Alter, Herkunft, Milieu, Geschlecht, Vertreter:innen spezifischer Perspektiven wie Betroffene, Caritas, Jugend, spirituelle Heimat, Kirchenferne, Ökumene, „kirchenpolitische Lager", interne Organisationsentwickler:innen sowie Expert:innen mit wissenschaftlichem und methodischem *Knowhow*. Mit Blick auf die Nachhaltigkeit und künftige Bereitschaft an breit angelegten Beratungsprozessen teilzunehmen sowie Arbeits- und Lebenszeit zu investieren, ist ein klares Erwartungsmanagement von Beginn an hilfreich: Handelt es sich um einen Beratungs- oder Entscheidungsprozess? Wie hoch ist der Grad der Partizipation? Im Nachgang hilft die transparente Kommunikation von Entscheidung und Begründung.

... seine Diözese von der lehrenden zur lernenden Institution umbauen. Kirchenrechtlich ist die Lehrautorität klar verteilt. Qua Weihe liegt sie bei Papst und Bischöfen, die sie an ihre Priester delegieren. Kundige in der theologischen Wissenschaft können zu Rate gezogen werden – müssen es aber nicht. Ein Ungleichgewicht, das historisch bedingt, dogmatisch und rechtlich untermauert ist, den Schutz des Glaubensgutes zum Zweck hat und seit langer Zeit für Konflikte sorgt, weil nicht das theologisch bessere Argument oder

die ausgewiesenere Expertise in einem Fachbereich, sondern (häufig) allein die Herrschaftsmacht über Gültigkeit und Ungültigkeit, über *Nihil obstat* oder *Missio*-Entzug entschieden hat.[36] Der daraus resultierenden Kultur von Angst und Zurückhaltung kann der Diözesanbischof zumindest in seinem Bereich eine Veränderung entgegenhalten. Er kann sich selbst als Lernender immer wieder von Expert:innen unterstützen lassen. Er könnte jene, denen aus seiner Sicht das *Nihil obstat* zu Unrecht verweigert wurde, für eine andere Aufgabe in seiner Diözese einstellen, von ihrer Expertise profitieren und andere profitieren lassen, anstatt sie zur *persona non grata* zu erklären. Dasselbe gilt für Priester, die sich aufgrund der Zölibatsverpflichtung laisieren lassen.

Der Diözesanbischof kann – auch durch diözesane Gesetzgebung – dafür Sorge tragen, dass Leitungstandems Standard werden und bei der Moderation von Sitzungen die Rolle der Entscheidenden von der Rolle des:r Moderierenden getrennt wird. Wo er selbst in Gremien sitzt und die Moderation jemand anderes innehat, nimmt er seine Rolle als Hörender und die der Mitdiskutierenden ernst.

… die Visitationsordnung anpassen,[37] um nach Macht und Herrschaftsverhältnissen, nach Zielen pastoralen Handelns und den Wegen der Umsetzung sowie nach den Kommunikations- und Konfliktwegen aktiv und ohne Wertung zu fragen. Es obliegt ihm, sicherzustellen, die „gebotene Sorgfalt" zu garantieren und in Einhaltung von c. 398 CIC alle unnötigen Kosten zu vermeiden. Das kann möglicherweise bedeuten, die an ihn herangetragene Rolle nicht mitzuspielen.

… explizit für Evaluation und Feedbackschleifen sorgen, indem er zum Feedbackgeben und -nehmen ausbildet, anleitet und auffordert (z. B. formalisierte Bögen für regelmäßige Mitarbeiter:innengespräche, Visitationsvorbereitung, *social-media*-Beiträge). Dabei wird vor allem sein eigenes Verhalten eine Rolle spielen, ob er sich selbst um Feedbacknehmen und -geben müht und dadurch als *role model* zu einer Kulturveränderung beiträgt. Wenn Ämter und Positionen einen Dienst darstellen, dann können nur die Be-Dienten beurteilen, ob sie sich wirklich bedient fühlen. Auch in Gesetzgebung und Richtlinien sind Evaluation und Feedbackschleifen zu verankern. So sieht beispielsweise die Arbeitshilfe zum Missbrauch geistlicher Autorität „für 2026 eine Evaluation und Überprüfung

der Arbeitshilfe auf Grundlage aktueller Entwicklungen in der Praxis und in der Wissenschaft"[38] vor. Das neue Bistumsstatut des Bistums Limburg enthält eine „Evaluationsklausel", wonach es „innerhalb von fünf Jahren ab seiner Inkraftsetzung einer unabhängigen Evaluation unterzogen"[39] wird.

2.3 Veränderungsprozesse brauchen Macht

Strebt der Diözesanbischof eine bestimmte Veränderung an oder soll eine (historische) Transformation bewusst gestaltet werden, anstatt sie passiv zu erleiden, ist der Wille zur Veränderung unabdingbar. Veränderung funktioniert nur, wenn sie durch die Autorität der Führungskräfte, d. h. der legitimiert Machthabenden, getragen wird. Denn die Beharrungskräfte des Systems sind enorm. Wer Veränderung in seinem Bistum erwirken möchte, muss sich notwendigerweise dafür entscheiden. Ein Herumlavieren schadet mehr, als es hilft.[40] Wer also verändern will, dem nutzt nicht nur reden, der muss aus dem tiefsten Innern wollen und entsprechend handeln: „Macht hat, wer macht!".

Besonders deutlich wird die Notwendigkeit machtvollen Agierens im Bereich Kommunikation. Hier muss der Diözesanbischof bewusst hinter der Einführung neuer Kommunikationsstrukturen stehen. Es nutzt nichts, sich in breit angelegten und partizipativen Prozessen auf neue Strukturen zu verständigen, sei das ein neuer Ablauf von Regelkommunikation und Meetings, ein neues Online-Verkündigungsformat oder eine Offensive zur besseren Information aller Mitarbeitenden, wenn nicht im Anschluss für die Implementierung gesorgt wird. Dafür braucht es Ressourcen (Personal, Geld, *Knowhow*) und Kontrolle, damit die alten Kommunikationsautobahnen renaturiert, neue Kommunikationswege gebaut und die Navigationssysteme umprogrammiert werden.

Darüber hinaus lohnt sich Durchhaltevermögen, das wie eine Spiralfeder die Spannung hält: Ein „Habituswechsel"[41] braucht Zeit und *role models*, sowie eine Vorstellung, wie es sein könnte. Der Bischof kann versuchen, selbst das Vorbild für den Wandel zu sein, den er für seine Diözese und seine Diözesanen wünscht. Da Macht aber nur im Plural funktioniert, ist es zudem essentiell, solche Vorbilder für die Mitarbeit zu gewinnen und noch effektiver, die bereits vorhandenen zu halten und als Multiplikator:innen einzusetzen.

Das lenkt den Blick auf die Akteur:innen (Kurie, Mitarbeitende und Ehrenamtliche) in der Diözese. Aus systemtheoretischer Sicht wäre es fahrlässig, diese Ebene auszuklammern.[42] Der Wille des Bischofs zur Veränderung manifestiert sich, wenn er seine Macht nutzt, um die Akteur:innen in ihrer Entwicklung in den Blick zu nehmen, d. h. ihnen ein Lernen von Kompetenzen zu ermöglichen, die künftig zählen. Wenn er ihnen Erfahrungen, Begegnungen, Gespräche ermöglicht, welche helfen, gemeinsam mit ihm einen neuen Weg zu gehen und die sich verändernden Kommunikationswege mitzutragen sowie sich darin einzuüben, dann wird es ihm möglicherweise gelingen, sie zu Kompliz:innen seines Veränderungsvorhabens zu machen. Denn letztlich haben auch die Akteur:innen Macht mitzugestalten, oder bewusst und unbewusst dem Ziel entgegenzuwirken. Das alles gilt, egal ob es sich dabei um den Wunsch nach mehr Glaubenskommunikation, Vertiefung von Glaubensinhalten, mehr Partizipation oder neuen Pfarreistrukturen handelt.

Auf weltkirchlicher Ebene wurde Macht in letzter Zeit vermehrt zur Gestaltung von Kommunikationsräumen und von Kommunikationsstrukturen eingesetzt.[43] Da ist zum einen das „Aufweichen" von ehemals festgefahrenen Kommunikationsmustern bei der Beantwortung von Fragestellungen *(dubia)*. Galt es früher als einzig angemessene Weise auf eine geschlossene Fragestellung mit einem einzigen Wort zu antworten, so lässt sich Franziskus auf dieses Schwarz/Weiß-, Gut/Böse-, Richtig/Falsch-Spiel nicht mehr ein. Vielmehr wird durch seine häufig mehrdeutigen Antworten ein Kommunikationsraum geöffnet, in dem eine breitere Masse an Interessierten diskutieren, darunter Theolog:innen sowie Kleriker aller Weihe- und Titelstufen. Aus Sicht von Organisationsentwickler:innen signalisiert das eine Offenheit für Veränderung und entspricht einer Kultur des Ermöglichens, eine durchaus förderliche Haltung für den Veränderungsprozess, in dem die katholische Kirche steht – aber eben auch ungewohnt.

Ein anderes Beispiel: Das Kommunikationsformat beim ersten Treffen der Weltsynode in Rom im Oktober 2023. Franziskus nutzte seine Macht, um die Kommunikationsbedingungen neu zu gestalten. Zum einen setzten er und seine Mitarbeiter:innen neue Rahmenbedingungen. Durch die Zulassung von stimmberechtigten

Nicht-Bischöfen waren andere Lebenswelten und Kommunikationsmuster (also Macht) im Prozess sichtbar vertreten. Sie stellten nur gut ein Viertel des Teilnehmendenfeldes.[44] Mehr als auf die Durchsetzungsmöglichkeit in der Abstimmung kommt es aber auf die Macht ihrer Argumente und das Durchbrechen verkrusteter Kommunikationsmuster an. Zu den veränderten Rahmenbedingungen zählt auch die anders gestaltete Synodenaula. Anstatt von Rängen herab zum Papst hin gerichtet, besprachen sich die Delegierten an runden Tischen miteinander. Äußerlich unterstrich diese Raumgestaltung ein Miteinander, das sich auf die Gesprächsatmosphäre übertragen kann. Das Ausklammern der Presse nebst Schweigegebot über die Inhalte des Besprochenen bis zur Veröffentlichung des Abschlussdokumentes konnte für einen inneren *safe space* für alle Beteiligten sorgen. Auch das Streichen der Verhandlungssprache Deutsch – zuweilen als Strafe für den Ungehorsam der DBK in Sachen Synodaler Weg gedeutet[45] – trug möglicherweise dazu bei, die Inhalte und Beiträge aus den deutschsprachigen Ländern in die anderen Sprachgruppen hinein zu integrieren. Eine weitere Neuerung betrifft die Methodik beim Abarbeiten der Tagesordnung. Sie ist geprägt vom „Geistlichen Gespräch" (vgl. Praxisbox 3). Dabei handelt es sich um eine Methode, die in etwa dem entspricht, was mittlerweile in zahlreichen Kommunikationsratgebern als Form des konstruktiven Gespräches postuliert wird und an die „Gewaltfreie Kommunikation" nach Rosenberg erinnert.

Inwieweit diese punktuellen Veränderungen auf weltkirchlicher Ebene zu einer nachhaltigen Veränderung katholischer Kommunikationskultur beitragen, wird sich erst in Jahren erweisen. Es wird vornehmlich auch davon abhängen, wie die Diözesanbischöfe auf Ebene der Ortskirchen ihre Macht zur Gestaltung von Kommunikationsprozessen nutzen und inwiefern sie in Papst Franziskus ein *role model* für veränderte Kommunikationsformate sehen (wollen).

Praxisbox 3: Anleitung zum „Geistlichen Gespräch" nach Papst Franziskus

Schritt 1: ***Jede:r darf das Wort zum ausgerufen Thema ergreifen, alle anderen hören zu*** – ohne bereits die Gegenargumente im Kopf zu erwägen, sondern „im Bewusstsein, dass jeder einen wertvollen

Beitrag zu leisten hat"[46]. Es gibt keine Debatte oder Diskussion. Es wird zugehört.

Schritt 2: Stille, um *das Gehörte wirken zu lassen.*

Schritt 3: *Resonanz auf das Gehörte,* das bedeutet auszudrücken, was von dem Gehörten am stärksten angesprochen, was beim Zuhören berührt hat, was beim Hörer hängen geblieben ist. Ausdrücklich verwehrt sich das *Instrumentum Laboris* dagegen „das Gehörte [...] zu widerlegen"[47]

Schritt 4: Erst jetzt wird versucht **die unterschiedlichen Punkte zusammenzubringen.** Was das *Instrumentum Laboris* beschreibt, ähnelt der Konsent-Methode.[48] Bei dieser Form der Entscheidungsfindung wird, anders als beim Mehrheitsprinzip nicht nach der größten Zustimmung gefragt (was immer „Verlierer:innen" produziert), sondern nach jenem Weg gesucht, bei dem am wenigsten Widerstand besteht. So werden gewichtige Einwände auch einzelner „am Rande stehende[r] und prophetische[r] Stimmen"[49] geachtet.

2.4 Verletzungsmacht – Gefahr im Verzug

Die andere Seite der Medaille: Wer Macht hat, kann verletzen, bewusst oder unbewusst. Innerhalb der Kirche ist das in den letzten Jahren insbesondere bei der Aufarbeitung der Missbrauchsfälle deutlich geworden. Neben Achtlosigkeit, Überheblichkeit und Unwissen war es vor allem die Sorge um den Ruf der Kirche, welche Entscheidungsträger:innen davon abgehalten hat, genau hinzusehen und konsequent zu handeln.[50] Ihre eigene Verwundbarkeit hinsichtlich dessen, was ihnen selbst heilig, wertvoll und Heimat war, hat jene, die vertuschten und verharmlosten, im Gegenzug zum erneuten Verletzen der bereits Betroffenen verleitet. Diese Verletzungsmacht, die aus der eigenen Verwundbarkeit (Vulnerabilität) erwächst, wird als „Vulneranz" bezeichnet.[51]

Mit dieser Form der Verletzungsmacht ist auch in Transformationsprozessen zu rechnen. Denn das, was die meisten Prozessbeteiligten in Kindheit, Jugend, ggf. Studium und Berufswahl innerhalb der Kirche geprägt hat, existiert so nicht mehr. Manche freut das. Für andere lässt sich die Basis ihrer eigenen Kirchen- und Glaubenssozialisation nur noch in der Erinnerung greifen. Zuweilen wird sie positiv verklärt. Strukturelle Veränderungen, die (von manchen als Nötigung empfundene) Verordnung von *Change*-Kursen, die Notwendigkeit zu veränderten Kommunikationswegen, Transparenz und Achtsamkeit zwingen dazu, die veränderte Situation von Kirche zu realisieren. Aus dem Haus voll Glorie ist eine Großbaustelle geworden. Teile des Prachtbaus sind eingestürzt, andere bis zur Unkenntlichkeit eingerüstet. Vor Umtriebigkeit ist vom *Te Deum* kaum noch etwas zu hören, zu sehen oder zu riechen. Da kann es einem schon anders werden in der Seele. Manch einem und manch einer scheint da Angriff oder Blockade die beste Verteidigung. Hildegard Keul schlägt einen anderen Umgang mit der eigenen Vulnerabilität vor, einen der sich aus der christlichen Überzeugung speist: Sich selbst verletzlich machen, die eigene Verletzlichkeit sich selbst und anderen eingestehen. Ein christlich geprägter Umgang mit der Spannung von Vulneranz und Vulnerabilität schützt die Verletzlichen und stärkt ihre Autorität. Gleichzeitig trägt er zur Wahrnehmung der eigenen Verletzungsmacht bei. Das ist „im Konfliktfall besonders wichtig: bei sich selbst die Vulneranz und bei den Anderen die Verwundbarkeit wahrnehmen".[52] Hier kann der Diözesanbischof Weichen stellen, indem er selbst seine Vulnerabilität offenlegt und damit als *role model* zu einem veränderten Klima beiträgt. Strukturell kann er dafür Sorge tragen, indem er Raum für Trauer über den Verlust des Alten gibt, jenen zuhört, die in der Vergangenheit an Macht und Herrschaft in der Kirche gelitten haben und noch leiden, und indem er dort, wo er selbst in der Gefahr der Vulneranz steht, um Moderation bittet.

2.5 Noch mehr Macht: Die Kraft der Konstruktion

Mit der „heilsame[n] Dezentralisierung"[53] mutete Papst Franziskus den Bischöfen zu, sich zu emanzipieren. Manche nahmen dieses Angebot an – erst zögerlich, später energischer, bis hin zum offenen Disput.[54] Genährt von der Hoffnung, dass sich etwas ändern könnte, getrieben vielleicht von der Sehnsucht, dass es dies auch bräuchte, und katalysiert von den durch Uneindeutigkeit eröffneten Kommunikationsräumen, wurden sie mutiger.

Aber ist das überhaupt sinnvoll, auf Veränderung zu hoffen gegen Windmühlen, aus Tradition gebaut, bespannt mit Tuch, aus Dogmen und Normen gewebt, und am Jurisdiktionsprimat im Boden verankert? Bringt es etwas, trotz aller Enttäuschungen, die die Täuschung entlarven, weiterzumachen? Immer wieder anzufangen, sich scheinbar im Kreis zu drehen? Die Fragen kann jede:r nur für sich selbst beantworten. Ich möchte gerne erklären, warum ich das ‚Ja' für die lohnendere Alternative halte.

Voraussetzung für meine Argumentation ist das hermeneutische Konzept des Konstruktivismus. Es lässt sich mit dem Katechismus vereinbaren, denn selbst wenn die Welt im Ganzen von Gott geschaffen und gehalten ist, und die Wahrheit in ihm nur eine Einzige sein kann, dann ist doch spätestens seit 1215 auch offensichtlich, dass wir Menschen diese Wahrheit immer nur unvollständig wahrnehmen können. Damals formulierte das IV. Laterankonzil: „[…] zwischen dem Schöpfer und dem Geschöpf kann man keine so große Ähnlichkeit feststellen, daß zwischen ihnen keine noch größere Unähnlichkeit festzustellen wäre."[55] Oder kürzer: Was wir von Gott wissen, ist immer viel weniger, als was uns von ihm verborgen bleibt.

So ist verständlich, dass jede Generation, jede Gesellschaft, ja jede:r Einzelne ein eigenes Kopfkino der erschaffenen Welt vor sich hat. Es ist zusammengesetzt aus eigenen und kollektiven Erfahrungen, *Learnings*, Ängsten, Freuden, den Geschichten, die wir hören, den Glaubenserfahrungen, die wir machen, den Werten, die wir leben, den Menschen, denen wir begegnen, der Gesellschaftsform, in der wir sozialisiert sind. In jedes Menschen Kopf entsteht demnach eine eigene Wirklichkeit, die mit anderen geteilt zu einer intersubjektiven Wirklichkeit wird.[56]

Dieser Konstruktivismus liegt allen Positionen zugrunde. Selbst jenen Positionen, die von objektiven Wahrheiten sprechen. Zuweilen pflegen sie ihre Weltsicht, um das „objektiv" Erkannte durch neue Erkenntnis nicht verändern zu müssen. Dabei ist Objektivität eine Täuschung. Wenn die Väter des IV. Laterankonzils Recht hatten in ihrer Sicht auf Gott, dass die Unkenntnis über ihn immer größer ist als die Erkenntnis, und wenn Gott jede:n unterschiedlich begabt hat, dann kann es nie eine von Beobachter:innen unabhängige objektive Beschreibung der Wahrheit geben. Es existieren nur sich dieser Wahrheit annähernde Wirklichkeiten. Damit beginnt Veränderung immer im Kopf.

Was hat das mit Macht zu tun? Eine ganze Menge! Denn die legitimierte Macht, bzw. Ohnmacht kirchlicher Akteur:innen beruht im

Wesentlichen auf der Annahme einer objektiv und zuweilen unwiderruflich feststellbaren Lehre der Kirche. Wenn sich diese Hermeneutik nun verändert, verändert sich automatisch auch die Grundlage legitimierter Macht (Herrschaft).

Der Diözesanbischof kann nun gegen die oben beschriebenen Windmühlen ankämpfen. Oder er kann den Wind nutzen und an den Windmühlen vorbei in die Zukunft kiten, indem er die Wirkmacht gebraucht, die er auch jenseits der rechtlichen Möglichkeiten hat. Diese neue Art, den Wind zu nutzen, knüpft an die Praxis im Mittelalter an, Ambiguität auszuhalten und mehrere gleichberechtigte Antworten zu akzeptieren. Gleichzeitig will sie (neu) gelernt werden. Es wird Fehler geben oder Verletzungen und es ist sicher unbequemer, als die Windmühlen zu restaurieren, immer neu zu beleuchten und dadurch zu perpetuieren.

2.6 Was runde Tische nicht vermögen: Nachhaltigkeit sichern nur Regeln

An diesem Hoffen, zuweilen „wider alle Hoffnung", gibt es Kritik.[57] Sie weist darauf hin, dass Gesprächsprozesse, wie sie sich beispielsweise in der deutschen Kirche seit der Würzburger Synode 1972–75 wiederholen, substanziell noch keine greifbaren Ergebnisse gebracht haben.[58] Sind damit kirchenrechtlich verbindliche Normen und dogmatische Setzungen, wie beispielsweise im Katechismus, gemeint, so trifft die Kritik zu. Noch immer liegt es rechtlich weitestgehend im Gutdünken (guten Denken) eines Oberhirten, was in seiner Diözese geschieht. Und Gutdünken wird ohne Kontrolle leicht zur Willkür. In Deutschland heißt das heute nicht mehr zwingend, dass ein Diözesanbischof tatsächlich willkürlich handeln kann (dem stehen eine kritische Öffentlichkeit, manches Schutzkonzept und in Finanzfragen Kirchensteuervertretungen entgegen). Noch weniger bedeutet es, ein Diözesanbischof handele machtvoll-wirksam, wenn er herrscht oder es versucht.

Das hängt auch mit der Entwicklung der Rechtskultur zusammen: Um den Mangel an Anpassungsfähigkeit kirchlicher Lehre und kirchenrechtlicher Normen an die sich verändernden Umweltbedingungen und die exponentielle Vermehrung von Wissen auszugleichen und abzupuffern, flexibilisierte sich die Rechtsanwendung.[59] „Warum es Regelbrüche in der katholischen Kirche braucht"[60] und „Regelbrüche aus denen Segen erwächst"[61] betitelte beispielsweise „Kirche und Leben" einen Kommentar des Fundamentaltheologen Matthias Remenyi.[62] Bei allem Verständnis für die Not in der Zerreißprobe zwischen kirchlich normierter Idealvorstellung und glaubenstauglichem *reallife* ist hier doch auch ein gewaltiges Problem zu konstatieren: Recht – auch ein Machtinstrument – verliert seinen Wert, wenn es regelhaft nicht befolgt wird. Gehört die Nichtbeachtung von Normen bei Klerikern und Laien zum guten Ton und wird das Desinteresse an neuen Gesetzen zum Usus, dann verlieren auch sämtliche positiven Steuerungsmöglichkeiten an Durchsetzungskraft, wie z. B die Gesetzgebungen in der Vermögensverwaltung (vgl. Tebartz-van Elst in Limburg[63]) oder zu Schutz vor und Aufklärung von sexualisierter Gewalt. Dem Bericht der AG Aktenanalyse in Freiburg folgend stellte „die in Missbrauchsfällen praktizierte weitgehende Rechtsignoranz eines der wesentlichen Vertuschungsmomente dar."[64] Dass Erzbischof Dr. Robert Zollitsch als Vorsitzender der DBK 2010 verschärfte Leitlinien[65] in Kraft setzte und selbst missachtete,[66] mag als Spitze des Eisbergs die Notwendigkeit einer Rechtskultur verdeutlichen, die diesen Namen verdient.

Das zeigt: Wer als Diözesanbischof Rechtssetzungen als Instrument wirksamen Steuerns einsetzen möchte, braucht – zumindest hinsichtlich der diözesanen Gesetzgebung – ein erneuertes, verändertes Verständnis von Rechtskultur bei seinen Diözesanen und möglicherweise auch bei sich selbst.

Der sicher nicht ganz leichte Weg dorthin lohnt insbesondere in Veränderungsprozessen. Hier ist eine Kultur notwendig, in der sich Akteuer:innen auf Regeln verlassen können, insbesondere dann, wenn sie vulnerabel sind. Wer Haltungsänderung fordert, muss Verlässlichkeit im Prozess bieten. Instabile Veränderung braucht einen stabilen Rahmen. Insofern muss auch der rechtliche Raum ein sicherer sein. Dieser *safe space* entsteht aus Verlässlichkeit, Kontrollierbarkeit und Transparenz der Regeln sowie der Korrektur fehlerhafter Anwendung. So erwächst Glaubwürdigkeit und Vertrauen, welches notwendig ist, um den Sprung in die Erneuerung zu wagen.

Das Problem: Um Machtstrukturen als Objekt zu verändern, braucht es Subjekte mit Macht. Wenn der Diözesanbischof aufgrund weltkirchlicher Gesetzgebung in seinen Handlungsoptionen in bestimmten Bereichen stark eingeschränkt ist (z. B. Predigt von Laien, feierliche Segnung bestimmter Paare, Pflichtzölibat, Diakonat der Frau, Priesterinnenweihe …), dann ist er in diesen Bereichen ohnmächtig, sofern er sich rechtskonform verhält. Ihm fehlt die legitimierte Macht, in Bereichen zu wirken, die ortskirchlich möglicherweise eine hohe Relevanz für die Verkündigung des Evangeliums haben könnten. Er befindet sich in einem Dilemma.

Entweder er verhält sich rechtskonform, d. h. rollenadäquat, und trägt damit zu einer besseren und notwendigen Rechtskultur bei – damit kann er nichts verändern. Oder er nutzt seine nicht-legitimierte Macht, um zu wirken – damit beschädigt er die Rechtskultur in seiner Diözese, die wiederum ist zur Umsetzung und Durchsetzung von Veränderungsprozessen, welche die Veränderung von Machtstrukturen zum Inhalt haben, notwendig ist.

Was bleibt einem Diözesanbischof im beschriebenen Dilemma? Drei Möglichkeiten will ich skizzieren:

Er kann, wie viele Gläubige, sich selbst ermächtigen und in den Widerstand *contra legem* treten. Er kann versuchen durch das Setzen einer bislang nicht gekannten Praxis eine Veränderung auf weltkirchlicher Ebene zu erreichen und für seinen Bereich z. B. eine *de facto* Predigterlaubnis für Laien erteilen oder selbst laut über die Abschaffung des Pflichtzölibats nachdenken. Bei Latein als verpflichtender Lehrsprache an theologischen Fakultäten hatte die Missachtung der Normen auch eine quasi-aufhebende Wirkung. Durch den Einsatz seiner Wirk-Macht gefährdet er dabei allerdings seine Herrschafts-Macht. Außerdem setzt er nach innen wenig hilfreiche Signale in Richtung Rechtskultur. Deutlich wurde das beispielsweise während der IV. Vollversammlung des Synodalen Weges, als zur vermeintlichen „Rettung" der Ergebnisse Satzung und Geschäftsordnung des Synodalen Weges „fragwürdig" bis „falsch" und ohne Rechtsexperten interpretiert wurden.[67] Ob die kurzfristige Wirkung (Mehrheiten erreicht) oder ein möglicherweise längerfristiger Effekt (Vertrauensverlust in diesen und weitere Prozessverläufe und Geschäftsordnungen) überwiegt, wird sich zeigen.

Eine andere Möglichkeit in dem Dilemma zu handeln ist, sich auf die eigene Rolle als Gesetzgeber zu konzentrieren und die Themen, die weltkirchlich zu verhandeln sind, außen vor zu lassen. Das meint, der Diözesanbischof setzt in seinem Zuständigkeitsbereich Rahmen, um Macht, insbesondere Kommunikationsmacht, in seinem Wirkungsbereich so zu gestalten und zu verteilen, dass sich in der Diözese etwas verändert. Das heißt nicht, die eigene Führung aufzugeben, den Werkzeugkasten in den Schrank zu schließen oder ihn in die Mitte zu werfen und abzuwarten, was passiert. Sondern es bedeutet genau das Gegenteil. Die diözesanrechtlichen Normen werden so gesetzt, dass das Werkzeug aus dem Kasten verteilt wird, nach transparenten und klaren Regeln, dass Mitarbeitende gesucht werden, die gerne werkeln, die ihr jeweiliges Handwerkszeug beherrschen, die sich an der Baubesprechung beteiligen, um ein gemeinsames Ziel zu erreichen. Konkret bedeutet das, der Diözesanbischof regelt die Kommunikation im (Erz-)Bistum. Er hält durch rechtliche Garantien die Kommunikationsräume offen, ihm obliegt es, die regelmäßige Wiederbefassung von Themen und die Evaluation von Normen rechtlich zu verankern. In seine Verantwortung fällt es, Resonanz auf Vorschläge und Feedback zu institutionalisieren, z. B. durch verstärkten Einsatz von Anhörungs- oder Mitwirkungsrechten und das Sichern von Feedbackschleifen. Außerdem ist er derjenige, der durch Normen für eine Ordnung der Kommunikation im Konfliktfall Sorge trägt und für deren Einhaltung einsteht. Ihm obliegt, möglichst viele Charismen an der Ausübung der diözesanbischöflichen Herrschaft durch Ermächtigung zu beteiligen[68] und den Missbrauch von Autorität weitestgehend einzudämmen.[69] Um die Wirksamkeit der Normen abzusichern und eine neue Rechtskultur zu etablieren, dient die Einführung einer Verwaltungsgerichtsbarkeit, wie sie beispielsweise der Bischof von Münster angekündigt hat.

Vielfach wird der Diözesanbischof (in Deutschland) solche Regelungen faktisch nicht mehr alleine entscheiden. Die Räte- und Gremienlandschaft ist vielfältig und Bischöfe lassen sich längst von externen Beratern coachen.[70] Aber: Mit jeder Unterzeichnung einer neuen diözesanen Norm trägt letztlich weiterhin der Diözesanbischof die Verantwortung und übt seine Herrschaftsmacht aus.

Die dritte Option, sich im Dilemma zu verhalten ist es, die Inkonsequenz auszuhalten, nach oben Recht zu beugen und nach unten den Gehorsam gegenüber eigenen Gesetzen zu fordern, um mithilfe der eigenen Macht Kommunikationsräume möglichst weit zu machen und selbst mit einer neuen Rechtskultur zu beginnen.

Zugegeben, das klingt weder nach Fisch noch nach Fleisch. In einer Situation jedoch, in der Herrschaftsmacht kaum noch greift, in der die gesamtkirchlichen Kommunikationsstrukturen (und damit auch die Weiterentwicklungsmöglichkeiten der Lehre) verkrustet sind und in der pontifikal die Zielsetzung der katholischen Kirche eine radikale Erneuerung erfahren soll (von der Selbsterhaltung zur Verkündigung des Evangeliums)[71] bleibt vielleicht in der Ortskirche nichts anderes möglich, weil auch das geltende weltkirchliche Recht infolge der dogmatischen Setzungen als Werkzeug zur Festigung der Herrschaft und des Systemerhalts konzipiert ist. Sollen Recht und Rechtskultur künftig mehr Inkulturation des Evangeliums ermöglichen, braucht es eine sich verändernde dogmatische Hermeneutik, die aber im geschlossenen Rechtskonzept der katholischen Kirche derzeit nur durch Setzung des Papstes möglich wäre und – da die Rechtskultur sich so entwickelt hat, wie sie ist – dann auch nicht zwingend befolgt würde.[72] Die katholische Realität ist deutlich komplexer als im Schwarz-Weiß-Denken mancher Konservativer wie Reformer gleichermaßen unterstellt. Sie zwingt Diözesanbischöfe zuweilen in Dilemmasituationen zu handeln. Entscheidet sich also ein Diözesanbischof, diesen dritten Weg zu wählen, um im Dilemma zu agieren, wird er nicht umhinkommen, in seinem Handeln deutlich zu differenzieren und dem Versuch standhalten müssen, die Spannung auf eine Seite hin aufzulösen. Dabei helfen könnte Folgendes:

a) Der Diözesanbischof verbalisiert das Dilemma deutlich, er differenziert und begründet, warum er ggf. Ungehorsam leistet, von höherrangigem Recht abweicht oder für eine andere Interpretation von Glaubenswahrheiten gem. c. 750 § 2 und c. 752 CIC eintritt. Dabei baut er darauf, durch Transparenz und Argumente in seinem Handeln verständlich zu sein und wirbt für Akzeptanz sowohl seinen Diözesanen als auch höherrangigen Gesetzgebern gegenüber.

b) Er sucht Macht nicht um ihrer selbst willen und ist sich der eigenen Vulnerabilität aufgrund seines Verhaltens bewusst (ohne sie selbst in Vulneranz umzulenken). D. h. er hält aus, dass seine Diözesanen (oder Teile davon) es ihm gegenüber gleich tun im Ungehorsam, er klammert sich nicht an sein Amt und ist bereit, vom Papst oder seinen Behörden gemaßregelt zu werden.[73]

c) Er hält sich selbst an seine eigene Gesetzgebung.

d) Er sorgt dafür, dass alle in seiner Verantwortung getroffenen Rechtssetzungen befolgt werden (können), insbesondere jene, die vulnerable Gruppen schützen.

e) Er wirkt als Gesetzgeber seiner Diözese einerseits und Untergebener des Papstes andererseits auf eine Harmonisierung von *de jure* und *de facto* hin, im Vertrauen darauf, dass manchmal die Rechtsetzung der Praxis hinterherläuft und ihr manchmal umgekehrt vorauseilt.
f) Er setzt sich, ggf. mit Amtsbrüdern, auf weltkirchlicher Ebene für Veränderungen ein.

Eine weiterentwickelte Hermeneutik ermöglicht und braucht eine veränderte Rechtskultur. Diese zu entwickeln gehört als Teilaspekt in einen Veränderungsprozess. Dabei ist freilich nicht zu erwarten, dass es genügen würde, einen normativen Hebel umzulegen. Vielmehr geht es – bei aller Unzulänglichkeit und Fehlertoleranz, die ein solches Umdenken und Umgewöhnen braucht – um den politischen Willen, tatsächlich Gesetze zu machen, die unterstützen, und die Entschiedenheit, Kontroll- und Sanktionsinstrumente zu verwenden, die diesen Namen verdienen. So wird der Weg gelingen vom Gutdünken, das der Willkür die Tür öffnet, hin zu klaren Prozessstrukturen, in denen das gute Denken auf viele Schultern verteilt sowie Transparenz gewährleistet ist. Außerdem wird eine neue Qualität der Verantwortungsübernahme durch die Machthabenden ermöglicht, deren Mangel oder Verleugnung in der Vergangenheit (Finanzskandale, Missbrauch, Vertuschung …) immer wieder Anlass zum Erschrecken gab.

3. Raus aus der Peinlichkeitsfalle – Rein in die Verantwortung

Die mangelhafte Kopplung von Macht/Herrschaft und der damit wesentlich verbundenen Übernahme von Verantwortung innerhalb der Kirche ist in der Haltung von Machthabenden zur Macht begründet. „Das Gefährlichste an der Macht ist nicht, dass sie obsessiv wirkt, sondern dass sie peinlich ist und verleugnet wird"[74] Diese Feststellung von Petra Morsbach entlarvt das Verhältnis von Kirchenmenschen zur Macht. Macht ist und war in der Kirche lange ein Tabu-Thema. „Macht gibt es nicht, nur Vollmacht und Dienst" – so oder ähnlich fassten führende Kirchenmänner die Verleugnung von Macht in Worte,[75] vermieden dadurch vordergründig die Peinlichkeit und manifestierten sie dennoch.

3.1 Macht ist peinlich – warum eigentlich?

Warum aber ist Macht (in Kirche) peinlich? Da ist zunächst das biblische Erbe als Grundlage kirchlichen Tuns. Es zeichnet sich durch die Einhegung der Macht aus, indem Jesus lebenszerstörendes Machtstreben anprangert und statt dessen den Dienst aneinander als wahre Macht kennzeichnet[76]: Eine Macht, die auf Gott zurückgeht, die Leben schenkt und ermöglicht, die das geknickte Rohr nicht bricht und den glimmenden Docht nicht löscht, die in Schwäche ihre Kraft entfaltet (Paulus) und Tote zum Leben erweckt. Macht, die etwas mit Durchsetzungskraft zu tun hat, durfte also nur Macht sein, die von Gott her legitimiert ist und nicht von menschlichem Streben nach Macht. „Vollmacht" eben. Alles andere, was machtvoll, wirksam und stärkend war, schien konträr zur Jesusnachfolge, wenn es nicht offiziell von Gott bevollmächtigt und durch Weihe oder Gelübde kenntlich erschien. Es geziemte sich deshalb nicht für einen Gottesmann oder auch eine Gottesfrau. Andersherum war das, was Gottesmänner und -frauen taten, richtig, unantastbar, unhinterfragbar, sakrosankt an sich. Das wirkt bis heute nach.

Daraus ergibt sich ein weiterer Grund: In einer Gemeinschaft, die das vollmächtige Handeln einer kleinen Kaste vorbehält, ist Macht notgedrungen peinlich, ruft also ein Gefühl von Unbehagen, Verlegenheit oder Beschämung hervor. Mit Marianne Williamson und Nelson Mandela könnte man fragen: Wer bin ich eigentlich, dass ich machtvoll handeln, gestalten, predigen, lehren, Zeugnis ablegen kann, und wer bist du, dass du das nicht darfst? Die ehrliche Antwort darauf („weil du nicht geweiht bist, weil du Frau oder verheiratet bist!") ist an sich peinlich, wenn man gleichzeitig bei der Taufe alle Gläubigen mit dem Versprechen salbt: „damit du für immer ein Glied Christi bleibst, der Priester, König und Prophet ist"; wenn man von der gleichen Würde aller Gläubigen spricht (vgl. c. 208 CIC) und betont, wie wichtig die Entfaltung des Menschen als Gottes Ebenbild ist.[77]

Das sind zwei von zahlreichen Gründen, die das Reden über und das Ausüben von Macht in der Kirche und durch Kirchenmenschen in ein negatives Licht gezogen haben.

3.2 Macht mögen hilft!

Wenn Macht rechtlich eingehegt wird, sie, wie oben definiert, ein neutrales Werkzeug und ein Beziehungsangebot ist, dann ruft Macht an sich keine unbehaglichen Gefühle hervor, braucht also nicht peinlich zu sein. Ganz im Gegenteil: Es hilft, Macht zu mögen, ja es ist sogar wichtig, sie anzunehmen, sie gezielt zu nutzen. Es hilft, Freude an der Macht zu haben, sich nicht verschämt damit zu verstecken oder herum zu drucksen. Das dient niemandem.

Für mich kann ich formulieren: Solange Macht lebensdienlich, zum Wohl der Gemeinschaft, für die ich Verantwortung trage, eingesetzt ist, hilft es dankbar zu sein für alle Möglichkeiten, die sich aufgrund meiner Stellung, meiner Netzwerke, meiner (medialen) Reichweite, der mir zugestandenen Richtlinienkompetenz oder der mir zugeschriebenen Autorität ergeben. Dann nämlich kann ich auch die damit einhergehende Verantwortung mögen und mich – womöglich sogar mit Freude – meiner Verantwortung stellen, mir die Vulneranz bewusst machen, der ich Gefahr laufe, mir regelmäßig Feedback einholen, um den Gefahren, die mit Macht einhergehen, zu begegnen und womöglich sogar um Gottes Geist und Weisheit bitten, um den Herausforderungen und Anforderungen gerecht zu werden.

3.3 Konsequenz: Verantwortung

Wenn Macht nicht mehr peinlich ist, dann wird die damit verbundene Verantwortung stärker sichtbar. Das betrifft alle kirchlichen Akteure – Laien wie Kleriker. Aus neueren Verpflichtungen des weltkirchlichen Gesetzgebers wird deutlich, dass dies durchaus gewünscht ist und die Diözesanbischöfe ihre Verantwortung stärker als bislang übernehmen sollen. *Praedicate Evangelium*[78] weist die Kurienmitglieder an, den Bischöfen bei ihrem Dienst vor Ort zu helfen, ohne sie zu bevormunden, ihnen vielmehr die Kompetenz ihres eigenen Hirtenamtes zu überlassen und sie darin zu unterstützen. C. 1322 § 2 CIC betont in der Neufassung die Verantwortung der Leitenden für die Umsetzung des Strafrechtes. Die Bischöfe sind mit den Verfahrensregeln zu *Mitis Iudex Dominus Iesus* aufgerufen, sich aktiv zu kümmern um die getrennten Ehegatten.[79] Und schließlich macht die Pressemitteilung des Dikasteriums für die Glaubenslehre über die Rezeption der Erklärung *Fiducia supplicans* vom 04.01.2024 deutlich: „Jeder Ortsbischof hat kraft seines Amtes immer die Entscheidungsbefugnis vor Ort, d. h. an dem konkreten Ort, den er besser kennt als andere, weil es sich um seine ihm anvertraute Herde handelt. Umsicht und Aufmerksamkeit für den kirchlichen Kontext und die örtliche Kultur können verschiedene Wege der Anwendung erlauben, aber nicht eine totale oder endgültige Verweigerung dieses Weges, der den Priestern [vom Papst] vorgelegt wird."[80] All das sind Hinweise auf eine stärkere „Dezentralisierung", wie sie *Evangelii Gaudium* bereits beschreibt und mit der eine Dezentralisierung der Verantwortung einhergeht.

4. Am Kipppunkt?

Steht die katholische Kirche mithin an oder vor einem *point of no return*? Vielleicht. Der kirchenpolitische Kurs von Franziskus wird vielfach kritisiert. Nicht zuletzt von zahlreichen Bischöfen. Zuwenig in Normen Greifbares, zu wenig klare Kante, zu viele Andeutungen, auf die kaum konkrete, eindeutige Handlungen folgen. Der Papst hat sich zwischen alle Stühle gesetzt (als Pontifex vielleicht gar keine so schlechte Position) und mutet seinen Bischöfen und dem Kirchenvolk viel Spannung zu.[81]

Für eine echte Wende spricht die bereits an verschiedenen Stellen veränderte Kommunikation, d. h. die Organisation lernt. Ob die Regeln nachziehen, um veränderte Kommunikationsstrukturen rechtssicherer und damit beständiger zu machen, wird sich zeigen. Immerhin wurde im Syntheseberich der Weltsynode vom Herbst 2023 eine Revision von CIC und CCEO gefordert.[82] Darauf hinzuwirken, ist notwendig. Hieran wird sich entscheiden, ob der Kipppunkt bereits erreicht ist. Zu lernen wäre dafür aus der Rezeption des Zweiten Vatikanischen Konzils. Getriggert von Angst, der Buchstabe des Gesetzes töte den „Geist des Konzils", erarbeiteten die Konzilsväter vor allem pastorale Texte. Die Begeisterung über das Kommunikationsereignis Konzil führte zu einer selektiven Wahrnehmung von reformorientierten Konzilspassagen. In den darauffolgenden Jahrzehnten konnte sich fast unbemerkt im CIC von 1983 eine dazu konträr selektive Wahrnehmung der Konzilstexte manifestieren.

Eine Neuerung sehe ich auch bei den Bischöfen (zumindest in Deutschland). Das Verhältnis von Episkopen zu Laien hat sich verändert: Sie sind nicht mehr „der schwarze Block", als welcher sie auf der Würzburger Synode wahrgenommen wurden. Der Riss geht mehr entlang der Grenze kirchenpolitischer Lager als zwischen den hierarchischen Stufen. Die Diözesanbischöfe sind sich uneins in der Auslegung und – auch das ist neu – die Uneinigkeit darf sein! Der Synthesebericht der Weltsynodenversammlung 2023 führt Mehrheits- und Minderheitenmeinungen gemeinsam auf und beim letzten *Ad-limina*-Besuch der deutschen Bischöfe ließ Franziskus den uneinigen deutschen Episkopat einfach diskutieren, „Verwirrung" inklusive. Das – so meine Einschätzung – wäre vor einigen Jahren nicht möglich gewesen.

Ebenfalls verändert hat sich die Möglichkeit der Diözesanbischöfe, sich gegen eine bestimmte vatikanische Lehrinterpretation zu positionieren. Das mag zum einen an einer „gefühlten Freiheit" liegen. Zum anderen lässt sich an den Bischöfen von Limburg zeigen, dass eine deutliche Differenz in der Behandlung von „Abweichlern" besteht. Hatte Bischof Franz Kamphaus noch für seine Haltung zur Schwangerenkonfliktberatung seine Zuständigkeit in diesem Bereich an seinen Weihbischof Gerhard Pieschl abtreten müssen, so redet Bischof Georg Bätzing mindestens seit Beginn des Synodalen Weges mit zunehmendem Selbstbewusstsein von der Sinnhaftigkeit der Frauenordination, ohne bislang dafür gemaßregelt zu werden.

Wenn sich Machtstrukturen derzeit verändern, dann gelten die alten Gesetzmäßigkeiten von oben oder unten, Kleriker oder Nichtkleriker, legitimierter Macht oder Ohnmacht nicht mehr. Dann ist auch eine Bewertung nach den alten Maßstäben und Realitätsprinzipien nur noch bedingt zielführend, weil sie nur einen Teil der Wahrheit darstellen. Und Frust produzieren.

Da hilft es, beides als derzeit wirklich anzuerkennen: Es ändert sich etwas *und* es ändert sich (fast) nichts. Bischöfe haben nur geschuldete Herrschaft *und* Bischöfe haben Macht, wenn sie machen. Das mag verwirren – vor allem aber befreit es.

Mit Herrschaft und Macht der Bischöfe ist es dann wie mit der Theorie vom Licht. Felsenfest, gefeit gegen jegliche Hinterfragung, verteidigte die Physik seit dem 17. Jh. Newtons Teilchentheorie gegen Huygens Wellen und weitere Gegenargumente. Bis mit Albert Einstein und Max Planck, Nils Bohr und Werner Heisenberg ein Quantensprung in der Physik gelang.[83] Das war über 200 Jahre und viele Generationen Physiker später, die sich mit Newtons Theorie nicht zufrieden gaben. Seither kann man sich Licht als beides vorstellen: Teilchen *und* Wellen. Unser Weltbild ist deshalb wie bei Kopernikus wieder in Überarbeitung. Es lohnt sich also *out of the box* zu denken und zu handeln. Dann öffnet sich Raum für die Entwicklung von Neuem, das da wächst, seht ihr es nicht?

Anmerkungen

[1] Vgl. z. B.: Striet, Magnus, Ende der Richtlinienkompetenz. 16.10.2023 (online: https://katholisch.de/artikel/47653-ende-der-richtlinienkompetenz-der-papst-setzt-auf-pragmatik; alle Internetlinks in diesem Beitrag wurden zuletzt abgerufen am 15.04.2024); Ring-Eifel, Ludwig, Verwirrung um Worte des Papstes zum Synodalen Weg. 26.01.2023 (online: https://www.domradio.de/artikel/verwirrung-um-worte-des-papstes-zum-synodalen-weg) oder anders akzentuiert Cascioli, Roberto: Die Verwirrungsstrategie des Vatikan. 05.10.2023 (online: https://katholisches.info/2023/10/05/die-verwirrungsstrategie-des-vatikans/).

[2] Max Weber definiert Herrschaft als „Chance, für einen Befehl bestimmten Inhalts bei angebbaren Personen Gehorsam zu finden." In: Weber, Max, Wirtschaft und Gesellschaft. Grundriss der verstehenden Soziologie; hg. v. Winckelmann, Johannes; Tübingen [5]1980, 28.

[3] Vgl. Lüdecke, Norbert, Die Täuschung. Haben Katholiken die Kirche, die sie verdienen? Darmstadt 2021.

[4] Dazu etwa Schmidt, Dorothea, Katholisch: Nur Etikett oder echter Inhalt? 17.01.2024. (online: https://www.die-tagespost.de/kirche/aktuell/katholisch-nur-etikett-oder-echter-inhalt-art-246934).

[5] Vgl. c. 1741, 3 CIC.

[6] Dieser Artikel legt seinen Fokus vorrangig auf die im deutschsprachigen Raum beobachteten Transformationen. Zurecht wird man darauf hinweisen, dass die weltkirchliche Dimension in der katholischen Kirche nicht außen vor gelassen werden kann, zugleich ist Macht als Kommunikationsphänomen (Luhmann) immer ein „Beziehungsangebot" (vgl. Dessoy, Valentin, Grundlegung – Macht und System, in: Dessoy, Valentin; Hahmann, Ursula; Lames, Gundo (Hg.), Macht und Kirche, Würzburg 2021, S. 14–23; hier S. 16), das abhängig ist von einem Kulturraum, der sich z. B. durch die Sprache definiert.

[7] So Bischof Georg Bätzing in seiner Silvesteransprache 2023. (online: https://www.faz.net/aktuell/politik/dramatischer-niedergang-der-kirchen- 19420016.html).

[8] Es mag widersinnig erscheinen, dass Verletzbarkeit (Vulnerabilität) Macht,

sprich Wirkmöglichkeiten, entfalten kann. Doch jede:r, die:der schon einmal eine Vollbremsung machte, weil ein Kind die Straße kreuzte, weiß, dass diese Form von Macht auch bei uns Menschen vorkommt, welche aus dem Tierreich bekannt ist (das unterlegene Tier ergibt sich, indem es seine verletzlichste Stelle offen legt und sich damit dem Gegner unterstellt).

[9] Vgl. Bucher, Rainer, Transformationen der Pastoralmacht, in: Dessoy u. a., Macht, S. 85–102; hier S. 89–93.

[10] Rainer Bucher zeigt, wie die Dekonstruktion bereits in den 60er Jahren des vergangenen Jahrhunderts begann. Vgl. ebd.

[11] Die neue Grundordnung des kirchlichen Dienstes im Raum der DBK erweist sich letztlich als Anpassung an die zuvor verdeckt häufig geübte Praxis, den Rechtsrahmen, wo möglich, nicht auszuschöpfen, das gesetzte Recht nicht zu kontrollieren, nicht so genau hinzusehen oder aktiv wegzuschauen und nur tätig zu werden, wenn es gar nicht anders ging. Für manche Dienstvorgesetzten geschah das Aktivwerden aus Pflicht – und gegen die eigene innere Überzeugung. Aber: Ob es einen Umgang mit den Normen oder ein Umgehen der Normen gab, das lag im Gutdünken – und damit in der Willkür – des Zuständigen.

[12] Vgl. Keul, Hildegard, Macht ausüben, aber nicht missbrauchen, in: Dessoy u. a., Macht, S. 192–201; hier S. 194f.

[13] Weitere Normen ergänzen den Codex. Vgl. Gallegos Sánchez, Katrin: Rahmenbedingungen kirchlicher Kommunikation, Münster 2015, S. 141–185.

[14] Vgl. ebd., S. 174.

[15] Für viele (Ex-)Katholik:innen in Deutschland ist der Kirchenaustritt eine Kommunikationschance, die sie ihren Pfarrern oder Bischöfen gegenüber wahrnehmen. Allzu oft werden sie in ihrer Aussageabsicht missverstanden oder gar nicht gehört. Vgl. dazu die Gründe für den Kirchenaustritt von Katholik:innen in der KMU-Studie 2023.

[16] „Macht entspringt der menschlichen Fähigkeit, nicht nur zu handeln oder etwas zu tun, sondern sich mit anderen zusammenzuschließen und im Einvernehmen mit ihnen zu handeln. Über Macht verfügt niemals ein Einzelner; sie ist im Besitz einer Gruppe und bleibt nur solange existent, als die Gruppe zusammenhält." (Arendt, Hannah, Macht und Gewalt, München ^{14}2000, S. 45.)

[17] Angelehnt an die Darstellung förderlicher Haltungen im Veränderungsprozess in: Grossmann, Ralph; Bauer, Günther; Scala, Klaus, Einführung in die systemische Organisationsentwicklung, Heidelberg ^{2}2021, S. 96–105.

[18] Ebd., S. 96.

[19] Ebd., S. 102.

[20] Vgl. z. B.: Lüdecke, Norbert; Bier, Georg, Das römisch-katholische Kirchenrecht. Eine Einführung, Stuttgart 2011, S. 14–27.

[21] Beispiele hierfür sind: Rechtskultur im Strafprozess: Althaus, Rüdiger, Der Um-

gang mit des sexuellen Missbrauchs beschuldigten Klerikern – Unschuldsvermutung oder Vorverurteilung? Eine Gratwanderung, in: Neumann, Thomas; Platen, Peter; Schüller, Thomas (Hg.), Nulla est caritas sine iustitia. FS für Klaus Lüdicke zum 80. Geburtstag, Essen 2023, S. 11–34. Rechtskultur Amtsblätter: Hallermann, Heribert, Kunst kommt von Können: Betrachtungen zur Gesetzgebungskunst am Beispiel der Leitlinien zum Umgang mit sexuellem Missbrauch im Bereich der Deutschen Bischofskonferenz, in: AfkKR 182 (2013), S. 386–425. Menschenrechte: Loretan, Adrian, Menschenrechte in der Kirche ein Schutz vor Machtmissbrauch, in: Haering, Stephan; Rees, Wilhelm; Hirnsperger, Johann u. a. (Hg.), In mandatis meditari: FS für Hans Paarhammer zum 65. Geburtstag, Berlin 2012, S. 263–283. Verwaltungsgerichtsbarkeit: Lüdicke, Klaus, Es wird Zeit …: wir brauchen kirchliche Verwaltungsgerichte, in: HerKor 74 (2020), S. 23–25. Vermögensverwaltung: Schmitz, Heribert, Organe diözesaner Finanzverwaltung: Anmerkungen zu offenen-strittigen Fragen, in: AfkKR 163 (1994), S. 121–145.

[22] Vgl. Lüdecke, Täuschung, S. 204.

[23] Grossmann, u. a. Einführung, S. 36.

[24] Vgl. dazu die Forderung des Kirchenvolksbegehrens von 1995: „Frohbotschaft statt Drohbotschaft".

[25] Vgl. in diesem Band: Schmitz, Alle Jahre wieder – die bischöfliche Visitation.

[26] Lüdecke, Täuschung, S. 201.

[27] Ebd.

[28] Ebd.

[29] Beispielhaft hier die Äußerungen von Bischof Genn: „Habe mich noch nie mit diesem Thema auseinandersetzen müssen, erst beim Synodalen Weg. Habe jetzt auch mit einer betroffenen Person gesprochen. Vieles ist für mich ganz neu. Ich kann aber mit bestem Willen nicht alle Aspekte mittragen. Mir geht es aber um einen achtsamen Umgang. Ich werde mich enthalten und bitte darum um Respekt. Spüre selbst den Druck der Versammlung. Müssen wir hier jetzt wirklich entscheiden, oder können wir das Thema vertagen?", und Bischof Oster: „Sind erst am Anfang Identitäten zu verstehen, das ist mir in vielen Gesprächen mit queeren Menschen verständlich geworden. Als Christen sind wir in eine neue Identität getreten. Was macht das mit all dem, das auch zu unserer Identität beiträgt? Daran denkt der Text nicht, deshalb kann ich nicht zustimmen." Beide zitiert nach dem Live-Blog des Domradio Köln. Online: https://www.domradio.de/artikel/blog-vom-synodalen-weg.

[30] Vgl. Grossmann u. a., Einführung, 51.

[31] Vgl. Gallegos Sánchez, Rahmenbedingungen, S. 294–298.

[32] Grossmann u. a., Einführung, S. 33.

[33] Bei Wahlen in verschiedenen Diözesen lagen 2022 und 2023 die Wahlbeteiligungen alle samt bei weniger als 14 % (jeweils gerundet). In den bayrischen

Diözesen lag die Beteiligung 2022 bei knapp 13 %, 2023 in Speyer bei knapp 12 %, Limburg bei gut 9 % und Fulda gut 8 %.

[34] GS 1.

[35] Das könnte beispielsweise wie folgt gelingen: Die Form der Beteiligung/Befragung/Resonanz wird in drei Kategorien unterteilt: A) ausführliche und differenzierte Wahrnehmung und Rückmeldung (insb. Experten, Menschen, die einen hohen Informationsgrad besitzen) B) kurzgefasste, schnelle Rückmeldung (Kirchennahe, über kirchliche Kommunikationskanäle erreichbar) und C) exemplarische Rückmeldung kürzer oder länger von Menschen außerhalb der kirchlichen *bubble*. Für jede Gruppe werden adäquate Rückmelde-/Befragungs-Formate entwickelt, z. B.: A) Expert:innenanhörung, differenzierte Fragebögen mit Freitextantworten, Interviews, Resonanzgespräche; B) Kurzfragebögen via Internet oder nach dem Gottesdienst, Instagram-/TikTok-Post mit Antwortfunktion, Kurzstatement des Diözesanbischofs zu einer Frage mit der Bitte sich dazu in den Kommentaren zu äußern, Kurzbefragung am Rande von kirchlichen Veranstaltungen, Tagungen, Katholikentagen etc.; C) aktives Zugehen auf Menschen außerhalb der kirchlichen *bubble*, z. B. Marktplätze, Parlamente, Betriebe, nichtkirchliche Schulen. Per diözesanem Gesetz kann nun über ein Anhörungsrecht die Verpflichtung erfolgen für bestimmte Entscheidungen beispielsweise ein Instrument aus jeder Gruppe zu nutzen, um dem Anhörungsrecht zu entsprechen.

[36] Vgl. in diesem Band: Neumann, Der Bischof und die Universität.

[37] Vgl. in diesem Band: Schmitz, Alle Jahre wieder – die bischöfliche Visitation.

[38] Sekretariat der Deutschen Bischofskonferenz (Hg.), Missbrauch geistlicher Autorität. Zum Umgang mit Geistlichem Missbrauch. Bonn 2023 (= Arbeitshilfen; 338), S. 8.

[39] Bischof von Limburg: Statut für die kurialen Leitungsstrukturen des Bistums Limburg, für die Regionen und für das Bischöfliche Ordinariat Limburg (Bistumsstatut), Amtsblatt des Bistums Limburg (13/2022), Nr. 490, Art. 11 § 2.

[40] Vielleicht sind so auch die vielen Enttäuschungen von einst hochengagierten Gläubigen, Wissenschaftler:innen, Ordensleuten, pastoralen Mitarbeiter:innen und Priestern zu erklären, die mit viel Kraft, Hoffnung und Enthusiasmus in Veränderungsprozesse gestartet sind, dann aber häufig erlebt haben, dass nicht gehandelt wurde, wenn es zum Schwur kam oder die alten Kräfte echte und zuweilen schmerzhafte Veränderung vereitelten.

[41] Bucher, Transformation, S. 97.

[42] Vgl. Grossmann, u. a. Einführung, S. 31f.

[43] Vgl. zur Wiederentdeckung der Synodalität Neumann, Thomas, Synodalität „Down Under". Ein rechtlicher Vergleich der synodalen Prozesse in Australien und Deutschland, in: ThQ 202 (4/2022,) S. 470–488; insb. Kap. 2 (Kanonistische) Definition der Synodalität.

[44] Immerhin mehr als die Sperrminorität innerhalb eines Wirtschaftsunternehmens nach AktG.

[45] Z. B. Kleinjung, Tillmann, Deutsche Bischöfe zum Zuhören verdonnert? 28.09.2023 (online: https://www.tagesschau.de/inland/bischofskonferenz-wiesbaden-100.

[46] Inst Lab, Nr. 37.

[47] Inst Lab, Nr. 38.

[48] Vgl. Klein, Sebastian; Hughes, Ben, Der Loop Approach. Wie Du Deine Organisation von innen heraus transformierst, Frankfurt 2019, S. 225. Ausführlicher: Rüther, Christian, KonsenT-Moderation. Gemeinsam effektiv auf Augenhöhe entscheiden. Ein Lehrbuch und Praxisleitfaden! Hamburg 2022 (auch online verfügbar unter: consentmoderation.com).

[49] Inst Lab, Nr. 39.

[50] Vgl. Keul, Macht ausüben, S. 193.

[51] Vgl. ebd., S. 194.

[52] Ebd., S. 200.

[53] EG 16.

[54] Vgl. exemplarisch Geyer, Christian, Streit ums Lehramt. Bätzing geht auf den Papst los (03.03.2023) (online: https://www.faz.net/aktuell/feuilleton/debatten/baetzing-widerspricht-papst-franziskus-streit-ums-lehramt-18721583.html). Während Bischof Georg Bätzing und andere deutsche Episkopen tendenziell mehr und schnellere Veränderungen der kirchlichen Lehre fordern, hat Papst Franziskus Bischof Josef Strickland seines Amtes in der Diözese Tyler/Texas enthoben. Strickland hatte medienwirksam und anhaltend die Aushöhlung des Glaubensgutes durch Papst Franziskus angeprangert. Vgl. o. A.: Pope Francis removes Tyler's Bishop Strickland (11.11.2023) (online: https://www.pillarcatholic.com/p/pope-francis-removes-tylers-bishop).

[55] DH 806.

[56] Vgl. mit Blick auf die Kreierung von Wirklichkeit in Geheimarchiven des Diözesanbischofs in diesem Band den Artikel von Schmitz-Arenst, Der Bischof und sein Geheimarchiv.

[57] Vgl. Lüdecke, Täuschung, S. 247–249.

[58] Vgl. ebd., S. 233–235.

[59] Vgl. Gallegos Sánchez, Rahmenbedingungen, S. 302–308.

[60] Matthias Remenyi in Kirche und Leben vom 30.05.2023 (online: https://www.kirche-und-leben.de/artikel/warum-es-regelbrueche-in-der-katholischen-kirche-braucht).

[61] Ebd.

[62] Als Beispiel dafür ist Nicht-Anwendung der Kassationspflicht im Falle von Missbrauchsfällen zu nennen. Näheres in diesem Band bei Schmitz-Arenst, Der Bischof und sein Geheimarchiv.

[63] Vgl. den Abschlussbericht über die externe kirchliche Prüfung Baumaßnahme auf dem Domberg in Limburg vom 14.02.2014. (online: https://www.dbk.de/

presse/aktuelles/meldung/bistum-limburg-pruefbericht-zu-den-bauprojekten-auf-dem-limburger-domberg-veroeffentlicht).

[64] Arbeitsgruppe „Machtstrukturen und Aktenanalyse" der GE-Kommission zur Aufarbeitung sexuellen Missbrauchs in der Erzdiözese Freiburg, Abschlussbericht vom 11.04.2023 (online: https://www.ebfr.de/aufklaerung), S. 165.

[65] Vgl. „Leitlinien für den Umgang mit sexuellem Missbrauch Minderjähriger durch Kleriker, Ordensangehörige und andere Mitarbeiterinnen und Mitarbeiter im Bereich der Deutschen Bischofskonferenz" in: Amtsblatt der Erzdiözese Freiburg (25/2010), Nr. 356.

[66] Die Arbeitsgruppe „Machtstrukturen und Aktenanalyse" (Abschlussbericht wie Anm. 61) führt unter der Überschrift „10.4 Ignoranz des kanonischen Rechts" chronologisch die Missachtung der weltkirchlichen und diözesanrechtlichen Normen auf.

[67] Vgl. Bier, Georg, Wenn uneingestandene Ohnmacht verführbar macht. 06.03.23 (online: https://theosalon.blogspot.com/2023/03/wenn-uneingestandene-ohnmacht.html).

[68] Z. B. Bistumsteam im Bistum Limburg, Tandem-Leitung von wichtigen Ressorts, Gemeindeleitungsteams unterhalb der Pfarreiebene oder Leitungsteams für Pfarreien im Bistum Magdeburg.

[69] Z. B. durch Normierung von Verhaltenscodizes, Compliance-Richtlinien, Beschwerdeordnungen, Einrichtung von Fachstellen gegen Gewalt.

[70] Vgl. in diesem Band: Engler, Besser beraten.

[71] Vgl. Evangelii gaudium, Nr. 27.

[72] Die Kritik am Vorstoß des Papstes zur Segnung von Paaren in irregulären Situationen und der Widerstand ganzer Bischofskonferenzen ist nur ein kleiner Vorgeschmack dessen, was eine umfassend veränderte Hermeneutik per päpstlichem Dekret wohl hervorbrächte. Die koptische Kirche hat unterdessen gar den theologischen Dialog mit der römisch-katholischen Kirche vorerst abgebrochen. Vgl. el-Natrun, Wadi, Wegen „Fiducia supplicans"? Kopten brechen Dialog mit Katholiken ab (09.03.2024) (online: https://katholisch.de/artikel/51724-wegen-fiducia-supplicans-kopten-brechen-dialog-mit-katholiken-ab).

[73] Z. B. aufgrund einschlägiger Strafbestimmungen wie Verstoß gegen die amtlich definierten Glaubenswahrheiten cc. 1365, 1366 CIC/1983 F. 2021 oder Ungehorsam c. 1371 § 1 CIC.

[74] Morsbach, Petra, Der Elefant im Zimmer, München ³2020, S. 72.

[75] Vgl. zu Elst, Johannes, Macht einsetzen, um Macht zu begrenzen in: Dessoy u. a. Macht, S. 202–209; hier S. 202.

[76] Vgl. Joh 13,1–15, vgl. auch c. 204 § 1 CIC.

[77] Vgl. KKK 1935–1937.

[78] Papst Franziskus, Apostolische Konstitution Praedicate Evangelium vom 19.03.2022, in: Com 54 (2022), S. 9–81; dt. VApSt 236.

[79] Vgl. Papst Franziskus, Motu Proprio Mitis Iudex Dominus Iesus vom 15.08.2015, in: AAS 107 (2015), S. 958–970; dt. VApSt 148; Art. 1 der *rationes procedendi*.

[80] Dikasterium für die Glaubenslehre, Pressemitteilung über die Rezipierung der Erklärung Fiducia supplicans vom 04.01.2024 (online: https://www.vatican.va/roman_curia/congregations/cfaith/documents/rc_ddf_doc_20240104_comunicato-fiducia-supplicans_ge.html), Nr. 2.

[81] Vgl. Inst Lab 28.

[82] Vgl. XVI. Ordentliche Generalversammlung der Bischofssynode: Erste Sitzung (4.–29.10.2023) Synthese-Bericht, Nr. I. 1. r).

[83] Ausführlich dazu Knapp, Natalie, Der Quantensprung des Denkens. Was wir von der modernen Physik lernen können, Reinbek bei Hamburg ^{8}2021.

Zusammen ist man weniger allein?
Die bischöfliche Kollegialität in Bischofskonferenz und Bischofssynode

von Christoph Koller

In langer Reihe ziehen sie in den Dom ein: Herren im mittleren bis fortgeschrittenen Lebensalter, in violetten Soutanen, das ebenso violette Scheitelkäppchen auf dem Kopf. Uniformiert, einheitlich, geschlossen wirken sie, das Titelbild dieses Buches mag eine Vorstellung davon geben. Der äußere Auftritt soll die innere Verfassung der Versammlung widerspiegeln: Bei Bischöfen handelt es sich um Kollegen, und zwar nicht nur in dem Sinne, dass sie alle den gleichen „Job" machen und deshalb das sind, was man landläufig als „Arbeitskollegen" versteht. Sie sind in einem viel tieferen, theologischen Sinn Kollegen, da sie durch ihre Weihe eingegliedert sind in das Bischofskollegium, das in direkter Nachfolge des von Christus selbst berufenen Apostelkollegiums steht (vgl. LG 20). Jeder Bischof ist eingebunden in die Gemeinschaft mit dem Papst und den übrigen Bischöfen. Während zu ersterem ein hierarchisches Unterordnungsverhältnis besteht, wird das Verhältnis der Bischöfe untereinander als „Kollegialität" bezeichnet.

Diese Kollegialität der Bischöfe steht aber in einem merkwürdigen Spannungsverhältnis zur Machtfülle des einzelnen Diözesanbischofs in seiner Diözese: Auf seinen Schultern lastet die Verantwortung für Gläubige, Priester und Mitarbeitende, für die Gesetzgebung, Verwaltung und Gerichtsbarkeit. Diözesanbischöfe sind die obersten Hirten ihrer Diözesen, die an Christi statt das Volk Gottes in ihrem Bereich weiden, die das Evangelium und die rechte Lehre verkünden sollen und für die Aufrechterhaltung der kirchlichen Disziplin sorgen müssen. Ein Bischof verfügt in seiner Diözese über nahezu unbeschränkte Gewalt (vgl. c. 381 § 1 CIC);[1] eingeschränkt wird sie im Wesentlichen nur durch den Primat des Papstes, der diesem sowohl strukturell als auch situativ ermöglicht, in eine einzelne Diözese und auch ganz konkret in den Verantwortungsbereich eines Diözesanbischofs hineinzuregieren. Davon abgesehen ist der Diözesanbischof aber der „Chef im Haus", ohne ihn geht fast nichts, mit ihm fast alles.

Alleinvollmacht und Kollegialität bilden zwei Pole des Bischofsamtes in der katholischen Kirche. Welche Bedeutung hat aber die Kollegialität mit seinen bischöflichen Mitbrüdern für den einzelnen Diözesanbischof? Konkreter kirchenrechtlich gefragt: Handelt es sich bei der bischöflichen Kollegialität nur um eine theologische Figur zur Konzeption des Amtes, gewissermaßen eine Art amtstheologische Sonntagsrede, oder entfaltet die Kollegialität konkrete Wirkungen auf das quasi-monarchische Leitungshandeln des einzelnen Diözesanbischofs? Damit wird die Frage nach der Kollegialität zu einer kirchenrechtlichen, denn „konkrete Wirkungen" meint rechtlich fassbare Handlungen oder Entscheidungen, denen nicht die Souveränität des Diözesanbischofs zugrunde liegt, sondern das Handeln des Bischofskollegiums als Kollegium. Diese Manifestation von Kollegialität in ihrer rechtlichen Ausgestaltung ist das Prüfmaß dafür, ob der Begriff der Kollegialität sich nicht nur in einer theologischen Konzeption erschöpft, sondern Konsequenzen für die kirchliche Realität hat.[2]

Bischöfliche Kollegialität: Theologische Theorie oder kirchenrechtliche Realität?

Nachdem das Erste Vatikanische Konzil die Unfehlbarkeit und den Jurisdiktionsprimat des Papstes verkündet hatte, legte das Zweite Vatikanische Konzil in seiner ekklesiologischen Lehre den Schwerpunkt auf die Bischöfe und ihr Amt.[3] Erstmals wird hier in Bezug auf die Bischöfe von „Kollegialität" gesprochen.[4] Die theologischen und kanonistischen Debatten konzentrierten sich zumeist auf die Frage nach der Höchstgewalt in der Kirche und danach, wie sich diese zwischen Papst und Bischofskollegium aufteilt.[5]

Erst danach rückt auch die Frage in den Blick, wie konkret bischöfliche Kollegialität eigentlich zu verstehen sei. Das Konzil selbst bleibt in seinen Aussagen relativ vage. Es begründet die Kollegialität im Kollegium der Apostel, betont die Notwendigkeit der Gemeinschaft mit dem Papst als Haupt des Kollegiums (vgl. LG 22) und untereinander (vgl. LG 23),⁶ äußert sich aber nicht dezidiert, welche konkreten kirchenrechtlichen Konsequenzen aus der Kollegialität der Bischöfe resultieren. Ob nämlich die Begriffe „Kollegialität", „Kollegium" und „kollegial" in einem eher theologischen oder in einem juristischen Sinn (oder noch ganz anders) verstanden werden sollen, darüber macht das Konzil keine Aussage.⁷

Zwar ist klar, dass das Bischofskollegium kein reines Beratungsgremium, sondern „von Rechts wegen mit Leitungsvollmacht ausgestattet" ist.⁸ Andererseits kommt diese Leitungsvollmacht im Wesentlichen nur im Konzil zum Ausdruck, andere Formen des Austauschs und der Beratung unter Bischöfen mögen zwar „kollegial" im landläufigen Sinne sein, erfüllen aber nicht den Anspruch an das, was das Konzil als „kollegialen Akt" (vgl. LG 22) bezeichnet.

In der nachkonziliaren Diskussion und vor allem im Nachgang an das Motu Proprio *Apostolos Suos*,⁹ in dem Papst Johannes Paul II. 1998 über die theologische und rechtliche Natur der Bischofskonferenzen (und damit auch über die konkrete Ausgestaltung und Realisierung der bischöflichen Kollegialität) nachgedacht hat, wurde zwischen „affektiver" und „effektiver Kollegialität" unterschieden. Dabei bezeichnet die affektive Kollegialität den grundlegenden Umstand, dass der Bischof in ein Kollegium eingegliedert und solcherart „immer und beständig mit seinen Brüdern im Bischofsamt und mit dem verbunden ist, den der Herr als Nachfolger des Petrus erwählt hat."¹⁰ Effektiv wird diese affektive Kollegialität dann, wenn sie sich im Konzil oder in einer vereinten Amtshandlung der Bischöfe¹¹ als kollegialer Akt manifestiert. Dieser wahrhaft kollegiale Akt unterscheidet sich aber von einer „nur" kollegialen Gesinnung, die „mehr ist als ein einfaches Gefühl der Solidarität" und die sich „in verschiedenen Graden" verwirklicht.¹²

Entscheidend für Papst Johannes Paul II. war an dieser Stelle, dass eine im theologischen Vollsinn des Wortes kollegiale Handlung nur auf universalkirchlicher Ebene, nicht aber auf der Ebene der Teilkirchen existieren kann:

> „Eine solche kollegiale Handlung gibt es auf der Ebene einzelner Teilkirchen und ihrer Zusammenschlüsse seitens der Bischöfe nicht. Auf der Ebene der einzelnen Kirche weidet der Diözesanbischof im Namen des Herrn die ihm als dem eigentlichen, or-

dentlichen und unmittelbaren Hirten anvertraute Herde; sein Handeln ist ganz persönlich, nicht kollegial, auch wenn es vom Geist der Gemeinschaft angeregt wird."[13]

Die Schwierigkeit, dass das Amt des Diözesanbischofs zwischen Kollegialität und Souveränität oszilliert, wird hier zugunsten der Eigenständigkeit des Bischofs und des päpstlichen Primats ausgelegt. Damit würde sich die konkrete Ausübung von Kollegialität tatsächlich auf das Konzil und die eng umrissenen Fälle eines gemeinsamen Lehramtes beschränken.

Konzilien als universalkirchliche Bischofsversammlungen

Ökumenische Konzilien (vgl. cc. 336–341 CIC) sind die klassische Form, in der Bischöfe ihre Kollegialität ausüben. Beginnend mit dem Apostelkonzil (vgl. Apg 15,6–29; Gal 2,1–10) haben sich die Oberhirten getroffen, haben diskutiert, Streitfragen geklärt und Grundsatzentscheidungen gefällt. Die Teilnahme an Konzilien war für die Bischöfe der frühen Kirche eine wichtige Art und Weise, ihr Bischofsamt auszuüben und die Einheit mit der Gesamtkirche zu wahren. In den ersten tausend Jahren der Geschichte der Kirche waren Konzilien und andere synodale Versammlungen als wichtige und regelmäßige Bestandteile der kirchlichen Entscheidungsfindung alltäglich.[14]

Im Laufe der Zeit nahm die Bedeutung der Konzilien immer mehr ab. Waren in den ersten Jahrhunderten noch fundamentale Fragen der Lehre Gegenstand der Konzilien, so galt es immer häufiger auch Fragen der Disziplin, der Sitten und oft auch der Kirchenpolitik zu klären. Je stärker sich der Primat des Papstes durchsetzte, umso mehr wurden Konzilien zu feierlichen Bischofsversammlungen, die zwar in gewisser Weise das Kollegium der Bischöfe sichtbar werden ließen, aber letztlich doch immer weniger konkreten Einfluss auf die Leitung der Kirche hatten.[15] Neben den Ökumenischen Konzilien auf der Ebene der Universalkirche gab es immer schon Partikularkonzilien, Synoden und Bischofstreffen auf regionaler Ebene.[16]

In der Neuzeit gab es eigentlich nur drei große Ökumenische Konzilien: Das große Reformkonzil von Trient als Reaktion auf die Reformation, das Erste Vatikanum, das die Unfehlbarkeit und den

Primat des Papstes verkündet hat und in den 1960er Jahren das Zweite Vatikanische Konzil, das im Sinne eines *Aggiornamento* den Platz der Kirche in der Gegenwart neu bestimmen wollte. Dies war das bislang letzte Mal, dass alle Bischöfe der katholischen Kirche sich zu einem Konzil versammelt haben. Der Umstand, dass sich zum damaligen Zeitpunkt schon über zweieinhalbtausend Konzilsväter in der Konzilsaula drängten, hat gezeigt, dass das Format des Konzils an gewisse Grenzen gekommen ist. Heute gibt es über 5000 römisch-katholische Bischöfe,[17] sodass allein schon aufgrund der großen Anzahl der Beteiligten die Durchführung eines Konzils an praktische Grenzen stieße. Abgesehen von rein logistischen Fragestellungen stellen sich auch Probleme der Debatten- und Diskurskultur einer solchen Veranstaltung. Unstrittig ist, dass das Konzil bis heute der primäre Ort ist, an dem sich das Bischofskollegium als solches konkret unter und mit seinem Haupt, dem Papst, manifestiert. Dort ist es in der Lage, die Autorität des Kollegiums auszuüben und rechtswirksame Beschlüsse zu fassen. Aber auch hier gilt, dass der Papst über die Rahmenbedingungen entscheidet: Einberufung, Vertagung und Auflösung des Konzils bestimmt er ebenso wie dessen Geschäftsordnung und Verhandlungsgegenstände, die Beschlüsse des Konzils erlangen nur durch seine Zustimmung Rechtskraft.[18] Es gilt: Das Bischofskollegium ist kein „Kollegium von Gleichrangigen, Haupt und Glieder sind nicht gleichberechtigt."[19]

Bischofsversammlungen auf der Ebene der Teilkirchen

Auch auf regionaler Ebene gibt es sog. Partikularkonzilien (vgl. cc. 439–446 CIC), auf denen die Bischöfe im Gebiet einer Bischofskonferenz („Plenarkonzil", vgl. c. 439 § 1 CIC) oder einer Kirchenprovinz („Provinzialkonzil", vgl. c. 440 § 1 CIC) zusammentreffen. Als historisch gewachsenes und im Codex rechtlich verankertes Format unterliegen sie anders als rein informelle Versammlungen von Bischöfen einer rechtlichen Normierung. Sie sind in der Lage, gesetzgebend tätig zu sein (vgl. c. 445 CIC), alle Beschlüsse eines Konzils müssen allerdings vom Heiligen Stuhl approbiert werden (vgl. c. 446 CIC). Hier ist es tatsächlich so, dass die Souveränität eines Diözesanbischofs über seine Diözese durch die Entscheidung eines

Konzils ausgehebelt werden kann. Auch Partikularkonzilien in ihrer vollen kanonischen Form sind selten; das Plenarkonzil, das 2021/22 in Australien stattgefunden hat, war weltweit das erste seit fast hundert Jahren. Für den Synodalen Weg in Deutschland hat man sich sehr bewusst gegen die Form eines Partikularkonzils entschieden, weil man die Einschränkungen durch die kirchenrechtlichen Anforderungen an ein solches Konzil nicht hinnehmen wollte.[20] Vor allem eine ausgewogene Repräsentation von Klerikern und Laien, die den Verantwortlichen des Synodalen Weges sehr wichtig war, hätte man innerhalb des kanonischen Modells nicht gewährleisten können. Es bleibt der Eindruck: Partikular- und Regionalkonzilien sind in der Tradition der Kirche verankert und bis heute kirchenrechtlich genau normiert, finden aber in der Praxis so gut wie nie statt.

Auf regionaler Ebene etabliert sind die Bischofskonferenzen. Deren historische Wurzeln liegen im zunächst eher informellen Zusammenschluss von Bischöfen einer bestimmten Region oder Nation, die aber über keine wesentlichen Entscheidungsbefugnisse verfügten und im Wesentlichen eine Art freiwilliger Zusammenkunft waren.[21] Im Anschluss an das Zweite Vatikanum und dann auch im CIC/1983 wurden die Bischofskonferenzen institutionalisiert und weltweit errichtet. Blickt man unter dem Aspekt ihrer rechtlichen Bedeutung und der Frage, inwieweit sich in ihnen bischöfliche Kollegialität manifestiert, auf die Bischofskonferenzen, dann ist festzuhalten, dass sie in gewisser Hinsicht eine Mischform darstellen: Sie haben gewisse, sehr eng umrissene rechtliche Kompetenzen,[22] aber sie sind eben keine Konzilien. Die allermeisten Beschlüsse einer Bischofskonferenz bekommen nur dadurch Tragkraft, dass jeder einzelne Bischof sie für seine Diözese umsetzt. Die Bischofskonferenz selbst hat keine gesetzgebende Gewalt, sondern die in ihr versammelten Bischöfe: „Das Handeln der Bischofskonferenz ist Resultat der vereinten *potestas*-Ausübung der versammelten Bischöfe."[23]

Die deutsche Situation ist dahingehend spezifisch, dass die Bischofskonferenz über einen sehr professionellen Apparat und mit dem Verband der Diözesen Deutschlands (VDD) über einen verlängerten Arm verfügt, welcher der Bischofskonferenz auch finanzielle Handlungsfähigkeit verschafft. Im Vergleich zu Konferenzen in anderen Teilen der Weltkirche ist die Deutsche Bischofskonferenz wohl eine der stärker organisierten und dadurch institutionell wohl auch schlagkräftigeren Konferenzen. Auf der anderen Seite führt diese hohe institutionelle Schlagkraft der Bischofskonferenz dazu, dass es immer wieder Missverständnisse gibt über ihre eigentliche Aufgabe und Funktion. So wird der Vorsitzende der Deutschen Bischofskonferenz medial als „oberster deutscher Katholik" oder „Deutschlands Chef-Bischof"[24] bezeichnet, was er mitnichten ist. Dadurch, dass sie regelmäßig tagen, ihre Beratungen und Entscheidungen im Hinblick auf das konkrete kirchliche Leben vor Ort stattfinden und alle Bischöfe einer Region daran beteiligt sind, leisten Bischofskonferenzen einen wichtigen Anteil daran, die Kollegialität der Bischöfe *in concreto* sichtbar zu machen. Aber letztlich endet ihre Reichweite an den Grenzen jeder einzelnen Diözese. Kommt es innerhalb einer Bischofskonferenz zu Konflikten wegen der Umsetzung gemeinsamer Beschlüsse, weil einzelne Diözesanbischöfe nicht bereit sind, den Weg der Mehrheit mitzugehen, dann kann die Bischofskonferenz nur noch schwerlich als Zeichen der Einheit der Bischöfe untereinander wahrgenommen werden.[25] Bezüglich der Frage, ob sich die Kollegialität noch konkreter manifestieren könnte, gilt auch hier: Es ist die Frage nach konkreten Kompetenzen, die die Bischofskonferenz momentan noch nicht hat, die der Gesetzgeber ihr aber durchaus zugestehen könnte. Grundsätzlich kann es für den Gesetzgeber nämlich kein Problem darstellen, Gesetzgebungskompetenzen, die den einzelnen Diözesanbischof binden, an ein Kollektivorgan abzugeben. Denn für Partikularkonzilien trifft das ja zu, sie schränken die Gesetzgebungsvollmacht eines Bischofs über seine Diözese ein (vgl. c. 445 CIC).[26]

Nochmal universalkirchlich: die Bischofssynode

Auch die Bischofssynode ist ein Kind des Zweiten Vatikanischen Konzils, geprägt von der Erfahrung der Konzilsväter, die Kollegialität nicht nur als theologisches Konzept entdeckt haben, sondern auch als ganz konkrete menschliche Erfahrung, bei Begegnungen in der Konzilsaula oder am Rande. So entstand der Wunsch, ein Format zu etablieren, um sich auch weiterhin als Bischöfe zu treffen, auszutauschen, wichtige Dinge des kirchlichen Lebens zu beraten.[27] Dafür wurde im Anschluss an das Zweite Vatikanum die Bischofssynode ins Leben gerufen.[28] Während des Konzils mag noch der Gedanke an eine Verstetigung des Konzils im Vordergrund gestanden haben und die Idee einer Art ständigen Ausschusses, der zwischen Konzilien tagt und gewissermaßen das Tagesgeschäft in der Art und Weise eines Konzils begleitet. Mit der Errichtung der Bischofssynode war dann aber klar, dass die Synode als ein Gremium ganz eigener Art eingerichtet wurde. Zum einen ist sie von ihrer Konstitution her repräsentativ: Es sind nicht *alle* Bischöfe, also nicht das Bischofskollegium in seiner Gesamtheit, Mitglieder der Synode, sondern einzelne Bischöfe als Repräsentanten ihres Teiles der Weltkirche.[29] Das ist auch dem Umstand geschuldet, dass rein zahlenmäßig eine so große Versammlung wie ein Konzil in so regelmäßiger Abfolge wie die Bischofssynode (im zwei- bis dreijährigen Turnus) nicht praktikabel wäre. Aber darüber hinaus ist diese Repräsentativität auch ein Anzeichen dafür, dass die Bischofssynode kein legislatives, sondern ein *konsultatives* Gremium ist: „Ihrer Natur nach kommt es der Bischofssynode zu, Rat und Informationen zu geben."[30] Im Umkehrschluss heißt das, dass es nicht Zweck der Synode ist, das Bischofskollegium als solches in seiner Eigenschaft als Kollegium zu manifestieren.[31] Die Bischofssynode ist eine Synode von Bischöfen und nicht eine Synode des Bischofskollegiums. Dieses manifestiert sich lediglich auf dem Konzil, nicht bei der Synode. Die jüngsten Änderungen in Zusammensetzung und Ablauf der Bischofssynode durch Papst Franziskus weisen auch in diese Richtung. Es wurde vielfach begrüßt, dass das geschlossene klerikale Setting der Bischofssynode aufgebrochen wurde und erstmals auch Nicht-Bischöfe – Priester, Ordensleute, Laien, auch Frauen – nicht nur teilnahme- und redeberechtigt, sondern mit der Synode 2023 zum ersten Mal auch stimmberechtigt waren. Dieser Wechsel in der Zusammensetzung und die Änderung des Reglements zeigen deutlich, dass die Bischofssynode sich nicht als ein Gremium des Bischofskollegiums versteht, in dem dieses sich manifestiert. Vielmehr ist sie ein Beratungsorgan des Papstes und der Weltkirche, das zwar in erster Linie aus Bischöfen der Weltkirche besteht, die aber gemeinsam mit anderen Ständen hier den Papst beraten.[32] Deshalb wurde die Öffnung der Bischofssynode mit dem Argument kritisiert, es handle sich nicht mehr um eine Bischofssynode, wenn Nicht-Bischöfe in so großem Maße Mitsprache- und sogar Stimmreche haben.[33] Und in der Tat ist es eine zweischneidige Sache: Denn einerseits kommt so in einem erweiterten synodalen Verständnis, welches die Synode mit Papst Franziskus bekommen hat, die Gesamtheit der Kirche und ihrer Stände viel mehr zum Ausdruck; die Synode kann als synodales Gremium des Volkes Gottes agieren und den Papst in seinem Leitungsdienst beraten. Andererseits kann sie so aber nicht mehr als Manifestation des Bischofskollegiums und als Repräsentation des Weltepiskopats dienen. Innerhalb des starren Schemas der katholischen Ämterlehre und Ämtertheologie bedeutet das unweigerlich auch, dass nicht zu erwarten ist, dass der Bischofssynode wirkliche Entscheidungskompetenz zukommen wird. Wenn man also fragt, ob die Bischofssynode vielleicht nicht auch ein natürlicher Ort der Manifestation der bischöflichen Kollegialität, die sich in konkreten rechtlichen Kompetenzen äußert, sein kann, muss die Antwort lauten, dass spätestens mit den Reformen von Papst Franziskus klargeworden ist, was die Synode sein soll: Nämlich ein Beratungs- und kein Entscheidungsgremium. Und gerade dadurch, dass sich die Zusammensetzung der Synode für alle Stände der Kirche geöffnet hat, wird der Prozess der Beratung noch stärker von dem der Entscheidung getrennt.[34]

Da ist nur folgerichtig, dass selbst das, was die Synode in ihrer Arbeit produziert, nämlich ein Abschlussdokument, nicht in eigenem Namen publiziert wird. Der Papst macht es sich zu eigen und veröffentlicht es als sogenanntes „Nachsynodales Schreiben". Nicht nur rechtlich, sondern auch inhaltlich wird das Abschlussdokument der Synode das Dokument des Papstes. Denn was er in ein solches Abschlussdokument übernimmt und was nicht, ist nicht zwangsläufig immer das, was die Synode vorher beschlossen hat.[35]

Stärkung der Kollegialität als Chance für das bischöfliche Amt?

Was bedeutet das für die Kollegialität der Bischöfe? Wo kann sich ihre Kollegialität manifestieren? Kann sie sich überhaupt manifestieren in Strukturen und Gremien, wie sie bisher bestehen? Die Spannung zwischen der souveränen Stellung des Diözesanbischofs und der Kollegialität des Bischofskollegiums wird bei näherer Betrachtung eher größer als kleiner. Die historische Betrachtungsweise zeigt eine Konzentration auf zunehmend zentralistische Strukturen.[36] Auch neue oder wiederentdeckte Formen von Synodalität und Kollegialität in der Kirche haben keine Verlagerung von Entscheidungsprozessen (und damit von rechtlicher Kompetenz) zur Folge, sondern zementieren die klare Trennung von kollegialer Beratung und hierarchischer Entscheidung.

Blickt man auf den Ist-Zustand, dann sind weder Bischofskonferenzen noch Bischofssynoden in ihrer Konzeption dazu geeignet, Organe einer kollegialen, gleichberechtigten Beschlussfassung zu sein. Wären sie es, dann hätte dies die Konsequenz, dass ihre Beschlüsse für den einzelnen Bischof verbindlich wären und ihn in der Ausübung seiner Hirtengewalt in der eigenen Diözese beschränkten. Dessen ungeachtet ist es nicht völlig ausgeschlossen, dass den bestehenden Strukturen diese Kompetenzen zugebilligt werden *könnten*, um die Kollegialität der Bischöfe als rechtlich wahrnehmbare Größe hervorzuheben und damit das bischöfliche Amt als solches zu stärken. Auch für die Amtsführung des Diözesanbischofs ganz konkret böte die Aufwertung kollegialer Strukturen, in denen sich die theologisch grundgelegte bischöfliche Kollegialität manifestieren und realisieren könnte, große Vorteile. Denn dadurch, dass Leitung und Leitungsverantwortung kollegial gedacht würden, wäre es bereits im Prozess der Konsensfindung nötig, verschiedene Interessen und Meinungen zu berücksichtigen. Durch Arbeitsteilung und Spezialisierung gelingt es in kollegialer Arbeitsweise, auch größere Herausforderungen anzugehen. Das Vorbild für geistlich kollegiales Arbeiten ist dabei das Apostelkollegium, das seine Einheit in der Verschiedenheit von Meinungen, Fähigkeiten und Aufgaben lebt.

Doch dafür braucht das Kollegium einen institutionellen Rahmen. Ganz grundsätzlich gibt es im Konzil und in hypothetischen, noch nicht näher bestimmten Formen (vgl. c. 341 § 2 CIC) die Möglichkeit des Bischofskollegiums, als Kollegium zusammenzutreten und rechtsverbindliche Entscheidungen zu treffen. Um dies nicht nur für die weltkirchliche, sondern auch für die partikulare Ebene anwendbar zu machen, muss amtstheologisch wie rechtlich geklärt sein, dass die Kollegialität der Bischöfe auch dann zur Entfaltung kommen kann, wenn sie sich in Teilelementen – also der Versammlung von Bischöfen einer bestimmten Region oder mit einem bestimmten Auftrag – realisiert. Damit diese Realisierung der Kollegialität nicht nur symbolische, sondern auch konkrete Relevanz entfaltet, bedarf es expliziter rechtlicher Kompetenzen und Entscheidungsbefugnisse. Über deren Ausgestaltung müsste diskutiert werden. Sabine Demel schlägt den Wechsel von einem Konzessions- zu einem Reservationssystem vor, demzufolge die Bischofskonferenzen dann nicht nur jene Materie zu regeln hätten, die ihnen vom Gesetzgeber zugestanden wurde, sondern diejenige, die nicht explizit einem anderen (Papst, Diözesanbischof) vorbehalten ist.[37]

Dies muss nicht bedeuten, dass die theologisch begründete oberhirtliche Souveränität des Diözesanbischofs über seine Diözese darunter leidet. Denn diese oberhirtliche Souveränität steht nicht für sich, sie ist von der Genese des Bischofsamtes her nur denkbar in der kollegialen Amtsstruktur des Bischofsamtes, das „nicht erst nachträglich, sondern konstitutiv ein kollegiales ist".[38] Souveränität und Kollegialität sind als zwei Seiten einer Medaille, als genuin konstitutive Elemente des bischöflichen Leitungsdienstes zu betrachten.

Gerade weil die alleinige Verantwortung für die Herde Christi eine so schwere Aufgabe ist, böte der Ausbau kollegialer Elemente der Leitungsgewalt für den einzelnen Bischof eine Erleichterung. Er muss diese Verantwortung nicht alleine tragen, sondern darf sich der mitbrüderlichen Kollegialität sicher sein, dank derer er gerade strittige und schwierige Entscheidungen nicht alleine treffen und verantworten muss.[39] Ein Bischof muss nicht Einzelkämpfer sein, er darf sich in die bischöfliche Kollegialität hinein entlasten.

Doch nicht nur für den einzelnen Diözesanbischof persönlich, sondern auch für das System Kirche als Ganzes kann die Aufwertung der bischöflichen Kollegialität einen großen Vorteil bieten.[40] Ein strittiger Punkt in der Verfassung der katholischen Kirche ist die fehlende Gewaltenteilung, die nicht nur als mangelnde demokratische Praxis, sondern auch als strukturelles Problem wahrgenommen wird.[41] Gewaltenteilung und die Etablierung eines Systems der *checks and balances*, wie sie in der in der Kirche herrschenden Gewaltenteilung nur ansatzweise umgesetzt ist, stellten eine Einschränkung der Souveränität des Diözesanbischofs gemäß c. 381 § 1 dar. Strukturell problematisch ist dies deshalb, da Elemente der Gewaltenteilung i.S. einer *good gouvernance* dazu beitragen könnten, dass das kirchliche Leitungshandeln effektiver und professioneller wird. Die Stärkung kollegialer Organe in der Kirche kann ein erster Schritt sein, Elemente der Gewaltenteilung zumindest von ihrer grundsätzlichen Idee her zu adaptieren. Dies könnte zumindest zu einer größeren gegenseitigen Kontrolle der Bischöfe untereinander führen, die auch wirklich effektiv und rechtlich klar strukturiert und verankert wäre. Bischöfe, die ihre Leitungsaufgaben in kollegialer Verantwortung wahrnehmen, geraten weniger in Gefahr, sich durch die Ausübung ihrer Leitungsgewalt selbst zu isolieren und damit letztlich die Einheit mit der Gesamtkirche zu riskieren.[42]

Zwar mag eine solche Kollegialität im menschlich-persönlichen Kontakt schon jetzt vielerorts bestehen,[43] aber eine sich auch rechtlich manifestierende Kollegialität ist von anderer Qualität. Die höhere Verbindlichkeit sorgt dafür, dass Kollegialität eben nicht nur ein additives Element zwischenmenschlicher Arbeitsbeziehungen ist, sondern Ausdruck einer gemeinschaftlichen Nachfolge im apostolischen Amt, in der sich die gemeinsame Verantwortung für die Kirche als ganze wie für ihre einzelnen Teilkirchen konkretisiert.[44] Ob jede einzelne Bischofskonferenz dann auch wirklich als Kollegialorgan funktioniert, hängt darüber hinaus natürlich auch noch von „weichen" Faktoren ab, die rechtlich nicht zu normieren sind: Wer sitzt der Konferenz vor und wie übt derjenige sein Amt aus? Wie konfliktscheu oder konsensfähig sind die Mitglieder? Welche Kommunikations- und Debattenkultur herrscht vor? Auch verfassungsrechtliche Änderungen, die die Manifestation bischöflicher Kollegialität in konkreten rechtlichen Kompetenzen befördern, garantieren nicht deren durchschlagenden Erfolg. Aber sie sind die strukturelle Voraussetzung dafür, dass ein Kollegium sich überhaupt als solches manifestieren und handeln *kann*. Und dann gilt hoffentlich nicht nur verfassungsrechtlich und organisationsstrukturell, sondern auch im persönlich-menschlichen Bereich für Diözesanbischöfe die Erkenntnis: Zusammen sind sie weniger allein.

Anmerkungen

[1] Vgl. dazu in diesem Band: Steenberg, Der Bischof als Träger der Hirtensorge.
[2] Letztlich steht auch hier wieder die Frage im Raum, ob das Bischofsamt durch das Zweite Vatikanum und seine Lehre von der Kollegialität tatsächlich „aufgewertet" und „als Gegengewicht zu einem von manchen als einseitig empfundenen päpstlichen Primat" etabliert wurde (Bier, Georg, Die Rechtsstellung des

Diözesanbischofs nach dem Codex Iuris Canonici von 1993, Würzburg 2001 (= FzK; 32), S. 375).

³ Vgl. Bausenhart, Guido: Das Bischofsamt. Intentionen, Impulse und Weichenstellungen des Konzils, in: Demel, Sabine; Lüdicke, Klaus (Hg.): Zwischen Vollmacht und Ohnmacht. Die Hirtengewalt des Diözesanbischofs und ihre Grenzen, Freiburg 2015, S. 90–110.

⁴ Vgl. Putter, Bartholemeus, Das Kollegialitätsprinzip der Bischöfe im heutigen Kirchenrecht, Essen 2014 (= BzMK; 69), S. 15. Der Abstraktbegriff „Kollegialität" findet sich in den Texten des Konzils überhaupt nicht, es werden die Begriffe „*collegium*" und „*collegialis*" verwendet, um das Verhältnis der Bischöfe zueinander zu charakterisieren (vgl. Seewald, Michael, Bischöfliche Kollegialität ex parte in einer synodalen Kirche. Zur dogmatischen Bedeutung der Bischofskonferenz, in: Schüller, Thomas; Ders., Die Lehrkompetenz der Bischofskonferenz. Dogmatische und kirchenrechtliche Perspektiven, Regensburg 2020, S. 57–79; S. 59.

⁵ Riedel-Spangenberger, Ilona, Papst und Bischofskollegium. Träger höchster kirchlicher Autorität und Verantwortung, in: Dies. (Hg.), Leitungsstrukturen der katholischen Kirche. Kirchenrechtliche Grundlagen und Reformbedarf (= QD; 198), S. 23–48.

⁶ Wobei die Aussage in LG 23, die „kollegiale Einheit" trete auch in den „wechselseitigen Beziehungen der einzelnen Bischöfe zu den Teilkirchen wie zur Gesamtkirche in Erscheinung", nur bedingt zu einer Klärung hilft, wie sich Kollegialität konkret äußert.

⁷ Winterkamp, Klaus, Im Affekt kollegial? Zum Verhältnis von Bischofskonferenz und Kollegialität, in: Schüller, Thomas; Seewald, Michael, Die Lehrkompetenz der Bischofskonferenz. Dogmatische und kirchenrechtliche Perspektiven, Regensburg 2020, S. 161–178; S. 165.

⁸ Bier, Georg, Die Sorge des Diözesanbischofs für die Universalkirche, in: Demel, Sabine; Lüdicke, Klaus (Hg.): Zwischen Vollmacht und Ohnmacht. Die Hirtengewalt des Diözesanbischofs und ihre Grenzen, Freiburg 2015, S. 320–341; S. 331.

⁹ Papst Johannes Paul II., MP *Apostolos Suos* vom 21.05.1998, in: AAS 90 (1998), S. 641–658, deutsch in: OR dt. 28 (1998) Nr. 31/32 vom 31.07.1998, S. 9–12.

¹⁰ Kongregation für die Bischöfe (Hg.), Direktorium für den Hirtendienst, in: VApSt 145, Nr. 12.

¹¹ In der Theorie kann das Bischofskollegium in Gemeinschaft mit dem Papst rechtsverbindliche Beschlüsse nicht nur in einem Konzil treffen, sondern auch, wenn es in „einer anderen vom Papst eingeführten oder frei angenommen Weise einen im eigentlichen Sinne kollegialen Akt setzt." (c. 341 § 2 CIC). Dies ist bisher allerdings noch nie geschehen (vgl. Bier, Sorge, S. 333). W. Aymans sieht in dieser Möglichkeit vor allem die Chance eröffnet, neue Formen der Ausübung der Kollegialgewalt zu etablieren (vgl. Aymans, Winfried, Kanonisches Recht. Lehrbuch aufgrund des Codex Iuris Canonici, vier Bände, Paderborn 1991–2013, Bd. II. Verfassungs- und Vereinigungsrecht, S. 223).

¹² Direktorium für den Hirtendienst, Nr. 12. Als Beispiele dafür nennt das Direktorium etwa die Bischofssynode, den *Ad-limina*-Besuch, die Eingliederung von Diözesanbischöfen in die Dikasterien der Römischen Kurie, die missionarische Zusammenarbeit, die Partikularkonzilien, die Bischofskonferenzen, den ökumenischen Einsatz und den interreligiösen Dialog (vgl. ebd.).

¹³ MP Apostolos Suos, Rn. 10. An anderer Stelle betont der Papst, dass die „die bischöfliche Kollegialität im wahren Sinn des Wortes" gebühre „nur dem gesamten Bischofskollegium, das als theologisches Subjekt unteilbar ist" (Papst Johannes Paul II., Ansprache an die Römische Kurie vom 20. Dezember 1990, in: AAS 83 (1991), S. 744.).

¹⁴ Rees, Wilhelm: Synoden und Konzile, in: Ders.; Schmiedl, Joachim (Hg,), Unverbindliche Beratung oder kollegiale Steuerung, Freiburg 2014 (= Europas Synoden nach dem Zweiten Vatikanischen Konzil 2), S. 10–67; S 16.

¹⁵ Ebd.

¹⁶ Vgl. dazu in diesem Beitrag den Abschnitt „Bischofsversammlungen auf der Ebene der Teilkirchen".

¹⁷ Ausweislich der nicht offiziellen, aber i. d. R. sehr gut informierten und aktuellen Internetseite catholic-hierarchy.org gibt es am 15.04.2024 genau 5.768 katholische Bischöfe weltweit (online unter https://www.catholic-hierarchy.org/bishop/ll.html; alle Internetlinks in diesem Beitrag wurden zuletzt abgerufen am 15.04.2024).

¹⁸ Bier, Sorge, S. 331f. Ein „Selbstversammlungsrecht des Bischofskollegiums" besteht mithin nicht.

¹⁹ Ebd., S. 332.

²⁰ Vgl. dazu Neumann, Thomas, Synodalität „Down Under". Ein rechtlicher Vergleich der synodalen Prozesse in Australien und Deutschland, in: ThQ 202 (4/2022) S. 470–488.

²¹ Vgl. grundlegend zur historischen Entwicklung der Bischofskonferenzen Finzel, Helmut, Die Bischofskonferenz. Chancen und Grenzen der Rechtsstellung der Bischofskonferenz im Verfassungsgefüge der Kirche (= BzMK 81), Essen 2023.

²² Vgl. den Überblick über die Zuständigkeiten der Bischofskonferenz bei Hallermann, Heribert, Bischofskonferenzen. Kollegialität und Autonomie, in: Riedel-Spangenberger, Ilona (Hg.), Leitungsstrukturen der katholischen Kirche. Kirchenrechtliche Grundlagen und Reformbedarf (= QD; 198), S. 209–228; S. 218–223. Darüber hinaus ist noch zu beachten, dass manche dieser Zuständigkeiten von der Bischofskonferenz wahrgenommen werden müssen (die Konferenz also zur Normsetzung verpflichtet ist), andere aber nur fakultativ sind (vgl. Bier, Rechtsstellung, S. 184–193).

²³ Bier, Rechtsstellung, S. 300. Papst Johannes Paul II. betont, dass die Bischöfe „weder einzeln noch versammelt in der Konferenz ihre heilige Gewalt zugunsten der Bischofskonferenz und noch weniger eines Teils von ihr in Form des Ständi-

gen Rates oder einer Kommission oder des Vorsitzenden beschränken" dürfen (MP *Apostolos Suos*, Nr. 20).

²⁴ So beispielsweise die Schlagzeilen „Marx wird oberster Katholik in Deutschland" (online unter: https://www.spiegel.de/panorama/reinhard-marx-wird-oberster-katholik-in-deutschland-a-958176.html) oder „Chef-Bischof staucht Papst Benedikt zusammen" (online unter: https://www.derwesten.de/politik/anne-will-papst-benedikt-joseph-ratzinger-missbrauchsfaelle-katholische-kirche-ard-id234446187.html).

²⁵ Beispiele für solche Konflikte im Bereich der DBK sind vor allem die Diskussionen um die Schwangerenkonfliktberatung in den 1990er Jahren und um den Kommunionempfang durch nichtkatholische Ehepartner 2018. In beiden Fällen hat jeweils eine Minderheit der Bischofskonferenz in Rom interveniert. Auch bei der Verabschiedung des aktualisierten kirchlichen Arbeitsrechts im Jahr 2015 scherten einzelne Bistümer (Regensburg, Eichstätt, Passau) zunächst aus und setzten den Beschluss erst mit einiger Verzögerung in diözesanes Recht um.

²⁶ Vgl. Bier, Rechtsstellung, S. 304.

²⁷ Vgl. Bier, Kommentar zu c. 342, in: MK CIC, Rn. 2.

²⁸ Zum historischen Kontext vgl. Finzel, Helmut, Die Bischofssynode. Zwischen päpstlichem Primat und bischöflicher Kollegialität (Kanonistische Reihe 27), St. Ottilien 2016, S. 13–28; Graulich, Markus, Bischofssynode. Kollegialität und Primat, in: Riedel-Spangenberger, Ilona (Hg.), Leitungsstrukturen der katholischen Kirche. Kirchenrechtliche Grundlagen und Reformbedarf (= QD 198), S. 50–75; S. 51–55.

²⁹ Vgl. Papst Paul VI., MP *Apostolica Solicitudinis* vom 15.09.1965 zur Errichtung der Bischofssynode für die Gesamtkirche, in: AAS 57 (1965), S. 775–780, dt: AfkKR 134 (1965), S: 473–477, Nr. I, demzufolge die Teilnehmer „aus den verschiedenen Gebieten des Erdkreises ausgewählte Bischöfe" sind.

³⁰ MP *Apostolica Solicitudinis*, Nr. II.

³¹ „Die Bischofssynode ist nicht der von den Konzilsvätern erhoffte Ausdruck bischöflicher Kollegialität. Sie repräsentiert nicht das Bischofskollegium, sie setzt nicht in Vertretung des Bischofskollegiums kollegiale Akte, sie wird rechtssystematisch auch nicht im Kapitel über Papst und Bischöfe behandelt, sondern abgetrennt davon." (Bier, Kommentar zu c. 343, in: MK CIC, Rn. 7. Vgl. auch M. Graulich, der deutlich macht, dass die Repräsentativität der Bischofssynode eben keine im juridischen Sinne ist, nach der die delegierten Bischöfe das gesamte Kollegium ersetzten oder in dessen Namen handeln könnten (vgl. Graulich, Bischofssynode, S. 68).

³² Dazu passt, dass das bisherige „Generalsekretariat der Bischofssynode" nun als „Generalsekretariat der Synode" bezeichnet wird.

³³ So etwa Gerhard Ludwig Kardinal Müller, demzufolge sich die „Natur der Versammlung" dadurch geändert habe (vgl. online unter: https://www.vaticannews.va/de/vatikan/news/2023-10/weltsynode-kardinal-mueller-positiv-erfahrung-ewtn-itv.html).

³⁴ Auch hier zeigt sich wieder einmal: Synodalität nach Papst Franziskus ist sehr stark von seiner jesuitischen Sozialisation geprägt: Hören – Unterscheiden der Geister – Entscheidung durch den Oberen.

³⁵ Auf unterschiedliche Weise lässt sich das an den Nachsynodalen Apostolischen Schreiben der Bischofssynoden 2012 und 2019 deutlich machen: Das Nachsynodale Apostolische Schreiben zur Bischofssynode zur Evangelisierung 2012 noch unter Papst Benedikt XVI. wurde von Papst Franziskus unter dem Titel *Evangelii Gaudium* veröffentlicht und nicht als Ergebnis der Synode, sondern als programmatisches Auftaktschreiben des neuen Pontifikats aufgefasst (vgl. Papst Franziskus, Apostolisches Schreiben *Evangelii Gaudium*, VApSt 194). Das Nachsynodale Apostolische Schreiben zur Amazonas-Synode 2019, *Querida Amazonia*, sorgte für Aufsehen, da kirchenpolitisch umstrittene Stellungnahmen der Synode, vor allem die Zulassung von sog. *viri probati* zur Priesterweihe, keine Aufnahme in das Schreiben gefunden hatten (vgl. Papst Franziskus, Nachsynodales Apostolisches Schreiben *Querida Amazonia* an das Volk Gottes und an alle Menschen guten Willens, dt. in VApSt 222).

³⁶ Vgl. dazu König, Franz (Hg.), Zentralismus statt Kollegialität? Kirche im Spannungsfeld (Schriften der katholischen Akademie in Bayern; 134), Düsseldorf 1990.

³⁷ Vgl. Demel, Sabine, Die Bischofskonferenz als eigenberechtigte Kirche. Verfassungsrechtliche Anregungen des CCEO/1983 für den CIC/1983, in: Aymans, Winfried, Haering, Stephan, Schmitz, Heribert (Hg.): Iudicare inter fideles. FS für Karl-Theodor Geringer zum 65. Geburtstag, St. Ottilien 2002, S. 61–75; S. 74f.

³⁸ Bausenhart, Bischofsamt, S. 108.

³⁹ Vgl. dazu auch die Aussagen von Erzbischof Burger zur Souveränität des Bischofs in diesem Band.

⁴⁰ Vgl. dazu auch den Beitrag von K. Gallegos Sánchez in diesem Band.

⁴¹ Vgl. dazu Stein, Tine, Legitimationskrise im Spätkatholizismus, in: ThGl 111 (2/2021), S. 105–115; Pulte, Matthias, Macht- und Gewaltenteilung. Synodale Idee und kirchenrechtliche Realität, in: ThQ 201 (3/2021), S. 293–317.

⁴² So der französische Kanonist É. Kouveglo, demzufolge die Kollegialität „pourrait contribuer efficacement à éviter à l'exercice du pouvoir un certain isolement ou enclavement qui risquerait de le couper du contexte ecclésial." (Kouveglo, Émile, La distincion des pouvoirs dans l'Église. Entre perspectives démocratiques et exigences ecclésiologiques, in: Apollinaris 86 (2/2013), S. 549–588; S 584). Auch das Papstamt, unbeschadet seiner besonderen Kompetenz, sei davon nicht ausgenommen: „Dans cette perspective, une partie de la doctrine théologique, sans renoncer aucunement a la Théorie du primat pétrinien, estime que le Pape lui-même, tout en ayant la possibilité d'exercer seul sa fonction législative, devrait se sentir obligé (non pas juridiquement) à exercer son propre pouvoir, au moins ordinairement, en recourant le plus souvent aux Institutions de la collégialité épiscopale." (ebd.).

⁴³ Das in diesem Band abgedruckte Gespräch zwischen Erzbischof Burger und Bischof Wilmer vermittelt einen Eindruck davon.

Spielfelder

Besser beraten?
Kirche und Consulting

von Steffen Engler

Das Erzbistum Köln und zuvorderst Erzbischof Rainer Maria Kardinal Woelki standen in den vergangenen Jahren immer wieder in der öffentlichen Kritik. Verständlich, dass sich das krisengeplagte Bistum und sein Bischof in dieser Situation Hilfe von außen holten – damit aber gleich den nächsten Skandal provozierten: So wurden zwischen 2019 und 2021 – innerhalb von drei Jahren – rund 2,8 Millionen Euro für Gutachter, Medienanwälte und Kommunikationsberater ausgegeben, davon 588.000 € für rechtliche Beratung sowie 820.000 € für Krisenberatung.[1] Das Beispiel zeigt: „die Kirche", hier eine Diözese, holt sich Beratung. Und tatsächlich finden sich schnell weitere Beispiele: Es erscheint beispielsweise das Erzbistum Freiburg auf einer von der Bild am Sonntag geleakten „geheimen Auftraggeber-Liste" von *PricewaterhouseCoopers*, kurz PwC.[2] Es finden sich darüber hinaus aber auch offen kommunizierte Informationen, etwa über ein KPMG-Gutachten für das Bistum Essen zur „Überprüfung und Weiterentwicklung der Personalarbeit für das pastorale Personal" – Teil eines Prozesses, der Konsequenzen aus den Ergebnissen der MHG-Studie zu sexuellem Missbrauch ermitteln sollte.[3] Auch das bereits erwähnte Erzbistum Köln holte sich für das Projekt „Pastoraler Zukunftsweg" ein Team der *Boston Consulting Group*, eine der drei großen Strategieberatungen, ins Haus und kommunizierte deren Unterstützung öffentlich.[4]

Kirche lässt sich beraten – und ist damit womöglich gut beraten: In Deutschland haben die katholischen Bistümer den Status von Körperschaften des öffentlichen Rechts inne. Sie sind große Arbeitgeberinnen, verwalten eine Vielzahl von Immobilien, betreiben Schulen, Kindergärten u. v. m. Zumindest manche verfügen über eine beachtliche finanzielle Ausstattung.[5] Gleichzeitig sind es, der Verfassungsstruktur der katholischen Kirche geschuldet, in erster Linie Theologen, die als Bischöfe und Generalvikare die milliardenschweren Institutionen anführen.[6]

Der vorliegende Band eruiert, was es bedeutet, im Jahr 2024 Diözesanbischof zu sein. Im Folgenden soll dieser Frage aus der Sicht eines Kirchenrechtlers, der in einem Beratungsunternehmen tätig ist, nachgegangen werden.[7] Welche Verantwortung lastet auf dem Bischof hinsichtlich der Leitung der Diözese? Welche Hilfsorgane stehen ihm zur Verfügung? Wer berät ihn dabei, und wie berät man ihn? Die Frage soll insbesondere auf den deutschen Raum gerichtet werden, da hierzulande aufgrund der bereits angesprochenen rechtlichen und finanziellen Voraussetzungen weltkirchlich durchaus einmalige Bedingungen herrschen.

Die Beschreibung der Aufgaben, die der kirchliche Gesetzgeber im CIC für den Bischof vorsieht, sind eher allgemein gehalten und stark pastoral geprägt. So hat sich der Bischof in der Ausübung seines Hirtendienstes um *alle* Gläubigen zu kümmern (c. 383 § 1 CIC) und ihre Heiligkeit entsprechend ihrer Berufung zu fördern (c. 387). Er hat seine Priester zu begleiten (c. 384 CIC), Glaubenswahrheiten anzunehmen (c. 386 § 1 CIC) und Eucharistie zu feiern (c. 388–389 CIC).[8] Dass ein Bischof im Zuge seiner Priesterausbildung darauf vorbereitet wurde, darf unterstellt werden. Hinsichtlich der Frage nach der organisatorischen Leitung einer Diözese, sprich nach dem Management, sind die cc. 392 und 393 CIC aufschlussreich, wonach der Bischof die Ordnung der Kirche zu fördern bzw. auf die Befolgung kirchlicher Gesetze zu drängen, sowie die Diözese in allen Rechtsgeschäften zu vertreten hat. Im Gegensatz zu den zuvor genannten Canones begegnen hier sicherlich Aufgaben, welche in den Priesterseminaren nicht zur Grundausbildung gehören.

Der Codex setzt jedoch nicht voraus, dass ein Diözesanbischof alles allein können und tun muss. Er vereint zwar in seiner Person Legislative, Exekutive und Judikative (cc. 135 § 1 und 391 § 1 CIC); dennoch muss er diesen Funktionen nicht ohne Hilfe nachkommen. Er steht der Diözesankurie[9] vor, welche ihn gleichsam in der Ausübung dieser Gewalten berät (im Falle der Legislative) bzw. unterstützt (der Generalvikar in der Exekutive, der Gerichtsvikar/Offizial in der Judikative). Der Generalvikar steht dem Bischof „bei der Leitung der ganzen Diözese zur Seite" (c. 475 § 1 CIC), ihm kommt kraft Amtes die Erledigung der allgemeinen Verwaltungsangelegenheiten zu (vgl. c. 479 CIC). Somit ist insbesondere er derjenige, der in der operativen Leitung der Diözese den Bischof unterstützt bzw. vertritt. Er ist dem Bischof gegenüber rechenschaftspflichtig und darf nicht gegen dessen Willen handeln (c. 480 CIC). Weiter sieht der Codex einen Vermögensverwaltungsrat (c. 492 CIC) sowie einen Diözesanökonomen (c. 494 CIC) vor. Dem Vermögensveraltungsrat sitzt der Bischof ebenfalls vor und bestellt wenigstens drei Gläubige, „die in wirtschaftlichen Fragen sowie im weltlichen Recht wirklich erfahren sind und sich durch Integrität auszeichnen" (c. 492 § 1 CIC). Der Diözesanvermögensverwaltungsrat ist das zentrale Gremium für die Vermögensverwaltung, ohne dessen Zustimmung der Bischof einige Rechtsgeschäfte nicht wirksam abschließen kann, denn der Rat verfügt gemäß c. 1277 CIC über gewisse Beispruchrechte. Darüber hinaus gibt es noch diverse andere Räte und Gremien,[10] deren Form und Ausgestaltung sich je nach Diözese auch unterscheiden können.

Die zu konsultierenden Instanzen haben zumeist lediglich beratendes Stimmrecht. Jene Fälle, in denen ihre Zustimmung ausdrücklich gefordert ist, sind klar geregelt. Die Beratung des Bischofs ist somit nicht rein fakultativ: Unterbleibt sie, ist die Zuwiderhandlung bisweilen strafbewehrt (vgl. c. 1376 § 1, 2° CIC), und/oder die daraus hervorgehende Entscheidung bzw. Handlung des Diözesanbischofs nicht gültig (c. 127 § 2, 1° CIC).[11]

Grundsätzlich wird im CIC in diversen Fällen auf die Konsultation von Beratern, Gutachtern oder Sachverständigen hingewiesen oder diese gar verpflichtend vorgeschrieben,[12] etwa bei der Ermittlung von geeigneten Kandidaten für bestimmte kirchliche Ämter (vgl. z. B. c. 377 § 3 CIC im Blick auf Bischofsernennungen).[13] Gutachterliche Stellungnahmen sind bei der Feststellung von Irregularitäten für den Empfang der Weihe[14] oder bei der Beurteilung von Büchern bezüglich der Glaubens- und Sittenlehre (c. 830 CIC) einzuholen. Etwas praktischer wird es beim Bau und der Wiederherstellung von Kirchen (c. 1216 CIC) sowie der Schätzung von zu veräußerndem Kirchenvermögen (c. 1293 § 1, 2° CIC), wofür jeweils Sachverständige hinzuzuziehen sind.

Dieser kurze Abriss illustriert anschaulich das Beratungsverständnis des Codex: Es ist charakterisiert als ein Anhören, zur Kenntnis nehmen und souveränes Entscheiden.[15] Der Diözesanbischof nimmt eine herausgehobene Stellung ein. Mit den genannten rechtlichen Regelungen trägt der Gesetzgeber der Tatsache Rechnung, „dass für bestimmte Handlungen und sachgerechte Entscheidungen ein spezifisches Fachwissen und eine tiefere Einsicht in Zusammenhänge und Auswirkungen benötigt werden, die dem Handlungsberechtigten oft fehlen, bei anderen Personen oder Institutionen jedoch vorhanden sind und auf dem Weg der Beratung in die Entscheidungsfindung des Handlungsberechtigten Eingang finden müssen."[16] Dies führt zu der Frage, weshalb trotz all der verschiedenen Räte und vom Gesetzgeber vorgesehenen Berater zusätzlich große Beratungsunternehmen engagiert werden?

Die Gründe dafür, sich zusätzlich und gegen Honorar externer Beratung von außen zu bedienen, sind vielfältig:[17]

Fachliches Know-how
Beratungsunternehmen haben in der Regel ein breites Spektrum an Fachwissen und Erfahrung in verschiedenen Themenbereichen. Mit dieser Expertise können sie in klar definiertem Umfang dabei helfen, komplexe Probleme zu lösen. Die Zusammenarbeit erfolgt meist auf Basis konkreter Projekte, beispielsweise zur Sicherstellung der Einhaltung steuerrechtlicher Vorgaben, der Einführung von IT-Systemen, bei Fragen zum Umgang mit kirchlichen Immobilien u. v. m.

Projektmanagement-Kompetenzen
Große, komplexe Vorhaben bedürfen umfangreicher Erfahrung in der Planung und Steuerung von Projekten, die Mitarbeitende in der kirchlichen Verwaltung nicht immer mitbringen. Die Anwendung bewährter Projektmanagement-Methoden und -Techniken ist jedoch essenziell, um Projekte effektiv und effizient zu gestalten. So wird sichergestellt, dass Projekte nicht neben der alltäglichen Arbeit versanden und damit Frust und unnötige Kosten entstehen. Kurzum: Projektmanagement dient dazu, ein Projekt innerhalb des vorgegebenen Zeitrahmens und Budgets abzuschließen.

Personalressourcen
In diesem Zusammenhang ist auch von Bedeutung, dass Beratungsunternehmen zusätzliche Personalressourcen für den Zeitraum eines

Projekts zur Verfügung stellen können. Damit kann sichergestellt werden, dass Projekte parallel zum laufenden Alltagsgeschäft termingerecht und erfolgreich abgeschlossen werden können und Mitarbeitende nicht über ihre Belastungsgrenzen hinaus zusätzlich gebunden werden.

Impulsgeber
Beratungsunternehmen können Unternehmen und Organisationen dabei helfen, neue Ideen und Perspektiven zu entwickeln und innovative Lösungen zu erarbeiten. Außerdem können sie, bedingt durch ihre Außensicht, leichter auf blinde Flecken hinweisen. Sie verstehen sich als kritischer Sparringspartner und können auf Basis ihrer vielfältigen Erfahrung Ideenreichtum und Best Practices einbringen.

Katalysator
Damit verbunden ist, dass Beratungsunternehmen als externe Partner die notwendige Distanz haben, um auch unpopuläre, aber notwendige Maßnahmen umzusetzen. Sie können als Katalysator fungieren, indem sie Unternehmen und Organisationen dabei helfen, Veränderungen voranzutreiben und erforderliche Maßnahmen zu ergreifen, die möglicherweise von internen Mitarbeitenden nicht umgesetzt werden können oder auf Widerstand stoßen.

Aus diesen Gründen kann es durchaus berechtigt sein, dass auch beispielsweise eine Diözese als „Unternehmen" sich externer Beratung bedient und somit Kompetenzen und Ressourcen einkauft, über die sie selbst nicht verfügt. Dabei handelt es sich um ein anderes Konzept von Beratung, als es der Codex in Form der verschiedenen Räte und Gremien vorsieht. Es geht nicht um Beispruchsrechte, die Verteilung von Verantwortung oder die Ermöglichung von Mitbestimmung. Es geht um Wissen, Fähigkeiten, Techniken und *humanpower*. Es geht nicht um ein konsultatives Verfahren im Sinne eines theologisch verstandenen Anhörens. Es geht um Vorschläge, die sich der Auftraggeber zu eigen machen kann oder eben auch nicht. Die Zuarbeit eines Beratungsunternehmens liegt klar im Bereich des *decision-making*, nicht des *decision-taking*[18]. Gleichwohl spricht der Codex in verschiedenen Zusammenhängen ausdrücklich von extern einzuholenden Kompetenzen, etwa im Hinblick auf Gutachten, sodass diese Form der Beratung sogar kirchenrechtlich begründet werden kann.

Beratungsunternehmen werden meist projektbezogen beauftragt. Häufig geht der Beauftragung eine Problemstellung (z. B. nicht funktionierende Prozesse) oder Handlungsdruck (konkret etwa im Hinblick auf die Aktenführung)[19] voraus. Zuweilen zeigt sich, ein Denken in den Kategorien „Problem" und „Lösung" geht nicht weit genug. Es bestehen vielmehr übergeordnete Managementaufgaben hinsichtlich der Leitung einer Diözese, welche den Erfolg des „Unternehmens" langfristig beeinflussen. „Erfolg" ist in diesem Zusammenhang zu verstehen als eine kirchliche Verwaltung, welche es ermöglicht, dass Kirche ihrem eigentlichen, pastoralen Auftrag angemessen nachkommen kann.

Einige dieser übergeordneten Managementthemen sollen im Folgenden skizziert werden. Die Liste ist nicht abschließend und kann je nach Schwerpunktsetzung variieren. Fest steht, dass sie sich aus verschiedenen „Quellen" speisen: Dies sind zum einen rechtliche Vorgaben, also Gesetze (z. B. Codex Iuris Canonici, Steuergesetze, DSGVO etc.) und Selbstverpflichtungen (Standards zu *Good Governance* etc.).[20] Zum anderen allgemeine Grundlagen von Verwaltungshandeln (interne Richtlinien wie z. B. Allgemeine Geschäftsordnung, Geschäftsverteilungsplan, Aktenplan). Der größte Treiber sind allgemeine Megatrends, etwa die digitale Transformation, Ökologie[21], sowie gesamtgesellschaftliche Entwicklungen, z. B. der demografische Wandel[22].

Wenn der Codex vom Bischof verlangt, die Ordnung der Kirche zu fördern und die Diözese in allen Rechtsgeschäften zu vertreten, so können die folgenden Führungsaufgaben angesichts der komplexen Situation, wie sie sich in Deutschland zeigt, durchaus als Verantwortungsfelder des Bischofs bezeichnet werden.

Themen, die sich aus der ersten Quelle (rechtliche Vorgaben und Selbstverpflichtungen) speisen, sind „Compliance" und „Risikomanagement":[23]

Compliance
Compliance ist in der Betriebswirtschaft und Rechtswissenschaft eine Umschreibung für die Regelkonformität von Unternehmen,

also deren Einhaltung rechtlicher Vorgaben und Selbstverpflichtungen. Hierunter fällt etwa die Regeltreue in Sachen Finanzen oder Schriftgutverwaltung. Da sich der Großanteil der Einnahmen katholischer Bistümer aus der Kirchensteuer speist, besteht hier eine besondere Verantwortung und Rechenschaftspflicht. Es müssen sowohl staatliche als auch kirchliche Vorschriften eingehalten werden. Nicht zuletzt besteht eine moralische Vorbildfunktion und damit höchste Anforderungen an die Integrität. Ein Compliance-Management bietet Werkzeuge und Prozesse, mit denen sichergestellt werden kann, dass Regeln und Gesetze eingehalten werden.

Risikomanagement
Hierbei geht es darum, Risiken systematisch zu erfassen und zu bewerten, um mögliche negative Auswirkungen auf die Organisation zu minimieren. Risiken können im kirchlichen Bereich beispielsweise rechtlicher oder finanzieller Natur sein (vgl. Compliance) oder auch im Hinblick auf die Reputation bestehen. Eine umfassende Risikoanalyse ist unerlässlich, um potenzielle Risiken frühzeitig zu erkennen und geeignete Maßnahmen zu treffen; im kirchlichen Bereich sollte sie auch alle pastoralen Felder einbeziehen. Hierbei können verschiedene Methoden und Tools zum Einsatz kommen. Ziel des Risikomanagements ist es, vorbeugende Maßnahmen zu treffen, um die Risiken zu reduzieren und das Unternehmen vor möglichen Schäden zu schützen. Eine effektive Risikomanagement-Strategie ist somit ein wichtiger Bestandteil des erfolgreichen Managements.

In den Themenbereich „Grundlagen von Verwaltungshandeln" fallen etwa die Aufbau- und Ablauforganisation und das Qualitätsmanagement:

Aufbau- und Ablauforganisation
Die Aufbauorganisation eines Unternehmens legt die Struktur und die Verteilung von Aufgaben und Verantwortlichkeiten innerhalb dieser fest. Sie bestimmt, wer welche Aufgaben übernimmt und welche Rechte und Pflichten damit verbunden sind. Die Ablauforganisation hingegen beschreibt die Prozesse und Arbeitsabläufe innerhalb eines Unternehmens. Sie regelt, wie die Aufgaben innerhalb

des vorgegebenen Rahmens erledigt werden und wie die Informationen zwischen den verschiedenen Abteilungen und Mitarbeitenden ausgetauscht werden. Zusammen bilden die Aufbau- und Ablauforganisation die Grundlage für eine effektive und effiziente Arbeitsweise im Unternehmen, indem Arbeitsprozesse definiert werden. Dadurch wird ihre Nachvollziehbarkeit gesteigert, Verantwortlichkeiten geklärt und Mitarbeitenden Handlungssicherheit verliehen.

Qualitätsmanagement
Qualitätsmanagement bedeutet Evaluation und Pflege anhand von definierten Zielen und Zuständigkeiten. Es umfasst die Zielüberprüfung, Nachbesserung und auch, ggf. Konsequenzen aus den Ergebnissen zu ziehen. In der Kirche ist eine allgemeine Zurückhaltung bei Themen wie Wirksamkeitsmessung und Wirtschaftlichkeitsbetrachtung wahrzunehmen. Der verantwortungsvolle Umgang mit kirchlichen Finanzen macht aber genau dies erforderlich.[24]

Megatrends, welche im Rahmen des Managements der kirchlichen Organisation zu berücksichtigen sind, sind unter anderem „Change und Führungskultur", „Mitarbeitergewinnung und -weiterbildung", „Digitalisierung" und „Nachhaltigkeit".

Change und Führungskultur
Veränderungen im Unternehmen können nur erfolgreich umgesetzt werden, wenn die Mitarbeitenden gezielt einbezogen und unterstützt werden. Führungskräfte müssen in der Lage sein, Teams zu motivieren und zu inspirieren. Das Führungsverständnis hat sich in den letzten Jahren stark verändert. Während früher autoritäre Führungsstile vorherrschten, wird heute ein partizipativer Führungsstil bevorzugt, der auf Zusammenarbeit und Teamwork basiert – auch in der Kirche. Nur so können individuelles Wachstum und organisatorische Weiterentwicklung gestärkt werden. Hierzu gehört auch die Etablierung einer Fehlerkultur, die auf Vertrauen und Offenheit basiert.[25] Veränderungsmanagement umfasst unter anderem die Schaffung einer Kultur der Veränderungsbereitschaft und des kontinuierlichen Lernens, in der Mitarbeiter:innen auf Veränderungen vorbereitet und mitgenommen werden. In einer strukturell konservativen Institution keine leichte Aufgabe.

Mitarbeitergewinnung und -weiterbildung
Ein weiterer wichtiger Aspekt ist die Mitarbeitergewinnung und -weiterbildung. Insbesondere im sogenannten *War For Talents*, in dem Kirche mit anderen Unternehmen um die qualifiziertesten Mitarbeiter:innen konkurriert, ist es von großer Bedeutung, geeignete Kolleg:innen zu finden, für sich zu gewinnen und langfristig zu binden. Auch die Qualifizierung und Förderung der Mitarbeitenden ist angesichts einer sich wandelnden Arbeitswelt von großer Bedeutung. Berufsbiografien sind zunehmend fluktuierend. Mitarbeiter:innen stammen immer seltener aus kirchlich geprägten Milieus und verfügen entsprechend über eine geringere emotionale institutionelle Verbundenheit, als es bei vorangehenden Generationen der Fall war. Die Liberalisierung des kirchlichen Arbeitsrechts (Loyalitätsobliegenheiten) war hier ein wichtiger Schritt, um interessante Bewerbungen nicht vorschnell „auszusieben".

Digitalisierung
Natürlich darf in dieser Auflistung die Digitalisierung und Modernisierung der kirchlichen Verwaltungsabläufe nicht fehlen. Digitalisierung hat nicht erst seit der Corona-Pandemie die Art und Weise, wie Unternehmen und Institutionen arbeiten, grundlegend verändert. Sie bietet viele Vorteile wie Automatisierung von Prozessen, Verbesserung der Effizienz und Erhöhung der Produktivität. Der kirchliche Bereich ist noch stark von analogen Tätigkeiten dominiert. Kund:innen (Gläubige!) sowie jüngere Mitarbeitende sind jedoch die Digitalisierung von Services oder Arbeitsabläufen gewohnt und haben entsprechende Erwartungen. Zu beachten ist, dass es nicht einfach darum gehen kann, Prozesse um ihrer selbst willen zu digitalisieren oder Prozesse, die schon analog ineffizient sind, schlechthin durch digitale Abläufe zu ersetzen. Eine erfolgreiche Digitalisierungsstrategie erfordert eine umfassende Analyse der Geschäftsprozesse und eine klare Zukunftsvision.

Nachhaltigkeit
Eine nachhaltige Unternehmensführung berücksichtigt Umwelt-, Nachhaltigkeits- und Sozialfragen. Dies beinhaltet Aspekte wie den Klimaschutz und den Schutz der Biodiversität, Ressourcenverbrauch und Abfallmanagement (Umweltfragen), die Beziehung zu den Mitarbeitenden, etwa im Hinblick auf Diversität und Inklusion, faire

Arbeitsbedingungen und damit verbunden auch gesellschaftliche Verantwortung. Der dritte Aspekt dieser sogenannten ESG-Kriterien *(Environment, Social, Governance)* wurde bereits oben angesprochen. Es steht außer Frage, dass Kirchen ein hohes Engagement im sozialen Bereich leisten. Entsprechend ist an dieser Stelle insbesondere der Umweltaspekt hervorzuheben, der in den vergangenen Jahren, spätestens seit den Enzykliken *Laudato si'* und *Laudate Deum*, in der Kirche immer mehr zu Bewusstsein kommt. Dieser Aspekt spielt beispielsweise bei der Bewirtschaftung kirchlicher Gebäude[26] sowie bei der Vermögensverwaltung[27] eine wichtige Rolle.

Gemäß c. 204 § 1 CIC sind alle Gläubigen aufgerufen, entsprechend ihrer individuellen Stellung und Fähigkeiten aktiv dazu beizutragen, dass Kirche ihren Auftrag in der Welt erfüllen kann. Berater:innen, die sich mit der Kirche verbunden fühlen, können somit ihre Arbeit sogar theologisch und rechtlich gemäß der *Communio*-Ekklesiologie des II. Vatikanums in ihrer Taufe und den daraus folgenden Rechtspflichten begründet sehen (cc. 212 § 3 und 228 § 2 CIC). Aber auch wenn keine religiöse oder altruistische Motivation hinter der Beratungstätigkeit steht: Wenn es Aufgabe des Bischofs und der ganzen Kirche ist, das Evangelium in der Welt zu verkünden, und sie dabei mit Aufgaben der weltlichen Verwaltung konfrontiert sind, ist es dann nicht im Sinne des ureigenen Auftrags, sich für die „profanen Dinge" Unterstützung zu holen, um Kapazitäten für ihre eigentlichen pastoralen Aufgaben zu haben?

Wer mit dem Management einer Diözese vertraut ist, weiß um die Last, die mehrheitlich auf dem Generalvikar liegt, der für die Verwaltungsthemen zuständig ist.[28] Dennoch obliegt es letzten Endes dem Diözesanbischof, das Klima in seiner Diözese vorzuleben, Themen auf die Agenda zu setzen und Ziele auszurufen, diese mit seinem Generalvikar zu besprechen und ihn entsprechend zu beauftragen. Ohne die Unterstützung des Bischofs ist der Generalvikar in seiner Aufgabe, die Verwaltung der Diözese zu bewältigen und bestimmte Themen voranzutreiben, einem aussichtslosen Unterfangen ausgesetzt. Auch wenn der Bischof in erster Linie pastoral und repräsentativ tätig ist, so ist es dennoch von entscheidender Bedeutung, dass er den *tone from the top* setzt und die Verantwortung für die Verwaltung der Diözese aktiv wahrnimmt.

Bischöfe und Generalvikare sollten die hier vorgestellten Managementthemen, welche allesamt nur angeschnitten werden konnten, kritisch für ihre Diözese prüfen und sich fragen, an welchen Stellen Verbesserungsbedarf besteht. Wer Handlungsbedarf sieht, kann sich beraten lassen, wie es vielerorts bereits getan wird. Dabei ist klar: Berater:innen entscheiden nicht. Sie zeigen Probleme auf und bieten Lösungen an. Sie heben weder die spezifische Entscheidungskompetenz derjenigen auf, die beraten werden, noch können sie die spezifische Verantwortung für die auf Basis ihrer Beratung getroffenen Entscheidungen übernehmen. Die Verantwortung für die Konsequenzen der Entscheidungen (und Nicht-Entscheidungen!) liegen bei der Leitung der Diözese. Wer sich professionellen Rat einholt und auf dieser Basis eine Entscheidung trifft, kommt seiner Verantwortung nach. Angesichts der Skandale der vergangenen Jahre, welche nicht zuletzt durch Verantwortungsdiffusion, Nicht-Wahrnehmen von Verantwortung sowie Abwälzung von Verantwortung auf das Kollektiv gekennzeichnet waren, sind Bischöfe gut beraten, sich beraten zu lassen.

Anmerkungen

[1] Vgl. https://www.erzbistum-koeln.de/news/Erzbistum-veroeffentlicht-Kosten-der-Unabhaengigen-Untersuchung/ (alle Internetlinks in diesem Beitrag wurden zuletzt abgerufen am 15.04.2024). Die Zahl ist insbesondere deshalb kritisiert worden, weil von 2010 bis 2021 – innerhalb von 11 Jahren – nur halb so viel Geld an Betroffene sexueller Gewalt in Anerkennung ihres Leids ausgezahlt wurde (vgl. https://www.sueddeutsche.de/politik/kirche-erzbistum-koeln-sexueller-missbrauch-opfer-entschaedigung-1.5480706). Dieser konkrete Fall und seine finanziellen Relationen sollen hier nicht bewertet werden.

[2] Vgl. https://www.bild.de/ig/704ec610-7bcb-4100-90f9-8b3fcc1da3b7/index/index.html

[3] Vgl. https://www.bistum-essen.de/info/soziales-hilfe/praevention-und-missbrauch/konsequenzen-aus-missbrauchsstudie/personalarbeit-ueberpruefen-und-weiterentwickeln

[4] Vgl. https://www.erzbistum-koeln.de/erzbistum/pastoraler_zukunftsweg/Aktuelle-Etappe/projektteam-namen/

[5] Die Erzdiözese Köln etwa brachte es im Jahr 2022 auf eine Bilanzsumme von 4.263,9 Mio. € (vgl. Erzbistum Köln, Aufbrüche wagen, Finanzbericht 2022, S. 4, online unter: https://www.erzbistum-koeln.de/export/sites/ebkportal/erzbistum/finanzen/finanzbericht2022/.content/.galleries/downloads/ebk_finanzbericht

2022.pdf). Gleichwohl ist die finanzielle Lage der deutschen Diözesen sehr disparat. So beklagte beispielsweise der Magdeburger Oberhirte Feige in einem Artikel in der Herder Korrespondenz, die schlechte finanzielle Situation seines Bistums werde öffentlich nicht genug wahrgenommen (vgl. Feige, Gerhard: Nicht nur überleben. Finanzausgleich für Ostdeutsche Bistümer, in: HerKor 77 (8/2023), S 20–22). „Ostbistümer", so Feige, könnten nicht mit „Westbistümern" gleich betrachtet werden. Die deutschen Diözesen seien „personell, finanziell, strukturell und kontextuell – sehr ungleich aufgestellt" (ebd. S. 21). Dies ist auch der Grund, weshalb bis 2006 die „Sonderumlage Ost", ab 2011 ein „Strukturbeitrag" für die Bistümer Dresden-Meißen, Erfurt, Görlitz und Magdeburg eingeführt wurde (vgl. https://www.bistum-dresden-meissen.de/startseite/aktuelles/transparenz-in-finanzfragen). Im Juli 2023 beschloss der Verband der Diözesen Deutschlands einstimmig ein Interdiözesanes Sicherungssystem „[z]ur finanziellen Zukunftssicherung und zur Umsetzung von Solidarität der 27 (Erz-)Bistümer untereinander" (vgl. https://www.dbk.de/presse/aktuelles/meldung/deutsche-bistuemer-beschliessen-interdioezesanes-sicherungs system).

[6] Vgl. Mattner, Maximilian, Amtschefs und Verwaltungsdirektoren. Vergleich neuerer Diözesangesetze zur Kurienorganisation in Hinblick auf Compliance und Gewaltenteilung, in: Zeitschrift für Kanonisches Recht 2 (2023), S. 1 (Preprint). Die (theologische) Frage nach dem Verhältnis von Kleriker und Laien und die Einbindung letzterer in Leitungsaufgaben in der Kirche soll im vorliegenden Beitrag ausgeklammert werden. Einzugehen wäre beispielsweise auf die erlassenen Diözesangesetze zur Neustrukturierung der Kurie in den (Erz-)Bistümern München-Freising, Hamburg, Eichstätt, Münster und Köln, die Mattner in seinem Beitrag aufbereitet. Vgl. zur grundsätzlichen theologischen Frage etwa Platen, Peter, Die Ausübung kirchlicher Leitungsgewalt durch Laien – Rechtssystematische Überlegungen aus der Perspektive des „Handelns durch andere", Münster 2006 (= BzMK; 47).

[7] Der Verfasser ist promovierter Theologe mit Schwerpunkt Kirchenrecht und seit 2022 als Berater für den Öffentlichen Sektor bei einer *Big-Four*-Wirtschaftsprüfungsgesellschaft tätig. Dieser Artikel gibt dabei allein seine persönliche Meinung wieder. Ein besonderer Dank gilt allen Kolleg:innen, die durch ihre Expertise wichtige Impulse beigesteuert haben.

[8] Vgl. in diesem Band: Steenberg, Der Bischof als Träger der Hirtensorge.

[9] Vgl. zur Diözesankurie cc. 469–493 sowie Ahlers, Reinhild, Die Diözesankurie als Organ der Mitwirkung an der Hirtensorge des Bischofs, in: Althaus, Rüdiger; Kalde, Franz; Selge, Karl-Heinz (Hg.), Saluti hominum providendo. FS für Offizial und Dompropst Dr. Wilhelm Hentze, Essen 2008, S. 21–30.

[10] Vgl. ausführlich Demel, Sabine, Der Diözesanbischof und die diözesanen Räte, in: Dies., Lüdicke, Klaus (Hg.): Zwischen Vollmacht und Ohnmacht. Die Hirtengewalt des Diözesanbischofs und ihre Grenzen, Freiburg 2015, S. 182–207.

¹¹ Ein Beispiel dafür wären etwa die oben genannten Beispruchsrechte des Diözesanvermögensverwaltungsrates.
¹² Vgl. für einen Überblick: Hallermann, Heribert, Ratlos – oder gut beraten? Die Beratung des Diözesanbischofs, Paderborn 2010, S. 36–41.
¹³ Vgl. im Folgenden und für weitere Beispiele Hallermann, Heribert, Ratlos – oder gut beraten? Die Beratung des Diözesanbischofs, Paderborn 2010, S. 39–40.
¹⁴ Vgl. cc. 1041, 1° und 1044 § 2, 2° CIC bezüglich der Feststellung von Irregularitäten sowie c. 1051, 1° CIC für grundsätzlich alle Weihebewerber (vgl. Hallermann, Heribert, Ratlos – oder gut beraten? Die Beratung des Diözesanbischofs, Paderborn 2010, S. 40).
¹⁵ Hallermann, Heribert, Ratlos – oder gut beraten? Die Beratung des Diözesanbischofs, Paderborn 2010, S. 55 spricht von einer „spezifische[n] Form des Rat-Nehmens und des Rat-Gebens".
¹⁶ Hallermann, Heribert, Ratlos – oder gut beraten? Die Beratung des Diözesanbischofs, Paderborn 2010, S. 55f.
¹⁷ Die im Folgenden und im weiteren Verlauf aufgeführten Aspekte gehen zurück auf den Workshop „Governance, Risk, Compliance & Change – Managementverantwortung in kirchlichen Verwaltungen. Acht Aufgaben der Leitungsebene aus Sicht einer Unternehmensberatung", der am 20.02.2024 bei der Deutsch / Österreichischen Kirchenrechtstagung von Pier Stefano Sailer und Michèle Lamy (beide KPMG) durchgeführt wurde. Die Aspekte wurden um eigene Gedanken ergänzt. Nicht berücksichtigt wurden die Dienstleistungen von Strategie- und Rechtsberatungen, welche nochmals je eigene Themen und Scherpunkte setzen.
¹⁸ Auf diese Unterscheidung weist auch die Internationale Theologische Kommission mit Blick auf synodale Beratungsvorgänge hin und behält das *decision-taking* ausdrücklich der bischöflichen Autorität vor (vgl. Internationale Theologische Kommission, Die Synodalität in Leben und Sendung der Kirche, in: VApSt 215, Rn. 69). Die Kongregation für die Bischöfe hat diesen Passus in einem Schreiben zum Synodalen Weg im Jahr 2019 aufgegriffen (Prot. N. 485/2019).
¹⁹ Vgl. z. B. dpa, Aufarbeitungskommission kritisiert Aktenführung im Bistum, online unter: https://www.sueddeutsche.de/politik/kirche-trier-aufarbeitungskommission-kritisiert-aktenfuehrung-im-bistum-dpa.urn-newsml-dpa-com-20090101-231122-99-41286. Elemente, die in einem entsprechenden Projekt eine Rolle spielen könnten, wären u. a. eine Neustrukturierung der Akten, eine Überarbeitung der Prozesse zur Entstehung personalaktenrelevanter Dokumente sowie die Frage nach einer softwareseitigen Unterstützung.
²⁰ Vgl. dazu auch die vom Verband der Diözesen Deutschlands herausgegebene Handreichung Kirchliche Corporate Governance (online unter: https://www.dbk-shop.de/media/files_public/5bdae29b30955ec51762e88f454b73d4/DBK_10136.pdf).
²¹ John L. Allen, ein auf die römisch-katholische Kirche und den Vatikan spezialisierter Journalist, macht in seinem Buch „The Future Church: How Ten Trends

Are Revolutionizing the Catholic Church" (New York 2009; dt.: Das neue Gesicht der Kirche. Die Zukunft des Katholizismus, Gütersloh 2010) zehn Trends aus, die heute und in Zukunft signifikante Auswirkungen auf die katholische Kirche haben werden. Die Umweltbewegung bezeichnet er dabei als eine der „mächtigsten sozialen und politischen Kräfte des 21. Jahrhunderts" (S. 330; vgl. für Allens gesamte Analyse des Trends S. 329–370).

[22] Vgl. auch zu diesem Trend Allen, John L., Das neue Gesicht der Kirche. Die Zukunft des Katholizismus, Gütersloh 2010, S. 163–202.

[23] Vgl. zu diesen Themenkomplexen ausführlich: Hanke, Alexander, Der Codex Iuris Canonici als Grundlage für ein Risikomanagementsystem und Compliance Management System in der Katholischen Kirche, online unter: https://institut-fuer-sozialstrategie.de/2020/10/27/der-codex-iuris-canonici-als-grundlage-fuer-ein-risikomanagementsystem-und-compliance-management-system-in-der-ka tholischen-kirche/.

[24] Vgl. für ein Plädoyer für einen wirkungsorientierten Mitteleinsatz im Sinne einer Erhebung der Effizienz eingesetzten Kapitals: Sailer, Pier Stefano, Vision Kirche 2025: Elemente eines zielgerichteten und wirkungsorientierten Ressourceneinsatzes, in: Abmeier, Karlies (Hg.): Geld, Gott und Glaubwürdigkeit, Paderborn 2015, S. 329–338,

[25] Vgl. für ein Plädoyer für eine konstruktive Fehlerkultur in der Kirche Lelle, Antonia, Fail early to learn quickly! Mut zu einer kirchlichen Fehlerkultur, online unter: https://y-nachten.de/2020/01/fail-early-to-learn-quickly-mut-zu-einer-kirch lichen-fehlerkultur/.

[26] Ein positiver Trend ist in dieser Hinsicht, dass auf immer mehr kirchlichen Gebäuden Fotovoltaikanlagen installiert werden (vgl. z. B. https://www.ebfr.de/detail/nachricht/id/196648-erzdioezese-freiburg-investiert-120-millionen-euro-in-solarenergie/?cb-id=12338390).

[27] So forderte z. B. die Initiative *Fossil Free* die Erzdiözese Freiburg auf, Investitionsgelder aus klimaschädlichen Anlagen abzuziehen (vgl. https://www.stura.uni-freiburg.de/gremien/referate/umwelt/fffkirche).

[28] Dies erklärt womöglich, weshalb der neue Erzbischof von Paderborn, Dr. Udo Bentz, gleich zwei Generalvikare ernannt hat (vgl. https://www.erzbistum-pader born.de/news/erzbischof-dr-bentz-ernennt-zwei-generalvikare/).

Alle Jahre wieder – die bischöfliche Visitation
Kontrollinstanz oder Hirtensorge?

von Oliver Schmitz

Bei einem ersten Blick in c. 396 § 1 CIC meint man, der Anfang des im Titel erwähnten Weihnachtsliedes habe durchaus seine Berechtigung. Legt doch der kirchliche Gesetzgeber in dieser Norm fest, dass der Diözesanbischof die Pflicht hat, seine „Diözese jedes Jahr ganz, oder zumindest teilweise zu visitieren, so daß [sic.] wenigstens alle fünf Jahre die ganze Diözese einer Visitation unterzogen wird"[1]. Der kirchlichen Norm entsprechend, stellt die Visitation zwar nicht das tägliche, aber gewiss das jährliche Brot des Diözesanbischofs dar.

Wirft man allerdings einen Blick auf die Praxis, ergibt sich mitunter ein etwas anderes Bild: So ist z. B. in der Visitationsordnung für die Diözese Essen die Regelung getroffen worden, dass zwar der Diözesanbischof die Visitationen anordnet, aber neben dem Diözesanbischof auch die Weihbischöfe die Visitationen in einem Abstand von fünf Jahren durchführen.[2] Dies lässt vermuten, dass der Diözesanbischof vielleicht in einem Jahr gar nicht selbst eine Visitation durchführt, sondern sich gänzlich vertreten lässt. Während meiner Zeit als Kaplan in der Pfarrei St. Pankratius in Oberhausen-Osterfeld hat es bislang zwei Visitationen gegeben, die beide durch einen Auxiliarbischof durchgeführt worden sind. Vor dem Hintergrund der eigenen Erfahrungen möchte ich daher eine rechtliche Reflexion der Visitationspraxis wagen.

Visitationspflicht des Diözesanbischofs

Es besteht zwar Einigkeit dahingehend, dass es sich bei der in c. 396 § 1 CIC normierten Visitationspflicht zunächst um eine persönliche Pflicht des Diözesanbischofs handelt[3], allerdings kann sich der Diözesanbischof bei rechtmäßiger Verhinderung „durch den Bischofskoadjutor, durch einen Auxiliarbischof, durch den Generalvikar oder einen Bischofsvikar oder auch durch einen eigenes dazu beauftragten Priester vertreten lassen"[4].

Was in diesem Zusammenhang jedoch genau unter rechtmäßiger Verhinderung zu verstehen ist, hat der kirchliche Gesetzgeber, anders als im Falle der tatsächlichen Behinderung des bischöflichen Stuhles (c. 412 CIC), nicht normiert.

Georg Bier ist in seiner Kommentierung zu c. 396 § 1 CIC der Auffassung, dass eine rechtmäßige Verhinderung des Diözesanbischofs dann bestehe, wenn der Diözesanbischof „aus gesundheitlichen Gründen nicht in der Lage ist, die vorgeschriebene Visitation persönlich durchzuführen"[5]. Man könnte allerdings auch dafür plädieren, die rechtmäßige Verhinderung nicht nur auf diesen Bereich einzuschränken, sondern noch deutlich weiter zu fassen und andere Gründe als rechtmäßig anzuerkennen, die sich aus den weiteren Aufgaben des Diözesanbischofs ergeben.

So ist der Diözesanbischof durch die empfangene Bischofsweihe nicht nur Hirte des ihm anvertrauten Teils des Gottesvolkes, sondern trägt als Teil des Bischofskollegiums Mitverantwortung für die Gesamtkirche[6]. Dieser Umstand, ebenso wie die Mitgliedschaft in der jeweils eigenen nationalen Bischofskonferenz, kann es mit sich bringen, dass der Diözesanbischof in diesem Zusammenhang Aufgaben zu erfüllen hat, bzw. Ämter übertragen erhält, für deren Erfüllung ein gewisses Maß an Zeit einzuplanen ist. Sei es die Mitarbeit bei Synoden, in päpstlichen Kommissionen oder Dikasterien, oder in den bischöflichen Kommissionen der jeweiligen Bischofskonferenzen.[7]

Als ein Beispiel sei hier auf Bischof Dr. Franz-Josef Overbeck verwiesen. Er ist nicht nur Bischof der Diözese Essen, sondern zugleich katholischer Militärbischof für die Deutsche Bundeswehr. In dieser Funktion hat er sich nicht nur um die Belange seiner eigenen Diözese zu kümmern, sondern trägt ebenfalls die verantwortliche kirchliche Leitung der Katholischen Militärseelsorge. Darüber hinaus ist er u. a. Mitglied der päpstlichen Kommission für Lateinamerika und im Dikasterium für die Kultur und Bildung. All diese Aufgaben bringen es mit sich, dass sich Abwesenheitszeiten in der Diözese Essen ergeben, welche die möglichen Zeiträume für eine persönliche Visitation seiner Diözese verringern. M. E. kann hier ebenfalls von einer Rechtmäßigkeit der Verhinderung gesprochen werden, die sich durch die zeitliche Inanspruchnahme anderweitiger bischöflicher Aufgaben ergibt.

Auch wenn genau für solche Fälle durch den Gesetzgeber in c. 396 § 1 CIC die Möglichkeit einer Vertretung durch die in der Norm aufgelisteten Personen geschaffen wurde, stellt sich die Frage, ob eine solche Vertretung dem Sinn und Zweck der Visitation selbst entspricht und ob der Diözesanbischof damit seine Aufgabe adäquat erfüllt.

Was macht eine Visitation aus?

Worin besteht das Ziel einer regelmäßig stattfindenden Visitation?

In c 398 CIC erfährt die Visitation über die Sorgfaltspflicht hinausgehend keine weitergehende Ausgestaltung oder genaue Umschreibung, sie wird allerdings als Pastoralvisitation benannt und erfährt dadurch eine Qualifizierung.[8]

Beim Blick in die Visitationsordnung der Diözese Essen fällt auf, dass hier von einer gewissen Zweiteilung die Rede ist. Denn es wird zwischen einer „Vorvisitation" und der „eigentliche Visitation" unterschieden, die mit dem Besuch des Diözesanbischofs, resp. einem der Weihbischöfe gleichgesetzt werden kann.

Im Rahmen der Vorvisitation werden die Bücher geprüft und noch einmal Berichte eingeholt über die Grunddaten der Pfarrei in wirtschaftlicher und personeller Hinsicht, über den Stand des Pfarreientwicklungsprozesses, über die Anzahlen von Taufen, Trauungen, Beerdigungen, Erstkommunionen, Jugendgruppen, etc. Man könnte sagen, dass es hierbei darum geht, Zahlen zu sammeln und die Arbeit in der Pfarrei in irgendeiner Form „messbar" und damit auch ein gewisses Stück „bewertbar" zu machen. Diese messbaren Zahlen und Daten fließen in den abschließenden Visitationsbericht ein. So können den Verantwortlichen für die einzelnen Aufgabenfelder in der Pfarrei ggf. „Baustellen" vor Augen geführt werden, oder auch Felder aufgezeigt werden, in denen es einen konkreten Handlungsbedarf gibt. Die messbaren Daten und Fakten können bei dem nach einem Jahr stattfindenden Reflexionsgespräch oder auch einer erneuten Visitation nach fünf Jahren als Vergleichswerte herangezogen werden. Zudem können die erhobenen Daten für Gespräche mit der Personalabteilung herangezogen werden, um Stellenumfänge und den Personalschlüssel zu gestalten. Hierdurch wird eine Nachhaltigkeit der Visitation sichergestellt.[9]

So wurde z. B. in dem letzten Visitationsbericht für die Pfarrei St. Pankratius festgehalten, dass durch die angespannte Personallage in der Pfarrei die Frage besteht, wer die Begleitung der Jugend fortführt, wenn ich als Kaplan und Jugendbeauftragter die Pfarrei bei einem Stellenwechsel verlassen sollte.

Was aber ist unter der pastoralen Ausgestaltung der Visitation zu verstehen?

Folgt man Heribert Schmitz bezieht sich die Visitation „auf alle Angelegenheiten, für die der Diözesanbischof als der berufene Hirt die Verantwortung trägt"[10].

Unter diesen Angelegenheiten lassen sich aus der Literatur verschiedene Aufgaben- und Verantwortungsbereiche subsumieren, von denen hier auf einige Bereiche eingegangen wird.[11]

Die Fürsorgepflicht für die im kirchlichen Dienst Stehenden

„Der Diözesanbischof hat Fürsorgepflicht für alle im kirchlichen Dienst Stehenden."[12] Unter all den Mitarbeiter:innen in der Pastoral sind allerdings die Priester bereits durch c. 384 CIC vom kirchlichen Gesetzgeber „als Mitarbeiter und Ratgeber der besonderen Sorge des Diözesanbischofs anempfohlen"[13].

Dieser Umstand liegt sicherlich darin begründet, dass zwischen den Diözesanbischöfen und den Priestern durch das Weihegeschehen ein ganz besonderes Näheverhältnis besteht, welches ein besonderes Fürsorgeverhältnis des Diözesanbischofs den Priestern gegenüber grundlegt:

> „Der Bischof soll immer versuchen, mit seinen Priestern als Vater und Bruder umzugehen, der sie liebt, sie anhört, sie annimmt, sie zurechtweist, sie tröstet, ihre Mitarbeit sucht und sich, soweit es ihm möglich ist, für ihr menschliches, geistliches, priesterlichdienstliches und wirtschaftliches Wohl einsetzt."[14]

Allerdings sollte der Diözesanbischof nicht nur „seine priesterlichen Mitarbeiter als Söhne und Freunde ansehen"[15], sondern sich als –

wie es in *Lumen Gentium* formuliert wird – vom Hausvater [Gott] gesandt wissen, seine gesamte Familie zu leiten.[16]

Denn auch die anderen in der Pastoral tätigen Personen, wie z. B. die Gemeindereferent:innen und die Pastoralreferent:innen, verrichten ihren Dienst in der Regel aufgrund einer besonderen Sendung, resp. Beauftragung durch den Diözesanbischof, wodurch sie in seinem Namen und Auftrag ihren Dienst an den Menschen ausüben.[17]

Daher sollte der Diözesanbischof imstande sein, nicht nur seine Priester, sondern „auch die Ordensleute und Laien, die in der Diözesanarbeit tätig sind"[18], kennenzulernen. Die Visitation kann hier ein wichtiger Mechanismus sein, dieses „Kennenlernen" fest zu verankern und somit regelmäßige Treffen bzw. Gespräche sicherzustellen.

Das Bistum Essen hat in seiner Visitationsordnung aus diesem Grunde festgehalten, dass es im Visitationszeitraum Einzelgespräche mit den verschiedenen Berufsgruppen geben soll:

„Im Rahmen der Visitation werden Einzelgespräche mit allen aktiv im Berufsleben stehenden Priestern, Diakonen, Pastoral- und Gemeindereferenten/-innen und -assistenten/-innen, Pastoralen Mitarbeiter/-innen sowie mit den Priestern und Diakonen im Ruhestand geführt. Um den persönlichen Charakter der Gespräche zu unterstreichen, sollten diese möglichst in den privaten Räumen der jeweiligen Personen stattfinden, soweit diese damit einverstanden sind. Die Gespräche sind vertraulich. Sie dienen vor allem dem vertieften Kennenlernen und dem Austausch über Fragen, die insbesondere das berufliche wie auch das persönliche und geistliche Leben des Mitarbeiters/der Mitarbeiterin prägen."[19]

Diese Gespräche können sicherlich vom Charakter her mit den ansonsten jährlich stattfindenden Mitarbeitendenjahresgesprächen des Pfarrers mit den ihm bei-, resp. unterstellten pastoralen Mitarbeitenden in gewisser Weise gleichgesetzt werden.

Diskussionswürdig ist in diesem Zusammenhang sicherlich die derzeitige Formulierung bezüglich des Ortes der Gespräche in der Essener Visitationsordnung. Zwar kann aus Sicht der Fürsorgeverpflichtung des Diözesanbischofs vieles dafürsprechen, die Gespräche bei den Priestern und Diakonen in deren Privaträumen durchzuführen, um z. B. gegebenenfalls der Gefahr einer möglichen Verwahrlosung entgegenwirken zu können. Aber nicht allen hauptamtlichen Mitarbeitenden wird es angenehm sein, den obersten Dienstgeber bei sich in den privaten Räumen zu empfangen. Auch wenn das Gespräch einen privaten, sowie pastoralen Charakter vermitteln und ausstrahlen möchte, so bleibt doch ein nicht zu verleugnendes Machtgefälle in dem Gespräch erhalten und lässt sich nicht beseitigen. Hier braucht es eine größere Sensibilität bei der Formulierung, die eine größere Wahlfreiheit ermöglicht. Vor diesem Hintergrund erscheint es angemessener, der:dem besuchten Mitarbeitenden von vornherein eine dezidierte Wahlmöglichkeit einzuräumen. Eine mögliche Formulierung könnte daher lauten:

> Im Rahmen der Visitation werden Einzelgespräche [...] geführt. *Den genauen Ort für diese Gespräche legen die jeweiligen Mitarbeiter:innen fest. Es kann sowohl in dem eigenen Büro, in einem Besprechungsraum im Pfarrbüro oder in den privaten Räumen der jeweiligen Personen stattfinden.* Die Gespräche sind vertraulich. Sie dienen vor allem dem vertieften Kennenlernen und dem Austausch über Fragen, die insbesondere das berufliche wie auch das persönliche und geistliche Leben der:des Mitarbeiter:in prägen.

In den beiden bisherigen Visitationen während meiner Zeit in St. Pankratius fanden die Gespräche mit den Priestern allesamt in den Privatwohnungen statt, wohingegen die Gespräche mit den Pastoral- und Gemeindereferent:innen im Pfarrbüro verortet waren.

Im Verlauf der Visitation haben diese Gespräche zwischen dem visitierenden Bischof und den jeweiligen pastoralen Mitarbeiter:innen, also unabhängig ob Kleriker oder Laie, ein sehr großes Gewicht. Während andere Gespräche oder Treffen mit mehreren Vertreter:innen einer Gruppe (z. B. alle Kirchenmusiker:innen, alle Küster:innen, alle Kita-Leitungen) jeweils zusammen stattfinden, sind die Gespräche mit den aktiv im Berufsleben stehenden Priestern, Diakonen, Pastoral- und Gemeindereferent:innen und -assistenten:innen, den Pastoralen Mitarbeiter:innen sowie den Priestern und Diakonen im Ruhestand explizit als Einzelgespräche deklariert und auf jeweils etwa eine Stunde terminiert. Dabei spielt es keine Rolle, wie groß die jeweiligen Pastoralteams einer Pfarrei sind. Bei großen Pastoralteams bleibt es im Bistum Essen ebenfalls bei dieser zeitlichen Festlegung. Als Grund für diese deutlich Menge an zeitintensiven

Gespräche kann vielleicht gesehen werden, dass bereits Johannes Paul II. in seinem Nachsynodalen Schreiben *Pastores Gregis* forderte, dass „der Bischof die Prüfung der Verwaltungsfragen anderen Beauftragten überlassen und der Begegnung mit den Menschen [...] Vorrang geben"[20] soll.

Die Verantwortung des Diözesanbischofs den katholischen Christ:innen in seiner Diözese gegenüber und die Pflege der Ökumene

Dieser Verantwortungsbereich wird im Rahmen der Visitation sehr weit gefasst werden können. Dazu zählen sowohl persönliche Kontakte zu den einzelnen Gemeindemitgliedern als auch zu Menschen in besonderen Lebensbereichen (Alten- und Krankenheimen, Krankenhäusern, Hospizen, Gefängnissen) aber auch Kinder und Jugendlichen in Schulen, sowie die entsprechenden Lehrkörper, Menschen in sozial-caritativen Fördereinrichtungen und auch die sog. *player*[21] vor Ort.

Die verschiedenen Gespräche und der Kontakt mit den konkreten Menschen vor Ort, können dem Diözesanbischof helfen, „die gesamte Seelsorgetätigkeit in der Diözese in gehöriger Weise einheitlich und wirksam leiten und koordinieren zu können"[22].

In der Visitationsordnung des Bistums Essen sind aus diesem Grund verschiedene Bereiche als feste Bestandteile, resp. Programmpunkte aufgenommen worden: Schulbesuch(e), ein Gespräch mit der:dem Bürgermeister:in, der Besuch eines (mittelständischen) Unternehmens, Gespräche mit ehrenamtlichen Küster:innen, Hausmeister:innen und Sekretariatskräften, Begegnung und Gespräche mit Vorständen von Verbänden, Besuch und Gespräch in katholischen Kranken- und Senioreneinrichtungen (zu denen auch Patient:innen und Senior:innen eingeladen werden können), Gespräche mit den Leitungen der katholischen Kindertagesstätten in der Pfarrei, sowie Gespräche mit den Verantwortlichen für die Ökumene.[23]

Der Diözesanbischof erhält durch solche persönlichen und direkten Kontakte einen Einblick in das, was die Menschen vor Ort konkret bewegt. Welche Nöte und Sorgen vorhanden sind, aber auch, was in der Pfarrei und an den einzelnen Orten gut oder auch nicht ganz so gut läuft. Er kann auf diesem Weg erfahren, wo es Probleme gibt, und kann vielleicht auch selbst, durch die Erfahrungen und

Einblicke, die er bei den Visitationen seiner Diözese erlangen konnte, auf Netzwerke oder sog. Best Practices hinweisen und vernetzen. Durch die direkten Kontakte und Gespräche vor Ort kann sich dem Diözesanbischof auch die Möglichkeit eröffnen, sich einen Überblick der emotionalen Lage vor Ort zu verschaffen und möglicherweise Verwundungen zu heilen, die vor allem durch Umstrukturierungsprozesse entstanden sind.

Bei uns im Bistum Essen – und sicherlich auch in vielen weiteren Diözesen im deutschen Sprachraum – sind durch die sog. Pfarreientwicklungsprozesse zahlreiche Pfarreien und Gemeinden zusammengelegt und größere pastorale Einheiten geschaffen worden. Diese Pfarreientwicklungsprozesse brachten in vielen Pfarreien auch den Abschied von Kirchen und anderen pastoralen Orten mit sich. Verständlicherweise waren das oftmals sehr schmerzliche Erfahrungen, die ein gewisses Maß an Trauer, Wut und Enttäuschung mit sich brachten. Diese Prozesse sind noch nicht abgeschlossen und werden künftig noch weitere Veränderungen mit sich bringen, weitere Zusammenlegungen und ein Aufgeben von Orten wird aufgrund personeller und finanzieller Gegebenheiten notwendig sein.

Den Menschen vor Ort würde durch den Kontakt zum Diözesanbischof somit zumindest von höchster Stelle aus Gehör geschenkt werden können. Auch wenn nicht alle Entscheidungen oder Schließungen dadurch zurückgenommen werden würden, kann „das Gehört-Werden"[24] für viele Menschen eine wichtige Erfahrung sein und helfen, die eigene Trauer und auch ein gewisses Maß an Angst und Sorge zu mildern.[25]

Durch die Gespräche mit den anderen Konfessionen und Gemeinschaften kann der Diözesanbischof erfahren, wie die Zusammenarbeit im Bereich der Ökumene in den einzelnen Pfarreien funktioniert. Der Diözesanbischof erhält so einen Einblick, an welchen Stellen in seiner Diözese es bereits ein gutes Miteinander unter den verschiedenen Konfessionen gibt, aber auch welche Herausforderungen an manchen Orten noch anstehen. Hierdurch erhält der Diözesanbischof die Möglichkeit gegebenenfalls auf anderen Ebenen einen tiefergehenden Dialog führen zu können. Zum Beispiel im Kontakt zu den Vertreter:innen der einzelnen Landeskirchen oder im Kontakt zu den Metropoliten bzw. Patriarchen der orientalischen und orthodoxen Christ:innen.

An meiner derzeitigen Kaplanstelle gibt es ein sog. „Ökumenisches Konveniat", das sich aus den Pastoralteams der katholischen, evangelischen und griechisch-orthodoxen Gemeinden zusammensetzt. Dieses Konveniat tagt zwei bis viermal im Jahr. Diese Treffen dienen dem gegenseitigen Austausch und auch der Absprache von gemeinsam durchzuführenden Veranstaltungen, wie z. B. von „Pfingsten gemeinsam" oder anderen ökumenischen Gottesdiensten.

In der diesjährigen bei uns in der Pfarrei stattfindenden Visitation war genau aus diesem Grund auch ein Treffen des visitierenden Auxiliarbischofs mit diesem Kreis geplant.

Der Verkündigungsdienst und die Feier der Sakramente

Diese Begegnung mit den Menschen vor Ort bezieht sich nicht nur auf das pastorale Personal, oder auf die oben bereits erwähnten Gesprächsmöglichkeiten mit verschiedenen Gruppen und Akteuren des pfarreilichen Lebens. Von einer Begegnungsmöglichkeit kann auch im weiten Umfeld des liturgischen Bereichs gesprochen werden, vor allem in der Verkündigung des Wortes Gottes, der Predigt, der Katechese und der Feier der Sakramente. Sowohl innerhalb von gottesdienstlichen Feiern, aber auch im Anschluss daran, z. B. bei einer anschließenden Agape oder Begegnung auf dem Kirchplatz.

Zugleich stellen sowohl der Verkündigungsdienst als auch die Feier der Sakramente, wichtige Aufgaben- und Verantwortungsbereiche des Diözesanbischofs dar. Trägt doch grade er in seiner Diözese für das kirchliche Leben in Wort und Sakrament die höchste Verantwortung.[26]

Gleich mehrere Normen des Codex greifen diese Verantwortung auch auf: Sei es, dass der Bischof der Leiter, Förderer und Wächter des gesamten liturgischen Lebens in der ihm anvertrauten Kirche ist (c. 835 § 1 CIC), er als der Leiter des Dienstes am Wort Gottes in seiner Diözese bezeichnet wird (c. 756 § 2 CIC), ihm die persönliche Verpflichtung zur Predigt aufgetragen wird (c. 386 § 1 CIC) oder der Bischof als der authentische Lehrer im Glauben genannt wird (c. 753 CIC). Zusätzlich legt c. 389 CIC dem Diözesanbischof nahe, auch persönlich der Feier der Eucharistie in seiner Diözese vorzustehen, ob nun in der Kathedralkirche oder in einer anderen Kirche innerhalb der Diözese.[27] Die Visitation kann für den Diözesanbischof daher eine Möglichkeit sein, seiner Hirtensorge für die ihm anvertrauen Menschen des Gottesvolkes besser zu verwirklichen,[28] da sie ihm durch den Besuch der Pfarreien seiner Diözese genau die räumliche und zeitliche Möglichkeit gibt auch an anderen Orten als nur in der Kathedrale präsent zu sein.

Die Visitationsordnung im Bistum Essen sieht aus diesem Grund vor, dass es zum Beginn und zum Abschluss der Visitation einen gemeinsamen Gottesdienst geben soll, zu dem die gesamte Pfarrei eingeladen wird.[29]

In der Praxis kann es durchaus vorkommen, dass zeitgleich zu dem zeitlichen Rahmen der Visitation die geplante Firmung der Jugendlichen in der Pfarrei stattfindet. In diesem Fall bietet es sich an, wenn der Diözesanbischof auch gleichzeitig der Firmspender ist und diese Aufgabe nicht einem der Auxiliarbischöfe, oder einem anderen Spender in dem betreffenden Jahr für die zu visitierende Pfarrei übertragen wird.

Im Bistum Essen gibt es in Bezug auf die Firmungen z. B. die Praxis, dass entweder der Diözesanbischof selbst die Firmung spendet oder es einem der beiden Auxiliarbischöfe übertragen wird. Wer in welcher Pfarrei als Firmspender vorgesehen ist, wird vom Bischofshaus immer für einen Drei-Jahresrhythmus festgelegt. Aus diesem Grund kann es zu einem Auseinanderfallen von Visitator und Firmspender kommen. In der Pfarrei St. Pankratius verhielt es sich 2023 dergestalt, dass Weihbischof Zimmermann zwar die Visitation durchführte, allerdings Weihbischof Schepers bei uns der Firmfeier vorstand. An dieser Stelle plädiere ich für eine genauere Abstimmung und ein Zusammenspiel von Visitation und Firmung.

Ein schönes Zeichen wäre es ebenfalls und es würde wohl den genannten Normen und Überlegungen durchaus entsprechen, wenn der Diözesanbischof nicht nur am Beginn und am Ende der Visitation einen Gottesdienst in der Pfarrei feiern würde, sondern er auch im Verlauf der Visitation dem ein oder anderen Werktagsgottesdienst in der Pfarrei vorstehen würde.

Fazit

Die Vertretung des Diözesanbischofs bei der Visitation, auch wenn sie rechtlich möglich ist, erscheint nicht unbedingt sinnvoll. Es würde den Aufgaben, die der Diözesanbischof als Hirte der ihm anvertrauten Herde hat, deutlich mehr entsprechen, wenn er die Visitation der Pfarreien seiner Diözese höchst selbst vornimmt. Hierdurch könnte er einen Einblick bezüglich der Lage in seiner Diözese aus erster Hand erfahren und wäre nicht auf die Berichte anderer angewiesen.[30] Die Vertretung sollte nur das letzte Mittel der Wahl sein und keineswegs die Regel. „Statt sich bei der Visitation vertreten zu lassen, dürfte es – soweit möglich – sinnvoller sein, Vertreter für die Wahrnehmung derjenigen Aufgaben zu benennen, die der Durchführung der Visitation im Wege stehen."[31]

Hinzu kommt, dass dem Diözesanbischof für die Visitation seiner gesamten Diözese vom Gesetzgeber auch eine größere zeitliche Spanne zur Verfügung gestellt wird. Nach c. 396 § 1 CIC sollte er die Diözese zumindest innerhalb von fünf Jahren gänzlich visitiert haben. Dieser Zeitraum deckt sich auch mit dem Zeitraum, in dem der Diözesanbischof den Papst über den Stand seiner Diözese zu informieren hat, wie in c. 399 § 1 CIC festgelegt ist. Wenn der Diözesanbischof nun selbst die Visitation seiner Diözese durchführt, wird es ihm dadurch auch leichter ermöglicht einen akkuraten Quinquennalbericht an den Papst zu formulieren, resp. auszuarbeiten.[32] Er ist dabei dann nicht auf die von anderen selektierte Wahrnehmung angewiesen, sondern kann seine eigenen Beobachtungen und Erfahrungen in diesen Bericht an den Papst einfließen lassen. Aus der Zusammenschau mit diesem Quinquennalbericht und dem Blick in die Praxis der Visitation lassen sich durchaus Anhaltspunkte dafür finden, dass es sich bei der Visitation um eine Aufsichtsmaßnahme handelt, die dem Diözesanbischof Kraft seiner Amtsbezeichnung als *episcopus* schon vom Wortlaut her zukommt.[33]

Allerdings überwiegt bei genauerer Betrachtung doch sehr deutlich die pastorale Ausgestaltung und der Grundgedanke, dass „die Visitation als Ort der Begegnung und der seelsorglichen Sorge"[34] gesehen werden soll.

Wenn es nun den Diözesanbischöfen zukommt, die ihnen anvertrauten Teilkirchen zu leiten,[35] und ihnen als Hirten vorzustehen,[36] dann muss es ihnen schon von diesem Grundgedanken her ein höchstpersönliches Anliegen sein, die Visitationen selbst durchzuführen. Denn nur so können sie einer großen Anzahl von Menschen, deren Hirten sie sind, begegnen und mit ihnen in den Dialog treten.[37]

„Alle Jahre wieder", das trifft zwar nicht auf die einzelnen Pfarreien zu, höchstens man nimmt dabei die Fünfjahresspanne in den Blick. Allerdings sollte die Textzeile jedem Diözesanbischof ein echtes Herzensanliegen sein. Denn in der Visitation steckt die echte Chance menschlicher Begegnung und Nähe, wodurch eine gegenseitige Stärkung in Hoffnung und Glauben geschehen kann.[38]

Anmerkungen

[1] Schmitz, Heribert, Der Diözesanbischof, in: Listl, Joseph; Schmitz, Heribert (Hg.), Handbuch des katholischen Kirchenrechts, Regensburg ²1999, S. 425–442; hier S. 439.

[2] Vgl. Handreichung des Bistums Essen, Visitationen. Informationen zur Vorbereitung und Durchführung von Visitationen vom 02.01.2017 (online: https://www.bistum-essen.de/fileadmin/relaunch/Bilder/Pfarreien_und_Gemeinden/Visitationen/Visitationsordnung.pdf; alle Internetlinks in diesem Beitrag wurden zuletzt abgerufen am 15.04.2024), S. 4.

[3] Vgl. Aymans, Winfried, Kanonisches Recht. Lehrbuch aufgrund des Codex Iuris Canonici, vier Bände, Paderborn 1991–2013, Bd. II. Verfassungs- und Vereinigungsrecht, S. 350. Vgl. so auch Bier, Georg, Kommentar zu c. 396. In: Lüdicke, Klaus (Hg.), Münsterischer Kommentar zum Codex Iuris Canonici unter besonderer Berücksichtigung der Rechtslage in Deutschland, Österreich und der Schweiz, Loseblattwerk, Essen seit 1985, Stand Dezember 1998, S. 3. Vgl. so auch Schmitz, Der Diözesanbischof, S. 439.

[4] Schmitz, Der Diözesanbischof, S. 439.

[5] Bier, Kommentar zu c. 396, in: MK CIC, Rn. 4.

[6] Vgl. II. Vat. Konzil, Dogmatische Konstitution über die Kirche Lumen Gentium, in: Rahner, Karl; Vorgrimmler, Herbert, Kleines Konzilskompendium, Freiburg ³⁵2008, Art. 23

[7] Vgl. LG 23.

[8] Vgl. Schmitz, Der Diözesanbischof, S. 439.

[9] Vgl. Handreichung des Bistums Essen, S 8.

[10] Schmitz, Der Diözesanbischof, S. 439.

[11] Vgl. Aymans, Kanonisches Recht. Bd. II, S. 344–347.

[12] Aymans, Kanonisches Recht. Bd. II, S. 345.

[13] Schmitz, Der Diözesanbischof, S. 435.

[14] Papst Johannes Paul II., Nachsynodales Apostolisches Schreiben Pastores Gregis zum Thema „Der Bischof – Diener des Evangeliums Jesu Christi für die Hoffnung der Welt" vom 16.10.2003, in: VApSt 163, S. 92. Vgl. so auch Aymans, Kanonisches Recht. II, S. 345.

[15] LG 28.

[16] Vgl. LG 27.

[17] Vgl. Aymans, Winfried, Begriff, Aufgabe und Träger des Lehramtes, in: Listl, Joseph; Schmitz, Heribert (Hg.), Handbuch des katholischen Kirchenrechts, Regensburg ²1999, S. 659–669. S.666. Vgl. in Kombination mit Heinemann, Heribert, Die Mitarbeiter und Mitarbeiterinnen des Pfarrers, in: Listl, Joseph; Schmitz, Heribert (Hg.), Handbuch des katholischen Kirchenrechts, Regensburg ²1999, S. 515–528; hier S. 522–523.

[18] CD 23.

[19] Handreichung des Bistums Essen, S. 5 und 6.

[20] Pastores Gregis, S. 91.

[21] An meiner derzeitigen Kaplanstelle in Oberhausen-Osterfeld könnte darunter z. B. auch das sog. „Osterfelder Frühstück" verstanden werden. Ein Vernetzungsgremium von ortsansässigen Akteure, die in dem Stadtteil Osterfeld etwas bewegen wollen und sich austauschen können. In diesem Netzwerk steht ein Pool von Experten zur Verfügung, die zusammen Projekte definieren und direkt deren Umsetzung planen und voranbringen. Beim gemeinsamen allmonatlichen Frühstück werden Ideen und Erfahrungen ausgetauscht und Kontakte geknüpft.

[22] Meier, Dominicus M., Die bischöfliche Visitation als „cura animarum", in: Paarhammer, Hans (Hg.), Deus Caritas., Jakob Mayr. Festgabe 25 Jahre Weihbischof von Salzburg. S. 339–358; hier S. 340. Vgl. so auch II. Vat. Konzil, Dekret über die Hirtenaufgabe der Bischöfe in der Kirche Christus Dominus, in: Rahner, Karl; Vorgrimmler, Herbert, Kleines Konzilskompendium, Freiburg ³⁵2008, Art. 23.

[23] Vgl. Handreichung des Bistums Essen, S. 6 und 7.

[24] Vgl. in diesem Band: Gallegos Sánchez, Und sie bewegen sich doch!

[25] Vgl. Meier, Die bischöfliche Visitation, S. 351–352. Vgl. so auch Pastores Gregis, S. 91.

[26] Aymans, Winfried, Kanonisches Recht. Bd. II. S. 346. Vgl. so auch LG 25 und LG 26.

[27] Vgl. Aymans, KanR II. S. 346–347. Vgl. so auch Müller, Ludger, Begriff, Träger und Ordnung der Liturgie, in: Listl, Joseph; Schmitz, Heribert (Hg.), Handbuch des katholischen Kirchenrechts, Regensburg ²1999, S. 778–786; hier S. 782.

[28] Vgl. Meier, Die bischöfliche Visitation S. 346.

[29] Handreichung des Bistums Essen, S. 5 und 7.

[30] Vgl. Green, Thomas J., Section II: Particular churches and their groupins, in: Corriden, James (Hg.), The Code Of Canon Law. A Text and Commentary. Commissioned by „The Canon Law Society of America", 1985, S. 333.

[31] Bier, Kommentar zu c. 396, in: MK CIC, Rn. 4.
[32] Vgl. Green, Visitation S. 333.
[33] Aymans, Kanonisches Recht. Bd. II, S. 349.
[34] Meier, Die bischöfliche Visitation, S. 339.
[35] Vgl. Schmitz, Der Diözesanbischof, S. 436.
[36] LG 20.
[37] Vgl. Pastores Gregis, S. 91.
[38] Vgl. Meier, Die bischöfliche Visitation, S. 353.

Alles in einer Hand?
Systemische Grenzen beim Umgang mit sexualisierter Gewalt in der Kirche

von Benjamin Vogel

Die katholische Kirche ist eine hierarchische Gesellschaft, in der Letztverantwortung und Leitung auf eine Person konzentriert sind. Das gilt nicht nur für die Universalkirche und den Papst, sondern auch für Diözese und Diözesanbischof. Dieser leitet seine Diözese „mit gesetzgebender, ausführender und richterlicher Gewalt" (c. 391 § 1 CIC).

So wie der Papst bei dieser Aufgabe Unterstützung hat, etwa durch die Römische Kurie als „Instrument des Dienstes für den Nachfolger Petri"[1], verfügt auch der Diözesanbischof über Organe und Gremien, die ihn unterstützen und beraten, z. B. die Diözesankurie (vgl. c. 469 CIC), den Priesterrat (vgl. c. 495 CIC) oder den Pastoralrat (vgl. c. 511 CIC). Dass der Diözesanbischof seine Leitungsgewalt – mit Ausnahme der gesetzgebenden Gewalt – an Auxiliarbischöfe, einen Generalvikar oder einen Gerichtsvikar delegieren kann, schränkt nicht ein, dass er für seine Teilkirche oberster Gesetzgeber, Leiter und Richter ist (vgl. c. 391 § 2 CIC).

Somit gibt es kein System der *checks and balances* und keinen Raum für eine grundlegend demokratische Verfasstheit der römisch-katholischen Kirche. Dass die Konzentration von Leitung, Macht und Verantwortung verheerende Konsequenzen haben kann, wenn ein Diözesanbischof nicht willens oder in der Lage ist, sein Amt in ordentlicher Weise auszuüben, ist in den letzten Jahrzehnten am Umgang mit sexualisierter Gewalt in der Kirche und durch ihre Amtsträger und Mitarbeiter:innen deutlich geworden. Dass Diözesanbischöfe nicht genau genug hinsehen wollten, fatale Fehleinschätzungen getroffen oder gar selbst vertuscht haben, hat das Leid der Betroffenen erhöht und verlängert.

Wie eine Teilkirche mit dieser Situation umgeht, soll am Beispiel der Gremien und Stellen rund um die Bearbeitung von Missbrauchsfällen in der Erzdiözese Freiburg gezeigt werden. Ist der Bischof auf den unterschiedlichen Ebenen beteiligt und liegt alles in seiner Hand oder sind einzelne Schritte ausgelagert, die sich dem bischöflichen Einfluss entziehen? Gibt es gar eine Kontrolle des bischöflichen Handelns vor Ort?[2]

Was in der Hand des Erzbischofs liegt

Im April 2020 haben der Unabhängige Beauftragte für Fragen des sexuellen Missbrauchs und die Deutsche Bischofskonferenz eine „Gemeinsame Erklärung über verbindliche Kriterien und Standards für eine unabhängige Aufarbeitung von sexuellem Missbrauch in der katholischen Kirche in Deutschland" abgegeben.[3] Ablauf und Ergebnisse dieser Aufarbeitung sind transparent zu machen und Betroffene in die Aufarbeitung einzubinden.[4] Für diese Aufgabe werden in den Diözesen Kommissionen eingerichtet, die vom jeweiligen Erzbischof bzw. Bischof berufen werden.[5] Für die Erzdiözese Freiburg hat sich 2021 die sog. „GE-Kommission" konstituiert, die in ihrer Besetzung den Vorgaben der Gemeinsamen Erklärung im Wesentlichen folgt. Ihre Mitglieder werden vom Erzbischof für drei Jahre berufen.[6] Der Erzbischof beruft ebenfalls die Mitglieder des Betroffenenbeirats.[7] Durch die Arbeit dieses Gremiums soll die Perspektive von sexualisierter Gewalt betroffener Menschen in das diözesane Handeln und Reflektieren eingebracht werden. Es ist auch der Erzbischof, der die:den Leiter:in des Rechnungshofs bestellt.[8] Hier soll unabhängig geprüft werden, ob im Bereich der Finanzen und der Verwaltung ordnungsgemäß gehandelt wird. Teil des Rechnungshofs ist die interne Meldestelle, die Hinweise über Verstöße und Fehlverhalten entgegennimmt. Dazu bestellt der Erzbischof auf Vorschlag der Leitung des Rechnungshofs eine Ombudsperson, die dem Erzbischof direkt berichtet.[9] Die „Ordnung für den Umgang mit sexuellem Missbrauch Minderjähriger und schutz- oder hilfebedürftiger Erwachsener durch Kleriker oder sonstige Beschäftigte im kirchlichen Dienst" vom Mai 2022 schreibt vor, dass der Diözesanbischof „fachlich qualifizierte und persönlich geeignete Personen als Ansprechpersonen für Verdachtsfälle sexuellen Missbrauchs"[10] beauftragt. Derzeit nehmen zwei Rechtsanwältinnen diese Aufgabe für die Erzdiözese Freiburg wahr. Auch wenn sie nicht im kirchlichen Dienst stehen, bezahlt die Erzdiözese als Mandantin deren Arbeit. Der OsM Intervention folgend gibt es auch einen ständigen Berater:innenstab für „Fragen des Umgangs mit sexuellem Missbrauch Minderjähriger und schutz- oder hilfebedürftiger Erwachsener"[11]. Dessen Zusammensetzung wurde im Dezember 2023 neu geregelt. Die Mitglieder des Berater:innenstabs werden vom Erzbischof berufen.[12] Neben den genannten Gremien und Beteiligten sind die Koordinationsstelle „Prävention gegen sexualisierte Gewalt" und das Referat für Intervention zu nennen. Da es sich jeweils um bistumsinterne Stellen handelt, ist der Erzbischof Dienstherr der Mitarbeitenden und kann auf deren Auswahl Einfluss nehmen.

Formal liegt also alles in erzbischöflichen Händen. Dabei ist es sachlogisch, dass er als Leiter der Erzdiözese die entsprechenden Mitglieder beruft bzw. bestellt oder beauftragt. Denn der jeweilige Ortsordinarius ist verantwortlich für die Aufarbeitung von Missbrauchsfällen.[13] Nur so verfügen die Beteiligten über das nötige Mandat, ihre Aufgabe auszuführen. Doch bleiben solche u. U. einsamen Entscheidungen problematisch, wenn es an bischöflichem Aufklärungswillen fehlt. Gleichzeitig finden sich bereits jetzt einzelne Bereiche, wo ergänzende Regelungen gelten.

Wo er etwas aus der Hand gibt

Bemerkenswert ist z. B. die Zusammensetzung der GE-Kommission. Sie soll aus sieben Mitgliedern bestehen: Zwei davon sollen aus dem Kreis der Betroffenen stammen, die übrigen sollen „Expert_innen aus Wissenschaft, Fachpraxis, Justiz und öffentlicher Verwaltung sowie Vertreter_innen der (Erz)Diözesen sein."[14] Auch wenn die Mitglieder vom (Erz-)Bischof für drei Jahre berufen werden, ist er bei der Wahl der Mitglieder nicht völlig frei: So macht der Betroffenenbeirat Vorschläge für die Mitglieder aus dem Kreis der Betroffenen und die jeweils zuständige Landesregierung für die Expert:innen.[15] Ob der (Erz-)Bischof an diese Vorschläge gebunden ist, legt die gemeinsame Erklärung nicht fest. Nur jemand von den Expert:innen, die:der nicht zur Gruppe der Betroffenen gehört und nicht in einem kirchlichen Dienstverhältnis steht bzw. stand, kann den Vorsitz der

Kommission innehaben. Somit verfügt die Kommission in Zusammensetzung und Arbeit über eine gewisse Unabhängigkeit. Für den Betroffenenbeirat gibt es ein unabhängiges Gremium, in dem die Vertretung des Ordinariats kein Stimmrecht hat, und das nach einem Auswahlverfahren dem Erzbischof Mitglieder für den Beirat vorschlägt.[16] Auch hier ist nicht geregelt, ob der Erzbischof an diese Vorschläge gebunden ist. Die externen, unabhängigen Ansprechpersonen für Betroffene arbeiten weisungsunabhängig und „dürfen nicht in einem weisungsgebundenen Beschäftigungsverhältnis zum Diözesanbischof stehen"[17]. Weiterhin ist festgelegt, dass nach einem Gespräch mit ihnen ein Protokoll angefertigt wird, das von Betroffenen und Protokollführer:innen unterschrieben wird, und von dem Betroffene eine Kopie bekommen.[18] Daneben muss der Diözesanbischof die Ansprechpersonen über beschlossene Maßnahmen und den Stand der Umsetzung unterrichten, damit diese die Betroffenen darüber informieren können.[19] Das alles sind Schritte, die es erschweren, dass Untersuchungen im Sande verlaufen oder Taten vertuscht werden.

Vor diesem Hintergrund ist auch die Arbeit des Referats für Intervention zu verstehen. Es ist im Büro des Generalvikars angesiedelt und versteht sich ausdrücklich als Stelle der „Vernetzung von externen Ansprechpersonen, Personalverantwortlichen der Erzdiözese und von verschiedenen Personen und Institutionen im Bereich der Betroffenenunterstützung und Prävention".[20] Durch die Koordination und den Austausch soll gewährleistet werden, dass die einzelnen Gremien und Beteiligten nicht einzeln und unabhängig voneinander arbeiten. Vielmehr soll dadurch der Kreis der Personen erweitert werden, die auf die einzelnen Vorgänge schauen und sich dadurch auch wechselseitig als Korrektiv erfahren können. Deutlich wird dieses Anliegen auch in der Aufgabenstellung des Berater:innenstabs[21] sowie dessen Zusammensetzung. Stimmberechtigt sind neben Betroffenen, den unabhängigen Ansprechpersonen und der Leitung der Stelle für Prävention nämlich zwischen drei und sieben unabhängige Personen „mit psychologischem, psychiatrisch-psychotherapeutischem, pastoralem, juristischem […] sowie kirchenrechtlichem Sachverstand und fundierter fachlicher Erfahrung und Kompetenz".[22] Die Bistumsleitung hat nur Gaststatus.[23]

Ausblick

Diese Ansätze sind positiv zu bewerten, weil sie externe und unabhängige Fachexpertise einbinden und für Kommunikation und interne Vernetzung sorgen. Dennoch bleibt der Erzbischof die zentrale handelnde Person, der die Beteiligten beruft, Dienstgeber ist oder die Bezahlung übernimmt. Zwei Vorschläge sollen abschließend Wege aufzeigen, die zu größerer Unabhängigkeit und externer Aufsicht führen könnten.

So könnte der Diözesanbischof die Auswahl der beteiligten Personen strenger regeln. Dort wo es ein Vorschlagsrecht für die Auswahl der Mitglieder gibt, etwa bei der GE-Kommission durch die Landesregierung oder beim Betroffenenbeirat durch das Auswahlgremium, könnte er den vorschlagenden Entitäten ein Veto-Recht einräumen, wo er von deren Vorschlägen abweicht. Wo es ein solches Vorschlagsrecht nicht gibt, beispielsweise bei den unabhängigen Ansprechpersonen oder bei Stellenbesetzungen im Bereich der Intervention und Prävention, könnte er dem Diözesanrat ein Veto-Recht geben.[24] Dieser besteht aus Mitgliedern der Dekanatsräte, der kirchlichen Organisationen und Persönlichkeiten aus Kirche und Gesellschaft. Er ist demokratisch legitimiert und besteht mehrheitlich aus Personen, die nicht in einem Dienstverhältnis mit der Erzdiözese stehen. Nähme der Diözesanrat eine Aufsicht über die Auswahl der beteiligten Personen wahr, wäre zumindest erschwert, dass eine Bistumsleitung Einstellungen vornimmt oder Berufungen ausspricht, an deren Unabhängigkeit oder Eignung Zweifel bestehen.[25]

Ein weitergehender Lösungsansatz wäre die Auslagerung aus dem kirchlichen Einflussbereich durch eine weltliche Stiftung. Die Erzdiözese könnte eine Stiftung bürgerlichen Rechts gründen und das Gründungskapital zur Verfügung stellen. Stiftungen haben eine eigene Rechtspersönlichkeit und sind vom Grundgedanken her auf Ewigkeit angelegt. Eine solche Stiftung könnte dann gemäß ihrem Stiftungszweck unabhängig und losgelöst von kirchlicher Einflussnahme agieren. Im Gegensatz zu einer kirchlichen Stiftung könnte man die Satzung und den Vorstand so konzipieren, dass die Erzdiözese nach der Gründung keinerlei Mitsprache und Verfügungsgewalt mehr hat. Die Stiftung könnte kritisch beobachten, wenn es Personalwechsel im Bereich der Aufarbeitung und Prävention sexualisierter Gewalt gibt. Oder sie könnte für einzelne dieser Stellen ein neutrale Ansprechperson sein, falls Probleme intern nicht aufgearbeitet werden. Würde man die Stiftung mit ausreichend Kapital ausstatten, wäre denkbar, dass sie als Auftraggeberin für die externen, unabhängigen Ansprechpersonen agiert. Auf diese Weise wäre deren Unabhängigkeit in höherem Umfang gegeben.

Wie eingangs geschildert, ist eine Gewaltenteilung, die den Erzbischof und die mit dem Bereich betrauten Mitarbeiter:innen wirksam kontrolliert, aufgrund der hierarchischen Struktur der Kirche nicht möglich. Wenn der Erzbischof Kontrolle zulassen will, geht das nur im Rahmen einer freiwilligen Selbstbeschränkung, die er jederzeit wieder zurücknehmen könnte. Weil es beim Thema „sexualisierte Gewalt" jedoch eine hohe öffentliche Aufmerksamkeit gibt, wäre der Gegenwind sicher stark, würde die Diözese hinter einmal installierte Maßnahmen zurückgehen. Durch die Gründung einer Stiftung bürgerlichen Rechts würde man zudem Fakten schaffen und eine Instanz einrichten, der ein zukünftiger Diözesanbischof zwar die Zusammenarbeit verweigern könnte, auf deren Zusammensetzung, Agieren und auch auf deren Öffentlichkeitsarbeit er jedoch keinen Zugriff hätte.

Die Arbeitsgruppe „Machtstrukturen und Aktenanalyse", die den früheren Umgang mit Fällen sexualisierter Gewalt in der Erzdiözese Freiburg untersucht hat, gibt am Ende ihres Berichts einige abschließende Empfehlungen ab. Als letzten Punkt führt sie auf: „Die diözesanen Führungspersonen unterhalb der episkopalen Ebene [...] sind aufgerufen, die Tätigkeit des Erzbischofs in Missbrauchsangelegenheiten kritisch zu begleiten [...]. Dies sollte durch den Erzbischof nachhaltig gefördert werden."[26] In diesem Geist sind die Erwägungen dieses Beitrags zu verstehen – im Wissen um die Grenzen und Chancen, die der Kirche und ihrem Recht zu eigen sind.

Anmerkungen

[1] Papst Franziskus, Apostolische Konstitution Praedicate Evangelium vom 19.03.2022, in: Com 54 (2022), S. 9–81; dt. VApSt 236, II, 1.
[2] Wie eine universalkirchliche Aufsicht über den diözesanen Umgang mit Fällen von sexualisierter Gewalt derzeit aussieht und wo diese ggf. verbesserungswürdig ist, hängt mit der hier behandelten Frage zusammen. Auch weil in der Vergangenheit Meldepflichten ignoriert wurden, ist der Umgang mit Betroffenen und vermeintlichen Täter:innen vor Ort von entscheidender Bedeutung.

[3] Gemeinsame Erklärung über verbindliche Kriterien und Standards für eine unabhängige Aufarbeitung von sexuellem Missbrauch in der katholischen Kirche in Deutschland des Unabhängigen Beauftragten für Fragen des sexuellen Kindesmissbrauchs und der Deutschen Bischofskonferenz (online: https://beauftragter-missbrauch.de/fileadmin/user_upload/200428_Gemeinsame_Erklaerung_UBSKM_Dt.Bischofskonferenz.pdf; alle Internetlinks in diesem Beitrag wurden zuletzt abgerufen am 15.04.2024), im Folgenden GE.
[4] Vgl. GE 1.1.
[5] Vgl. GE 2.1.
[6] Vgl. GE 2.4.
[7] Vgl. Statut des unabhängigen Betroffenenbeirats in der Erzdiözese Freiburg vom 14.12.2022, § 5, 1 (online: https://www.ebfr.de/media/download/variant/1037867/statut-betroffenenbeirat.pdf.
[8] Vgl. Statut des Rechnungshofs für die Erzdiözese Freiburg vom 15.11.2016, in: Amtsblatt der Erzdiözese Freiburg (29/2016), Nr. 704), zuletzt geändert am 20.07.2023 (Amtsblatt (14/2023), Nr. 137), § 2, 1.
[9] Vgl. Statut des Rechnungshofs, § 8, 2.
[10] Ordnung für den Umgang mit sexuellem Missbrauch Minderjähriger und schutz- oder hilfebedürftiger Erwachsener durch Kleriker oder sonstige Beschäftigte im kirchlichen Dienst (OsM Intervention), Nr. 4, in: Amtsblatt der Erzdiözese Freiburg (11/2022), Nr. 122.
[11] OsM Intervention, Nr. 7.
[12] Vgl. Statut des Ständigen Beraterstabs der Erzdiözese Freiburg in Fragen des Umgangs mit sexuellem Missbrauch Minderjähriger und schutz- oder hilfsbedürftiger Erwachsener, § 4, in: Amtsblatt der Erzdiözese Freiburg (22/2023), Nr. 245.
[13] Vgl. GE 1.1.
[14] GE 2.3.
[15] Vgl. GE 2.4.
[16] Vgl. Statut des Betroffenenbeirats, § 4.
[17] OsM Intervention, Nr. 5. Analog sind die Anforderungen an die berufenen Mitglieder des ständigen Beraterstabs, vgl. Statut des Beraterstabs, § 4, 1 und § 5, 1–2.
[18] Vgl. OsM Intervention, Nr. 23. Analog gilt das auch für das Protokoll der Anhörung einer beschuldigten Person, vgl. OsM Intervention, Nr. 30.
[19] Vgl. OsM Intervention, Nr. 45.
[20] Beschreibung des Referats (online: https://www.ebfr.de/hilfe-beratung/hilfe-und-unterstuetzung-bei-sexualisierter-gewalt/).
[21] Vgl. Statut des Beraterstabs, § 2.
[22] Statut des Beraterstabs, § 3, 1.
[23] Vgl. Statut des Beraterstabs, § 3, 5.

[24] Der Diözesanpastoralrat ist nicht geeignet, weil hier der Erzbischof den Vorsitz hat.

[25] Ob diese Fragen in der Vollversammlung des Diözesanrats Thema sein können oder sich besser ein Ausschuss damit befasst, sei hier offen gehalten. Entscheidend ist die demokratische Wahl und Unabhängigkeit der Mitglieder.

[26] Arbeitsgruppe „Machtstrukturen und Aktenanalyse" der GE-Kommission zur Aufarbeitung sexuellen Missbrauchs in der Erzdiözese Freiburg, Abschlussbericht vom 11.04.2023 (online: https://www.ebfr.de/aufklaerung), S. 576f.

Der Bischof und sein (Geheim-)Archiv

von Nadja Schmitz-Arenst

Etwa in den vergangenen 14 Jahren, also seit Bekanntwerden des Ausmaßes von sexuellem Kindesmissbrauch durch Kleriker und dessen Vertuschung durch Verantwortliche innerhalb der katholischen Kirche, ist ein Themenfeld zunehmend in den Blick gerückt, das lange eher eine geringe Aufmerksamkeit in Theologie und Kirche erhalten hatte: das kirchliche Archivwesen. Insbesondere ist in Bezug auf Missbrauchsfälle von Interesse, wie mit Akten umgegangen wird, die für Betroffene relevante Informationen enthalten.

Anhand von Archiven und den dort gelagerten Informationen zeigt sich, sowohl auf staatlicher, kirchlicher, aber auch privater Ebene, wie eine Einzelperson oder eine Gemeinschaft mit Informationen umgeht, ob und wie sie Transparenz schafft und wer die Kontrolle und Entscheidungsgewalt über Dokumente innehat. Dies ist auf mehreren Ebenen im Bereich der Archive relevant, denn es stellen sich wiederholt die Fragen, wer kontrolliert, was im Archiv überhaupt gelagert wird und was nicht, sowie wer Zugang zu dort gelagerten Informationen erhält. Im Zuge von verschiedenen kulturwissenschaftlichen Diskursen im 20. Jahrhundert, die sich dem Ort und der Bedeutung des Archivs mehr und mehr zuwenden, wird deutlich: Ein Archiv ist keinesfalls ein neutraler Sammlungsort, auf den jederzeit zurückgegriffen werden kann, um „die Wahrheit" herauszufinden, sondern ein Archiv ist vielmehr selbst Ort der Produktion einer Wirklichkeit, die in den meisten Fällen die Wahrnehmung und Wahrheit der Mächtigen widerspiegelt.[1]

Diese Erkenntnisse über Archive lassen sich konsequent auch auf kirchliche Machtverhältnisse und Strukturen übertragen. Angesichts der Gewalt, die jahrzehntelang vielen Minderjährigen im kirchlichen System widerfahren ist, ist es unerlässlich, einen Diskurs über den kirchlichen Umgang mit Informationen zu führen. Oft machen Betroffene von Missbrauch die bittere und verstörende Erfahrung, nicht in Akten hineinschauen zu dürfen, die für sie und ihre individuelle Aufarbeitung des Geschehens sehr wichtig sind. Wie die deutschen Bischöfe mit diesem Themenkomplex bisher umgegangen sind und welche Möglichkeiten sich in Bezug auf Betroffene noch bieten, darum soll es in diesem Beitrag gehen. Da die meisten für die Aufarbeitung von Missbrauchsfällen relevanten Akten auf diözesaner Ebene gelagert wurden bzw. werden, ist es (kirchenrechtlich wenig überraschend) einmal mehr der Diözesanbischof, der in der Pflicht steht, für eine Einhaltung der kirchlichen Gesetze einzutreten und den Betroffenen von Missbrauch in ihren Wünschen nach Informationen und Akteneinsicht entgegenzukommen.[2]

Rechtliche Grundlagen des kirchlichen Archivwesens

Grundsätzlich legt der CIC in ein paar wenigen Canones (cc. 486 bis 491) Normen für kirchliche Archive fest, die entsprechend universalkirchlich Geltung haben. Darüber hinaus haben Bischofskonferenzen die Möglichkeit, Partikularnormen für ihre jeweiligen Gebiete zu verabschieden.[3] Zur genauen Regelung des Archivwesens innerhalb einer Diözese kann außerdem der jeweilige Diözesanbischof einzelne Normen konkretisieren und weitere Regeln zur Verwaltung und Nutzung der Archive festlegen, die sich innerhalb des geltenden Rechts des CIC bewegen müssen.[4] Der Diözesanbischof trägt die Letztverantwortung für die Einhaltung der kirchenrechtlichen Bestimmungen in den Archiven.[5]

Auf diözesaner Ebene sind gemäß den Regelungen des CIC drei verschiedene Arten von Archiven vorgesehen: das Verwaltungsarchiv, also die laufende Registratur verschiedenster Dokumente, das Geheimarchiv und das historische Archiv. Das historische Archiv sammelt und systematisiert Urkunden und Schriftstücke, die für die Diözese von historischer Bedeutung sind (c. 491 § 2 CIC), dazu zählen beispielsweise Nachlässe von Bischöfen, Akten des Generalvikariats bzw. Ordinariats oder Kirchenbücher aus den Pfarreien.[6] Für die Aufarbeitung von Missbrauchsfällen ist das historische Archiv vor allem relevant, weil dort Personalakten verstorbener Priester oder Bischöfe aufzubewahren sind.[7] In der laufenden Registratur finden sich alle aktuell für die Diözese relevanten Akten, darunter auch die für die Aufarbeitung der Missbrauchsfälle besonders relevanten Personalakten sämtlicher Mitarbeiter:innen und Kleriker.

Zusätzlich schreibt der CIC in c. 489 § 1 die Existenz eines diözesanen Geheimarchivs vor. Einen Schlüssel zum Geheimarchiv darf nur der Diözesanbischof besitzen, sodass niemand ohne seine Zustimmung die dort gelagerten Dokumente einsehen kann und möglichst zu allen Zeiten nachvollziehbar bleibt, wer wann Zugang zum Geheimarchiv hatte.[8] Entsprechend den Regeln der Geheimhaltung dürfen dem Geheimarchiv Dokumente nicht einmal für eine kurze Zeitspanne entnommen werden (c. 490 § 3 CIC). Das Geheimarchiv verwahrt alle aus kirchlicher Sicht besonders sensiblen Dokumente. Dazu gehören unter anderem die Akten zu „Strafsachen in Sittlichkeitsverfahren" (c. 489 § 2 CIC). Gemäß der prozessrechtlichen Norm des c. 1719 CIC sind im Geheimarchiv auch die Akten jener kirchenrechtlichen Voruntersuchungen aufzubewahren, die in Fällen von mutmaßlichen Sexualstraftaten regelmäßig durchgeführt werden sollen, sofern diese Voruntersuchungsakten nicht für ein eventuell durchzuführendes Strafverfahren benötigt werden.[9] C. 489 § 2 CIC enthält darüber hinaus eindeutige Kassationsvorschriften für das im Geheimarchiv gelagerte Archivgut, das einmal im Jahr diesbezüglich kontrolliert werden soll. Zu kassieren sind Akten von Strafsachen in den Fällen, in denen entweder der Angeklagte verstorben ist oder seine Verurteilung mindestens zehn Jahre zurückliegt. Vor deren Vernichtung ist eine kurze Zusammenfassung (Tatbestandsbericht) der Fakten anzufertigen, die zusammen mit dem Text des Endurteils aufzubewahren ist.[10] Diese Aufgabe fällt dem Diözesanbischof persönlich zu, da er als einzige Person Zutritt zum Geheimarchiv hat.[11]

Aus den dargestellten Normen ergeben sich einige Folgen für die Betroffenen von sexualisierter Gewalt durch Kleriker. Generell ist eine Akteneinsicht für Betroffene schwierig, denn i. d. R. haben sie keinen Rechtsanspruch auf Einsicht oder Herausgabe von Dokumenten. Die Dokumente, die für sie besonders relevant sind, in kirchenrechtlicher Diktion die Akten von Strafsachen in Sittlichkeitsverfahren und Voruntersuchungsakten, müssen im Geheimarchiv gelagert werden, wo eine Einsicht von Rechts wegen gänzlich ausgeschlossen ist. Auch die Kassation der Akten bei Tod eines Klerikers oder zehn Jahre nach einem Urteil kann die Aufarbeitung, gerade bei Wiederholungstätern, erheblich erschweren.[12] Wie effektiv die Regelungen zur Bewahrung von Informationen gemäß c. 489 § 2 CIC sind, hängt des Weiteren stark vom Willen der jeweils zuständigen

Personen ab (etwa, wie ausführlich ein Tatbestandsbericht letztlich ausfällt).[13] Auch weitere vom Apostolischen Stuhl speziell zum Umgang mit sexualisierter Gewalt erlassene Normen können eine Akteneinsicht für Betroffene erschweren. Seit dem Inkrafttreten des Motu Proprio *Sacramentorum sanctitatis tutela* im Jahr 2001 gilt eine innerkirchliche Pflicht, sämtliche einschlägigen Verdachtsfälle an das Dikasterium für die Glaubenslehre zu melden.[14] Alle Akten, die im Heimatbistum eines potentiell straffällig gewordenen Priesters angelegt wurden, müssen nach Abschluss eines Vorermittlungsverfahrens gemäß c. 1717 CIC unverzüglich dem Dikasterium für die Glaubenslehre übersandt werden[15] – und zwar auch dann, wenn die Voruntersuchung einen Anfangsverdacht nicht erhärtet hat oder wenn der zuständige Diözesanbischof eine Voruntersuchung ausnahmsweise nicht eingeleitet hat.[16] Möglicherweise gibt es Diözesen, die nur eine Kopie der Akte nach Rom senden und das Original aufbewahren oder das Original versenden und lokal eine Kopie verwahren.[17] Diese muss dann aber nach geltendem Recht im Geheimarchiv aufbewahrt werden und ist damit für Betroffene kaum zugänglich. Noch schwerer ist eine Einsicht in Akten, wenn sie sich weit entfernt in vatikanischer Verwaltung und Bearbeitung befinden.

Angesichts dieser Rechtslage, die die Anliegen der Betroffenen kaum in den Blick nimmt, stellt sich die Frage, welche innerkirchlichen Maßnahmen getroffen werden können, um mehr Möglichkeiten sowohl für die institutionelle als auch die individuelle Aufarbeitung zu schaffen. Dabei gibt es zwei Entwicklungen, die hier herausgehoben werden sollen: die Diskussion um den Sinn von Geheimarchiven so wie die von der DBK verabschiedete Personalaktenordnung, die ein Auskunftsrecht für Betroffene enthält.

Geheimarchive – weg damit?

Durch die Beschreibung der aktuellen Rechtslage ist die Herausforderung deutlich geworden, die sich für Betroffene durch die Regelungen des diözesanen Geheimarchivs ergibt. Diese besteht sowohl in der Lagerung der Akten auf eine Weise, die es kaum ermöglicht, Informationen zu erhalten, als auch besonders in der Kassationspflicht von missbrauchsbezogenen Akten. Es ist diesbezüglich bei vielen Bischöfen eine Entwicklung und ein individuelles Umdenken wahrzunehmen, besonders in Bezug auf die Kassationspflicht. Stefan Heße weigerte sich in einem Interview mit Christ&Welt[18] schon 2020, missbrauchsbezogene Akten zu vernichten, und berichtet von Betroffenen, die durch die Vernichtung ihrer Akten überrascht wurden:

> „Es gab den Ritus, die Akten nach zehn Jahren durchzuschauen und zu vernichten. Ich habe das einmal erlebt und mir zunächst noch wenig dabei gedacht. Dann meldete sich zum Gespräch eine Betroffene an. Sie erzählte, was ihr geschehen war. Und sagte: Das haben Sie ja in den Akten. Dann habe ich ihr sagen müssen: Wir haben das nicht mehr in den Akten."[19]

Außerdem gibt er an, dass im Erzbistum Hamburg zur Zeit des Interviews keine Akten vernichtet würden.[20] Auch in der Schweiz ist ein ähnliches Umdenken zu verzeichnen: Nach der Veröffentlichung einer groß angelegten Vorstudie zu Missbrauchsfällen in der schweizerischen katholischen Kirche haben die Bischöfe dort beschlossen, vorerst keinerlei Akten aus den Geheimarchiven mehr zu vernichten. In einer Presseerklärung bei der Veröffentlichung des Gutachtens an der Universität Zürich sagte der Churer Bischof Joseph Bonnemain:

> „In einer schriftlichen Selbstverpflichtung erklären alle kirchlichen Verantwortlichen in der Schweiz an der Spitze von Bistümern, Landeskirchen und Ordensgemeinschaften, keine Akten zu vernichten, die im Zusammenhang mit Missbrauchsfällen stehen oder den Umgang damit dokumentieren. Das bedeutet konkret auch, dass die kirchliche Vorschrift, regelmäßig Akten aus Archiven und Geheimarchiven zu vernichten, nicht mehr angewendet wird."[21]

Auch wenn ein solches Umdenken der Sache nach sicher richtig und angemessen ist, um die Aufarbeitung der Missbrauchsfälle zu ermöglichen, stellt sich dennoch die Frage, wie auf eine generelle Gesetzesänderung in Bezug auf die diözesanen Geheimarchive hingewirkt werden kann. Es ist klar, dass innerhalb des Rechtssystems der katholischen Kirche keine Partizipation an der Gesetzgebung des Papstes vorgesehen ist. Dennoch könnten Bischöfe oder ganze Bischofskonferenzen um Dispensen bitten und in Rom auf Gesetzesänderungen hinwirken. Es wäre zumindest denkbar, dass ein breiterer Diskurs über Geheimarchive angestoßen wird, wenn aus mehreren Ländern eine solche Forderung nach Rom getragen wird oder wenn viele verschiedene Bischöfe immer wieder um Dispensierungen von der Pflicht zur Archivierung von Akten im Geheimarchiv bitten. Durch ein eigenmächtiges Ignorieren der Norm schwächen die Bischöfe hingegen die Rechtskultur, die in der Vergangenheit gerade in Bezug auf Missbrauch besonders mangelhaft war.[22] Um für eine dauerhafte Verbindlichkeit und Rechtssicherheit zu sorgen, wäre es hilfreich, gerade im Sinne einer institutionellen Aufarbeitung der Missbrauchsfälle, die Norm nicht nur abzuschaffen, sondern die Vernichtung von missbrauchsbezogenen Akten, wie bisher vorgesehen, zu verbieten.

Auskunftsrecht in der Personalaktenordnung

Die Deutsche Bischofskonferenz hat, auch als Reaktion auf die Erkenntnisse aus der MHG-Studie und weiteren, von den einzelnen Diözesen in Auftrag gegebenen Gutachten, 2022 eine neue Personalaktenordnung (PAO) verabschiedet, die neben einigen Neuerungen auch ein Auskunftsrecht für Betroffene enthält. In Art. 15 der PAO heißt es:

„(1) Auskünfte an Dritte, aber keine Akteneinsicht, dürfen ohne Einwilligung des Bediensteten erteilt werden, wenn dies zwingend erforderlich ist
a) für die Abwehr einer erheblichen Beeinträchtigung des Gemeinwohls oder
b) für den Schutz berechtigter, höherrangiger Interessen der oder des Dritten.
Inhalt und Empfänger der Auskunft sind dem Bediensteten schriftlich mitzuteilen.
(2) Ein berechtigtes, höherrangiges Interesse an der Kenntnis der als Auskunft zu übermittelnden Daten nach Abs. 1 besteht insbesondere dann, wenn der Dritte glaubhaft macht, dass der Bedienstete Handlungen nach dem 13. Abschnitt des Besonderen Teils des Strafgesetzbuches begangen hat und der Dritte als Betroffener der Straftat oder dessen Angehörige ersten Grades auf

konkrete Anfragen hin Auskunft begehren. Dasselbe gilt für Anfragen zur Plausibilitätsprüfung nach Nr. 20 der Ordnung für den Umgang mit sexuellem Missbrauch Minderjähriger und schutz- oder hilfebedürftiger Erwachsener durch Kleriker und sonstige Beschäftigte im kirchlichen Dienst.
(3) Auf Wunsch des Dritten, welcher ein berechtigtes, höherrangiges Interesse geltend gemacht hat, ist die Auskunft durch einen staatlichen Notar zu erteilen. Dieser ist als Berufsgeheimnisträger in besonderem Maße auf die Einhaltung der Datenschutzbestimmungen und der Achtung der Persönlichkeitsrechte Dritter verpflichtet. Der Notar erhält ein Einsichtsrecht in die die Auskunft betreffenden Unterlagen und erteilt im Anschluss die gewünschte Auskunft."

In diesem Abschnitt wird deutlich, dass Betroffenen durchaus Auskünfte erteilt werden können, die alle relevanten Sexualstraftatbestände betreffen, und dies sogar ohne, dass die Angestellten im kirchlichen Dienst oder Kleriker um Erlaubnis gefragt werden müssen.[23] Dies ist das erste Mal, dass es in der deutschen katholischen Kirche ein für Betroffene festgeschriebenes Recht auf Auskünfte gibt. Leider hat die Norm aber auch erhebliche Schwächen: Es ist vor allem problematisch, dass die Kleriker oder Angestellten den Namen der betroffenen Person erfahren, die eine Information anfragt – dies kann für Betroffene potentiell retraumatisierend wirken, und sie im schlimmsten Fall ganz davon abhalten, sich um Auskünfte zu bemühen.[24] Auch schreibt der Artikel prozedural den Gang über eine:n Notar:in als Berufsgeheimnisträger:in vor, um an die relevanten Teile der Personalakte zu gelangen – ob dies ein für Betroffene gangbarer Weg ist, wird sich in der Zukunft zeigen.[25] Informationen darüber, ob und wenn ja, wie viele Betroffene diesen Weg gegangen sind, liegen aktuell nicht vor.

Ausblick

Im Umgang mit kirchlichen Archiven und Einsichts- sowie Auskunftsrechten für Betroffene hat sich, vor allem auf der Ebene der deutschen und schweizerischen Bischofskonferenzen, in den letzten

Jahren einiges getan. Die Weigerung einiger Bischöfe, die Kassationsvorschriften aus c. 489 § 2 CIC umzusetzen sowie die Festschreibung eines Auskunftsrechts in der PAO zeigen, dass die Lage und Herausforderungen der Betroffenen durchaus von einigen Verantwortlichen gesehen werden. Trotzdem gibt es, vor allem im Vergleich zu anderen Rechtsbereichen, in Bezug auf Archive und die Rechte von Betroffenen einige ungeklärte Fragen, die – wie fast immer auf diözesaner Ebene – im Einzelfall letztlich allein vom Bischof entschieden werden müssen.[26] Dazu zählt zum Beispiel der Umgang mit missbrauchsbezogenen Sonderakten, die in fast allen Bistümern in den letzten Jahrzehnten angelegt wurden. Hier wird je nach Bistum und Fall jeweils einzeln entschieden, ob Akteneinsichten oder Auskünfte gewährt werden können oder nicht. Für die Betroffenen bedeutet dies, sich nicht auf ein festgeschriebenes Recht beziehen zu können und sich so letztlich mit ihrer Anfrage sehr vulnerabel zu machen: Schließlich kann in einem solchen Fall ein mächtiger Kleriker – der Bischof oder eine von ihm bevollmächtigte Person – über ihren berechtigten Wunsch nach Informationen entscheiden. In diesem Sinne zeigt die Auseinandersetzung mit dem kirchlichen Archivwesen und dem Umgang mit Akten nicht nur eine bisweilen eigenwillige und teils mangelhafte Rechtskultur, sondern demonstriert ebenso die Stellung des Bischofs im Kirchenrecht, der seine Diözese „mit gesetzgebender, ausführende und richterlicher Gewalt" (c. 391 § 1 CIC) leitet – und entsprechend über rechtlich nicht eindeutige Fälle alleinige Entscheidungsgewalt hat.

Anmerkungen

[1] Für einen Überblick über die kulturwissenschaftliche Hinwendung zum Archiv als Gegenstand, siehe Horstmann, Anja; Kopp, Vanina: Einleitung, in: Dies. (Hg.), Archiv – Macht – Wissen. Organisation und Konstruktion von Wissen und Wirklichkeiten in Archiven, Frankfurt 2010, S. 11–22 sowie Kessel, Martina, Archiv, Macht, Wissen. Organisieren, Kontrollieren und Zerstören von Wissensbeständen von der Antike bis zur Gegenwart, in: Grau, Marlene u. a. (Hg.), Auskunft – Zeitschrift für Bibliothek, Archiv und Information in Norddeutschland, Bd. 27, Nordhausen 2007, S. 17–46.

[2] Die gesamte Rechtslage zu Archiven der Kirche darzustellen, ist hier nicht möglich. Der Beitrag fokussiert sich daher vor allem auf die diözesane Ebene. Gesamtdarstellungen zur kirchenrechtlichen Regelung von Archiven finden sich

hier: Haering, Stephan: Zur rechtlichen Ordnung des kirchlichen Archivwesens, in: AfkKR 171 (2002), S. 442–457, sowie Schüller, Thomas, Das kirchliche Archivwesen im geltenden kanonischen Recht, in: Neuheuser, Hanns Peter (Hg.), Pragmatische Quellen der kirchlichen Rechtsgeschichte, Köln 2011 (= Rechtsgeschichtliche Schriften; 28), S. 309–334.

[3] Dies hat die DBK 2015 mit der Kirchlichen Archivordnung (KAO) getan, vgl. Verband der Diözesen Deutschlands: Anordnung über die Sicherung und Nutzung der Archive der katholischen Kirche (Kirchliche Archivordnung – KAO), in: Sekretariat der Deutschen Bischofskonferenz (Hg.), Anhang: Dokumente zum kirchlichen Archivwesen für die Hand des Praktikers, Bonn 2016 (= Arbeitshilfen; 142).

[4] Da die Normen des CIC nicht sonderlich detailreich gestaltet sind, sind genauere Regelungen und u. U. auch die Übertragung von bestimmten Aufgaben an archivarisches Personal unverzichtbar.

[5] Vgl. Bier, Georg: Kommentar zu c. 486, in: Lüdicke, Klaus (Hg.), Münsterscher Kommentar zum Codex Iuris Canonici, unter besonderer Berücksichtigung der Rechtslage in Deutschland, Österreich und der Schweiz, Loseblattwerk, Essen seit 1985, Stand Dezember 1999, Rn. 3.

[6] Vgl. Scheiper, Jessica: Transparenz oder Geheimarchive?, in: Feinschwarz. Theologisches Feuilleton. (online: feinschwarz.net/transparenz-oder-geheimarchive, veröffentlicht am 04.05.2021; alle Internetlinks in diesem Beitrag wurden zuletzt abgerufen am 15.04.2024).

[7] Vgl. Schüller, Thomas: Kirchliche Archive als Orte kirchlichen Gedächtnisses, aber auch der Vertuschung von sexualisierter Gewalt, in: Unabhängige Kommission zur Aufarbeitung sexuellen Kindesmissbrauchs (Hg.), Aufarbeitung, Akten, Archive – zum Umgang mit sensiblen Dokumenten. Tagungsband, Berlin 2023, S. 49.

[8] Vgl. Bier, Georg: Kommentar zu c. 490, in: Lüdicke, Klaus (Hg.), Münsterscher Kommentar zum Codex Iuris Canonici, unter besonderer Berücksichtigung der Rechtslage in Deutschland, Österreich und der Schweiz, Loseblattwerk, Essen seit 1985, Stand Dezember 1999.

[9] Vgl. Lüdicke, Kommentar zu c. 1719, in: Lüdicke, Klaus (Hg.), Münsterscher Kommentar zum Codex Iuris Canonici, unter besonderer Berücksichtigung der Rechtslage in Deutschland, Österreich und der Schweiz, Loseblattwerk, Essen seit 1985, Stand Dezember 2003, Rn. 3.

[10] Vgl. Bier, Georg: Kommentar zu c. 490, in: Lüdicke, Klaus (Hg.), Münsterscher Kommentar zum Codex Iuris Canonici, unter besonderer Berücksichtigung der Rechtslage in Deutschland, Österreich und der Schweiz, Loseblattwerk, Essen seit 1985, Stand Dezember 1999, Rn. 4 sowie Schüller, Archivwesen, S. 322.

[11] Vgl. Schüller, Archivwesen, S. 322.

[12] Vgl. Scheiper, Jessica: c. 489 §§ 1–2, in: Kanon des Monats (online: https://www.theologie.uni-wuerzburg.de/institute-lehrstuehle/prak/lehrstuhl-fuer-kirchenrecht/kanon-des-monats/).

[13] Vgl. ebd.

[14] Vgl. Papst Johannes Paul II.: Motu Proprio Sacramentorum sanctatis tutela vom 30.04.2001, in: AAS 93 (2001), S. 737–739; dt. AfkKR 170 (2001), S. 144–147 sowie die dazugehörigen Normae.

[15] Vgl. Art. 22 § 1 Normae/2001 und Art. 26 § 1 Normae/2010.

[16] Vgl. ebd., sowie Nr. 69 bis 75 im Vademecum des Glaubensdikasteriums. Vgl. Dikasterium für die Glaubenslehre: Vademecum zu einigen Fragen in den Verfahren zur Behandlung von Fällen sexuellen Missbrauchs durch Kleriker. Version 2.0 vom 05.06.2022, (online: https://www.vatican.va/roman_curia/congregations/cfaith/ddf/rc_ddf_doc_20220605_vademecum-casi-abuso-2.0_ge.html).

[17] Vgl. Anuth, Bernhard: Kirchenschutz vor Kinderschutz? Eine kirchenstraf- und verfahrensrechtliche Problemanzeige zum Umgang mit sexuellem Missbrauch Minderjähriger durch Kleriker, in: Hilpert, Konrad; Leimgruber, Stephan; Sautermeister, Jochen; Werner, Gunda (Hg.): Sexueller Missbrauch von Kindern und Jugendlichen im Raum von Kirche. Analysen – Bilanzierungen – Perspektiven, Freiburg u. a. 2020 (= QD; 309), S. 139.

[18] Vgl. Löbbert, Raoul; Löwisch, Georg: Haben Sie Angst um Ihr Amt? Erschienen in Christ&Welt, Beilage zur DIE ZEIT Nr. 40/2020 vom 23.09.2020 (online: https://www.zeit.de/2020/40/stefan-hesse-missbrauchsfaelle-vertuschung-katholische-kirche/komplettansicht).

[19] Ebd.

[20] Ebd.

[21] Aussage von Bonnemain bei Minute 59:43 bei der Medienkonferenz „Sexueller Missbrauch im Umfeld der katholischen Kirche der Schweiz", YouTube-Video, (online: https://www.youtube.com/watch?v=AUy3aBeS3tA&t=3576s).

[22] Auch in Bezug auf den Umgang mit Archiven und Aktenführung wurde von der MHG-Studie sowie fast allen von den Diözesen in Auftrag gegebenen Missbrauchsgutachten eine mangelnde Rechtskultur scharf kritisiert. Die Aktenführung in fast allen deutschen Diözesen war intransparent, heterogen und hat nicht einem modernen Standard entsprochen. In vielen Fällen konnte eine willentliche Zerstörung von Aktenmaterial nicht ausgeschlossen werden. Vgl. Dreßing, Harald u. a.: Sexueller Missbrauch an Minderjährigen durch katholische Priester, Diakone und männliche Ordensangehörige im Bereich der Deutschen Bischofskonferenz, 2018 (online: https://www.dbk.de/fileadmin/redaktion/diverse_downloads/dossiers_2018/MHG-Studie-gesamt.pdf), S. 37f. sowie Arbeitsgruppe „Machtstrukturen und Aktenanalyse" der GE-Kommission zur Aufarbeitung sexuellen Missbrauchs in der Erzdiözese Freiburg, Abschlussbericht vom 11.04.2023 (online: https://www.ebfr.de/ aufklaerung), S. 227–234. Vgl. zur Problematik mangelnder Rechtskultur auch in diesem Band: Gallegos Sánchez, Und sie bewegen sich doch!

[23] Dieses Auskunftsrecht bezieht sich nur auf die Personalakten, nicht aber auf zu Missbrauchsfällen angelegte Sonderakten. Es wäre im Interesse der Betroffenen,

wenn die DBK auch für solche Akten eindeutige Regelungen zu Einsichts- bzw. Auskunftsrechten einführen würde.

[24] Vgl. Schüller, Archive, S. 53.

[25] Vgl. ebd. Es stellt sich neben dem organisatorischen Aufwand hier vor allem die Frage nach der Finanzierung eines solchen Vorhabens. Eine:n Notar:in mit etwas zu beauftragen, kostet i. d. R. verhältnismäßig viel Geld, das vielleicht nicht alle Betroffenen aufbringen können oder wollen.

[26] Die meisten Bischöfe werden in solchen Fragen sicherlich von engen Mitarbeitenden beraten, die Entscheidungsgewalt liegt aber letztlich allein bei ihnen.

Der Bischof und die Universität
Kanonistische Anmerkungen zum Rechtsverhältnis des Diözesanbischofs zu einer katholisch-theologischen Fakultät

von Thomas Neumann

1. Einleitung – Universität und Glauben

Was hat ein Bischof mit einer Universität[1] zu tun? Als Mitglied einer katholisch-theologischen Fakultät an einer staatlichen Universität scheinen im Innenverhältnis Fragen über die Beziehung zum Diözesanbischof eher nachgeordnet zu sein. Vielmehr liegt es nahe über die Forschungs- und Lehrfreiheit gemäß Art. 5 Abs. 3 GG und § 4 HG NRW oder die Ausgestaltung von Forschungsvorhaben durch Drittmittelanträge im Sinne der strategischen Ziele der gesamten Universität[2] nachzudenken. Von der Außenperspektive erscheint es wiederum sachlogisch, von einer Beziehung zwischen dem Diözesanbischof und der Universität auszugehen: Ein erster Hinweis ist das Anhörungsrecht des Bischofs bei Berufungen von Hochschullehrer:innen bezüglich ihrer Lehre und ihres Lebenswandels und das damit verbundene Beanstandungsrecht, auf das u. a. im Reichkonkordat (RK) in Art. 19 i. V. m. Art. 12 Preußen Konkordat (PK) samt Schlussprotokoll verwiesen wird. Ein zweiter Punkt ist die Tatsache, dass die katholisch-theologischen Fakultäten der wissenschaftlichen Vorbildung der Geistlichen dienen.[3] Diese konkordatsrechtliche Verortung der katholisch-theologischen Fakultäten weist auf ihren besonderen Ort zwischen Wissenschaftsfreiheit (Art. 5 Abs. 3 GG), Religionsfreiheit (Art. 4 GG) und der weltanschaulich-religiösen Neutralität des Staates hin. Heckel fasst dieses komplexe normative Geflecht folgendermaßen zusammen:

> „Als Glaubenswissenschaft ist katholische Theologie nach Maßgabe katholischer Lehre in enger Gemeinschaft mit dem Leitungsamt der Kirche auszuüben. Das katholische Bekenntnis bestimmt die theologische Arbeit und legt die Prüfmaßstäbe fest."[4]

Der Wissenschaftsrat verweist in seinen Empfehlungen zur Weiterentwicklung der Theologien an deutschen Hochschulen[5] auf den zentralen Gegenstand der Debatte über die Rolle des Diözesanbischofs respektive der katholischen Kirche im Verhältnis zur Universität:

> „Konfliktpotenzial birgt die Beteiligung der Kirchen an der Habilitation und der Berufung. Professoren und Professorinnen an theologischen Fakultäten und Instituten haben ein Staatsamt inne, das aber kirchlich gebunden ist. Folgerichtig dürfen die Kirchen Lehre und Lebenswandel des Bewerbers bzw. der Bewerberin prüfen und gegebenenfalls beanstanden, nicht aber Einwände gegen die wissenschaftliche oder pädagogische Qualifikation erheben."[6]

In diesem Beitrag soll daher die Rolle des Diözesanbischofs, in dessen Jurisdiktionsbereich eine katholisch-theologische Fakultät an einer staatlichen Universität in NRW existiert, in diesem komplexen normativen Beziehungsgeflecht beleuchtet werden. Dafür werden zunächst die codikarischen Pflichten des Diözesanbischofs im Hinblick auf Hochschulen analysiert, um sie dann in das normative Geflecht staatlicher und kirchlicher Normen einzuordnen. Es folgt ein rechtshistorisches Kapitel, in dem den Ursprüngen der bischöflichen Rolle gegenüber und in Universitäten nachgegangen wird. Abschließend stehen die geltenden Rechte des Diözesanbischofs gegenüber einer katholisch-theologischen Fakultät an einer staatlichen Universität im Fokus, im Besonderen seine Befugnis, die Lehrerlaubnis zu verleihen.

2. Die codikarischen Rechte und Pflichten des Diözesanbischofs im Hinblick auf den Verkündigungsdienst an Universitäten

Das Verhältnis des Diözesanbischofs zu einer katholisch-theologischen Fakultät an einer staatlichen Universität erschöpft sich keineswegs in der Mitwirkung bei der Berufung von Hochschullehrern. Der kirchliche Gesetzgeber fasst die Rolle des Bischofs in c. 386 CIC/1983 bezüglich seiner Rechte und Pflichten im Bereich des Verkündigungsdienstes *(munus docendi)* allgemeiner:

„§ 1. Der Diözesanbischof ist gehalten, die Glaubenswahrheiten, die gläubig anzunehmen und die im sittlichen Leben anzuwenden sind, den Gläubigen darzulegen und zu verdeutlichen, indem er selbst oft predigt; er hat auch dafür zu sorgen, daß die Vorschriften der Canones über den Dienst am Wort, vor allem über die Homilie und die katechetische Unterweisung, sorgfältig befolgt werden, damit so die ganze christliche Glaubenslehre allen überliefert wird.
§ 2. Die Unversehrtheit und Einheit der Glaubenslehre hat er mit Mitteln, die ihm geeignet scheinen, in fester Haltung zu schützen, in Anerkennung jedoch einer gerechten Freiheit für die weitere Erforschung der Wahrheiten."

Die katholischen Universitäten und die kirchlichen Universitäten und Fakultäten fallen unter den Verkündigungsdienst der Kirche durch ihren rechtssystematischen Ort im dritten Buch des CIC/1983 über den Verkündigungsdienst. Sie finden jedoch keine explizite Erwähnung in c. 386 CIC/1983.

Der erste Paragraf bezieht sich auf die aktive Rolle des Diözesanbischofs in Teilen des dritten Buches: Die Verkündigung von Glaubenswahrheiten (cc. 747–755 CIC/1983); den Dienst am Wort Gottes (cc. 756–780 CIC/1983) und hierin explizit die Predigt (cc. 762–772 CIC/1983) und die katechetische Unterweisung (cc. 773–780 CIC/1983).[7] In der Reformphase des CIC verweist der *secretarius adiunctus* explizit darauf, dass jener Canon grundsätzlich den gesamten Bereich des *munus docendi* des Diözesanbischofs abdecken solle. Speziellere Regelungen würden dann in einem gesonderten Titel über das Lehramt der Kirche erfolgen.[8] Diese Passage aus der Textgeschichte führt zu einer widersprüchlichen Auslegung, denn dem Wortlaut nach, ist c. 386 CIC/1983 in Bezug auf den *munus docendi* des Diözesanbischofs offensichtlich unvollständig.[9] Die Auffassung der Konsultoren legt jedoch nahe, dass im entsprechenden Canon alle Titel des dritten Buches abgedeckt seien. Der Widerspruch lässt sich dahingehend auflösen, dass in § 1 ausschließlich die aktive Rolle des Diözesanbischofs als authentischem Inhaber des *magisteriums*, Prediger und Katechet behandelt wird. § 2 wiederum rekurriert auf seine Wächterrolle, also eine eher passive Position, die ihm im Hinblick auf die katholische Erziehung und vor allem die Universitäten zukommt. Gestützt wird diese Interpretation durch die Verwendung der Prädikate in § 1 in aktiver Form, hingegen wird in § 2 ein Deponens genutzt. Diese Unterscheidung in eine aktive und passive Rolle des Diözesanbischofs beruht auf der Prämisse eines wesentlichen Unterschieds zwischen den einzelnen Titeln des dritten Buches: So sei wahre Verkündigung im Sinne der Weitergabe des Evangeliums im Lehramt, der Predigt und Katechese zu verorten, während es sich bei der universitären Theologie um eine andere Art des *munus docendi* handele. Diese Differenz kann durch den Verweis auf den Ausspruch Anselms von Canterbury „fides quaerens intellectum" verdeutlicht werden, denn Theologie ist demgemäß primär Wissenschaft.[10] Folglich hat die Theologie am Raum der Autonomie der zeitlichen Realitäten – sprich der staatlichen Freiheitsrechte – Anteil.[11] Verkündigung und Wissenschaft sind jedoch nicht gänzlich unverbunden, sondern die Reflexion über die anvertraute Offenbarung und der Dialog mit der Kultur jeder Epoche sind hinreichende Voraussetzungen für die Verkündigung.[12]

Rückbezogen auf die beiden Paragrafen des c. 386 CIC/1983 ergibt sich für die Auslegung, dass § 1 die hierarchische Tätigkeit der Verkündigung zum Gegenstand hat und § 2 sich mit der auf der Grundlage von c. 229 § 3 CIC/1983 dezidiert nicht der Hierarchie zukommenden Theologie auseinandersetzt. Sodann sind die cc. 810 und 812 CIC/1983 als Spezialnormen zu c. 386 § 2 CIC/1983 anzusehen.[13] Demgemäß beruht die Befähigung zu Lehre und Forschung in der Theologie nicht auf einem Anteil an einer spezifisch hierarchischen Aufgabe, sondern ergibt sich allein aus der Person des Lehrenden, womit Hochschullehrer:innen nicht aufgrund eines hierarchischen Auftrags eine eigentlich den geweihten Amtsträgern zukommende Aufgabe erfüllen.[14]

Dementsprechend ist für die Wächterfunktion des Diözesanbischofs nicht nur die Bewahrung der Wahrheit gegenständlich, sondern ebenso die gerechte Freiheit der Forschung und die Hochschulautonomie. Die gerechte Freiheit bestimmt sich primär gemäß c. 218 CIC/1983, wobei es zu beachten gilt, dass die Grenze der Freiheit dort liegt, wo das Lehramt eine definitive Entscheidung gefällt hat. Keinesfalls sollte der Diözesanbischof jedoch Themen als definitiv feststehend erklären, in denen sich die Expert:innen uneins sind.[15] Die Hochschulautonomie als zweiter zu berücksichtigender

Faktor wird gemeinhin als Garant für die Suche nach der Wahrheit aufgefasst.[16] Der Diözesanbischof hat also für die Ausübung seiner in c. 386 § 2 CIC/1983 normierten Pflicht, die Bewahrung der kirchlichen Lehre, immer mit der gerechten Freiheit der Forschung und der Hochschulautonomie so abzuwägen, dass alle Rechte möglichst optimal zur Geltung kommen.

3. Nicht der Codex allein! – das komplexe hochschulrechtliche Normengeflecht

Soweit das codikarische Recht. Was ist aber mit dem staatlichem Hochschulrecht?

„Theologische Fakultäten und Institute der Universität sind staatliche Institutionen im Rahmen und in den Grenzen der Staatsverfassung, errichtet auf staatlicher Rechtsgrundlage durch die staatliche Organisationsgewalt, beschränkt auf ihre staatlichen Kompetenzen: Durch ihre Forschung, Lehre, Prüfung und Selbstverwaltung üben sie als staatliche Einrichtungen kraft staatlicher Kompetenz genuin staatliche Funktionen der Kulturpflege aus."[17]

Dieser Feststellung Heckels folgend scheinen allein die staatlichen Normen einschlägig zu sein. Das wäre aber nur die eine Hälfte der Wahrheit, denn aufgrund des grundrechtlich verankerten Selbstbestimmungsrechts der Kirchen in Art. 140 GG i. V. m. Art. 137 Abs. 3 WRV gilt ebenso dem Bundesverfassungsgericht folgend:

„Aber das Selbstbestimmungsrecht ist noch grundsätzlicher betroffen. Wenn der Staat sich entschließt, an seinen Universitäten Theologie als bekenntnisgebundene Glaubenswissenschaft zu lehren, dann werden die Glaubenswahrheiten Gegenstand (staatlicher) universitärer Lehre. Das Nachdenken über Glaubensinhalte und die Weiterentwicklung von Glaubenssätzen erfolgt dann in großem Umfang im Rahmen solcher Fakultäten, die damit für das kirchliche Leben einschließlich der Verkündigung der Glaubenslehre als dessen Kern eine zentrale Stellung einnehmen."[18]

Unter zwingender Berücksichtigung des Selbstbestimmungsrechts der Kirchen sind auch die kirchlichen hochschulrechtlichen Normen zu berücksichtigen. Im Rahmen der Analyse von c. 386 CIC/1983 ist bereits angeklungen, dass es spezialrechtliche Regelungen im dritten Buch des Codex *De Ecclesiae munere docendi* gibt. Konkret für die kirchlichen Fakultäten, zu denen die katholisch-theologischen Fakultäten an staatlichen Universitäten in Deutschland zählen, die cc. 815–821 CIC/1983 sowie durch Normverweis in c. 818, die cc. 810, 812 und 813 CIC/1983. Darüber hinaus ist das außercodikarische kirchliche Hochschulrecht zu beachten, die Apostolische Konstitution *Veritatis Gaudium* (VG) vom 08.12.2017 mit den dazugehörigen Ordinationes der damalig so genannten Kongregation für das katholische Bildungswesen (OrdVG).[19] Die Normhierarchie zwischen dem Codex und den entsprechenden Apostolischen Konstitutionen ist umstritten, jedoch für die korrekte Auslegung der Normen notwendig zu bestimmen, da es nicht unerhebliche Differenzen zwischen dem Codex und den außercodikarischen Regelungen der ApK gibt.[20] Neben den innerkirchlichen Normen, da das Hochschulwesen eine klassische *res mixta* des Religionsverfassungsrechts ist, gilt es auch die konkordatären Regelungen zu beachten. Der kirchliche Gesetzgeber verweist selbst in Art. 8 VG auf die notwendige Beachtung der bilateralen und multilateralen Verträge, die der Heilige Stuhl abgeschlossen hat.[21] Für Deutschland – und konkret NRW – sind dies Art. 19 RK samt Schlussprotokoll demgemäß primär die konkordatären Regelungen anzuwenden sind und subsidiär die kirchlichen Normen.[22] Über den fortgeltenden Art. 12 Abs. 1 PK ist zudem das statutarische Recht der Universitäten selbst zu berücksichtigen. Ein Verweis auf das kirchliche Hochschulrecht fehlt, allerdings wurde das PK vor dem Erlass der ApK *Deus Scientarum Dominus* (DScD) 1931 abgeschlossen. Ein Verweis auf das Hochschulrecht des CIC/1917 (cc. 1372–1383) wäre dennoch möglich gewesen, ist aber nicht erfolgt. Weiterhin ist konkordatsrechtlich der Vertrag zwischen dem Land Nordrhein-Westfalen und dem Heiligen Stuhl vom 26.03.1984 zu beachten.[23]

Gemäß den konkordatären Regelungen lässt sich folgende Normhierarchie konstruieren: Primär sind die in den Konkordaten selbst enthaltenen Regelungen. An zweiter Stelle stehen die staatlichen hochschulrechtlichen Normen, konkret das Hochschulrahmengesetz des Bundes und das Hochschulgesetz des Landes NRW. Dem folgen die statutarischen Regelungen der Universitäten selbst. Dieser Normenkomplex bildet den Rahmen der für alle geltenden Gesetze des in Art. 140 GG i. V. m. Art. 137 Abs. 3 WRV verbürgten Selbstbestimmungerechtes der Religionsgemeinschaften. D. h. die innerkirchlichen Normen (CIC und ApK) können nur im Einklang mit den staatlichen Normen Anwendung finden, gelten daher nur subsidiär.[24] Diese subsidiäre Geltung ist zusätzlich begründet im Verweis des Konkordatsrechts auf das kirchliche Hochschulrecht, dem Vorrang des Konkordatsrechts vor dem codikarischen Recht gemäß c. 3 CIC/1983 und dem ausdrücklichem Konkordatsvorbehalt in Art. 8 VG sowie den Absätzen 2 und 3 des Akkommodationsdekretes I.[25] Die Akkommodationsdekrete zwischen der Bildungskongregation bzw. dem Dikasterium für Kultur und Bildung und der Deutschen Bischofskonferenz sind der rechtliche Weg den Umfang der subsidiären Anwendung des kirchlichen Hochschulrechts auszugestalten. Im Akkommodationsdekret I wird bestimmt, dass erstens die katholisch-theologischen Fakultäten vom Apostolischen Stuhl anerkannte kirchliche Fakultäten[26] sind und sich weiterhin die Organisationsstruktur der Fakultäten ausschließlich nach dem staatlichen und universitären Recht bestimmt.[27]

Der maßgebliche Interpretationsrahmen für die staatlichen wie auch die kirchlichen hochschulrechtlichen Normen ist demgemäß die Konformität mit den verfassungsrechtlichen Normen Art. 4 GG, 5 Abs. 3 GG, 140 GG i. V. m. 137 Abs. 1 und 3 WRV.[28] D. h. im Konfliktfall ist diese Normenhierarchie und dieser Interpretationsrahmen zu berücksichtigen. Rein binnenkirchliche Normen, die der Verfassung oder der geltenden Rechtslage (Konkordate, Akkommodationsdekrete, staatliches Hochschulrecht) widersprechen, können nicht ohne weiteres zur Anwendung gelangen.[29]

4. Der *magnus cancellarius* als die zuständige Autorität

Codikarisch sind für die Berufung und die Erteilung der Lehrerlaubnis die cc. 810 § 1 und 812, sowie als Verweisnorm für die kirchlichen Fakultäten c. 818 CIC/1983 einschlägig. Nun weist der kirchliche Gesetzgeber in diesen Normen aber nicht direkt dem Diözesanbischof diese Kompetenzen zu, sondern dem Wortlaut nach der zuständigen Autorität. Diese wird nicht im Codex definiert, sondern ergibt sich aus dem kirchlichen Hochschulrecht, konkret vor allem aus Art. 12 und 13 VG, nämlich der *magnus cancellarius*.[30] Dieser ist die der Fakultät nächststehende hierarchische Autorität und hat als solche eigengeprägte rechtliche Beziehungen zur Fakultät.[31] „Der magnus cancellarius ist sowohl Repräsentant des Hl. Stuhls wie auch Repräsentant der Hochschule, gehört jedoch keinem von beiden selbst an, sondern bildet gleichsam das Band, das beide miteinander verbindet."[32]

I. d. R. ist der zuständige Ortsordinarius gemäß c. 134 § 2 CIC/1983 der *magnus cancellarius*.[33] Das deutsche Konkordatsrecht erlaube gemäß Akkommodationsdekret nicht die Bestellung eines *magnus cancellarius* an den katholisch-theologischen Fakultäten an staatlichen Universitäten, faktisch nimmt aber der Diözesanbischof kraft Konkordatsrecht die wesentlichen Pflichten des *magnus cancellarius* wahr.[34]

4.1 Der *magnus cancellarius* – historisch

Die historisch erste umfassende universalrechtliche Ordnung des kirchlichen Hochschulrechts erfolgt im 20. Jahrhundert durch die ApK DScD 1931.[35] In diesem Gesetz werden auch die Kompetenzen des *magnus cancellarius* geregelt. Hier erscheint er noch als eine der hauptsächlichen akademischen Behörden, die die Universität leiten.[36] Keineswegs hat der kirchliche Gesetzgeber 1931 das Amt des *magnus cancellarius* erfunden, sondern auf das Amt des Kanzlers, welches seit dem 12. bzw. 13. Jahrhundert an Universitäten bestand, zurückgegriffen. Eine umfassende Geschichte des Amtes des Kanzlers gibt es bis dato noch nicht.[37] Dieser Beitrag soll auch nicht eine solche umfassende Geschichte des Amtes liefern, sondern im Hinblick auf die wesentliche Konstruktion des Amtes die historischen Normen erhellen, um aktuelle Problemfelder in einem neuen Licht betrachten zu können.

Die Quellenlage ist sehr dünn, vor dem 14. bzw. 15. Jh. finden sich entsprechende Universitätsstatuten, die Regelungen über den Kanzler enthalten, nur fragmentarisch.[38] Die Universitäten entstehen im 12. Jahrhundert als ein Produkt des christlichen Westens und zwar nicht nur in ihrer Organisationsform, sondern auch bezüglich ihrer Privilegien und ihres Schutzes, die sie vom Königtum, aber vor allem auch vom Papsttum erhalten.[39] Zur Magna Charta der Universitäten entwickelt sich ihre Privilegierung durch die Bulle *Parens scientarum Dominus* Papst Gregors IX. vom 13.04.1231.[40] Der Papst regelt in dieser Bulle auch umfassend und nahezu abschließend die Rechte des Kanzlers, der keineswegs mit dem territorial zuständigen Bischof identisch sein muss.

Für das angemessene Verständnis dieser Regelungen ist vor ihrer Analyse zwingend der geistig-kulturelle Kontext des 12. und 13. Jahrhunderts zu berücksichtigen. Die Universität gilt im Mittelalter vor allem als ein Raum eigenen Rechts, unabhängig von den weltlichen und kirchlichen Obödienzen.[41] Das entsprechende mittelalterliche Verständnis von Freiheit bedeutet für die Universitäten, dass sie selbst ihre Regeln bestimmen, eigenständig ihre Mitglieder aufnehmen oder gegebenenfalls ausschließen und ihnen die judikative Gewalt zukommt, Verstöße gegen ihre eigenen Regeln zu sanktionieren.[42] Der Begriff Universität leitet sich vom lateinischen *universitas* ab, dem rechtlichen Zusammenschluss mehrerer Personen mit universalen Rechten und Schutzgarantien.[43] So verkörpert das *studium* (in der *universitas*) die eigentliche autonome geistige Gewalt des Mittelalters neben dem *sacerdotium* und dem *regnum*.[44]

Die Universität war das Sinnbild der Freiheit von anderen staatlichen und kirchlichen Obödienzen. Und in diesem geistig-kulturellen Kontext privilegieren die Päpste die Universitäten, d. h. sie stärken ihre Freiheiten. Freiheit ist der maßgebliche Leseschlüssel.

Konkret schmälern die Päpste mit der Unterstützung der Universitäten die Aufsichtsrechte der lokalen Geistlichkeit, wie sie etwa an den Domschulen in Übung waren.[45] Weiterhin erhalten die universitären Abschlüsse durch die päpstliche Legitimation universale Geltung[46], d. h. es war vollkommen unerheblich ob ein Abschluss in Paris, Bologna oder Prag abgelegt wurde, er war überall anerkannt. Denn der Papst selbst ist es, in dessen Namen alle akademischen Grade verliehen werden.[47] Damit verbunden ist die durch den Papst verliehene und garantierte *licentia ubique docendi*.[48] Diese bedeutet, dass nicht nur die Abschlüsse überall anerkannt wurden, sondern auch, dass diejenigen, die eine Befugnis zur Lehre erhielten, überall auf der gesamten bekannten Welt die Lizenz zum Lehren hatten. Die Päpste verfolgen mit diesem Programm eine dreifache Intention: 1. Die Sicherung einer rational einsichtigen Doktrin im Widerstreit der unterschiedlichen Lehren; 2. Die Stärkung der päpstlichen Zentralgewalt gegenüber weltlichen Machtansprüchen und regionalen Feudalinteressen; 3. Die Rekrutierung eines für die Umsetzung der vorgenannten Interessen erforderlichen Kaders an kurialen Beamten.[49]

In dieser Konstellation ist der Kanzler Leitungsorgan der Universität aber auch Repräsentant des Papstes *(commissarius papae)*.[50] Der ehemalige Kanzler der Universität Paris Gautier de Chateau-Thierry umschreibt die Funktion des Kanzlers folgendermaßen: „Magistris comissas esse [...] claves scientiae a domino Papa, vel a Cancellario Parisiensi ex ordinatione domini Pape, ad aperiendum thesaurum sapentie."[51]

Dem Kanzler kommen konkret fünf Rechte zu: 1. Die Verleihung der *licentia docendi*; 2. Die Untersuchung der Kandidaten vor der Examinierung zum Magister hinsichtlich Glaube und Lebensführung; 3. Eine finanzielle Vergütung für die Verleihung der *licentia*; 4. Seine Beziehung als kirchlicher Vertreter zur Korporation der Universität, was vor allem judikative Rechte beinhaltet; 5. Sein Wächteramt über die rechte Lehre an der Universität.[52] Die Erteilung der Lehrerlaubnis sowie teilweise der Prüfungsvorsitz ergeben sich aus seiner Stellung als päpstlicher Vertreter, leiten sich aber zugleich von den ehemaligen Vorrechten des Kanzlers des Domkapitels für Domschulen ab.[53] Die Untersuchung der Kandidaten vor der Examinierung ist kein echtes Beanstandungsrecht, denn der Kanzler kann die Lizenz nicht verweigern, wenn die Zweidrittelmehrheit der Magister der *universitas* die Eignung des Kandidaten feststellt.[54] Papst Gregor IX. ordnet die Rechte des Kanzlers in *Parens scientarum Dominum* dahingehend, dass die Anfrage um Lizenz innerhalb von drei Monaten entschieden werden muss und sich der Kanzler über Leben, Wissen und Eloquenz des Kandidaten bei den anderen Magistern und weiteren weisen Personen erkundigen muss.[55] Folglich ist nicht die persönliche Meinung des Kanzlers oder von Personen außerhalb der Universität ausschlaggebend für die Eignung eines Kandidaten, sondern seine Anerkennung und sein Ruf innerhalb der Universität. Die finanzielle Vergütung für die Verleihung der Lizenz wurde vom Papst bereits 1231 verboten. Die Rechte des Kanzlers innerhalb der Korporation der Universität beschränken sich bereits früh auf Ehrenrechte, die jedoch fast gänzlich auf den Rektor der Universität übergingen. Das Wächteramt des Kanzlers entfaltet sich bezüglich der Lehre auch in Entscheidungen über die geeignete Lehrmethode, den Habitus der Magister und die Qualität der Lehre.[56] Also erschöpft sich der Prüfgegenstand keineswegs in der Konformität mit der herrschenden kirchlichen bzw. päpstlichen Lehre, sondern erstreckt sich auch auf Didaktik und Pädagogik.

Eine weitere Maßnahme Papst Gregors IX. ist die Verpflichtung des Kanzlers, einen Eid abzulegen.[57] Diesen Eid hat der Kanzler vor dem Bischof und zwei Magistern der Universität zu leisten. Er beinhaltet die Verpflichtung zur Gleichberechtigung aller Studierenden sowie die Pflicht nur jenen, die geeignet sind, die Lizenz zu verleihen. So wird ersichtlich, dass der Kanzler sowohl dem Bischof und damit der Kirche als auch der Universität verpflichtet ist. Konkret auf die Erteilung der Lehrbefugnis bzw. Examinierung als Magister soll der Kanzler seine Aufgabe wie beschrieben in drei Monaten erledigen und dabei die Magister der Stadt bzw. Universität anhören und alles im guten Glauben unter Achtung des Rats der Befragten entscheiden.[58] Weiterhin verpflichtet der Papst den Kanzler zur Achtung und zum Schutz der Rechte der Universität und ihrer Angehörigen.

Der Kanzler erscheint folglich nicht gänzlich als kirchlicher Inquisitor, sondern vielmehr als Garant der Freiheitsrechte der Universität, die er auch selbst zu achten hat. Wenn der Kanzler gegen diese Pflichten verstößt oder die Rechte der Universität nicht ausreichend schützen kann, ernennt der Papst zusätzlich einen Apostolischen Konservator zum Schutz der Rechte der Universität.[59]

Mit dem Lauf der Zeit werden die beschriebenen Rechte des Kanzlers jedoch immer mehr zu bloßer Formsache.[60] Letztendlich zerbricht das akademische Gebäude universaler päpstlicher Privilegien mit der Konfessionalisierung in der Frühen Neuzeit[61], da der Papst nicht mehr als der Garant von Universalität gelten konnte. Somit ist auch sein Vertreter innerhalb der Universität obsolet geworden.

4.2 *magnus cancellarius* – Rechtslage seit dem 20. Jahrhundert

Die rechtshistorische Analyse des Amtes des Kanzlers – aktuell *magnus cancellarius* – zeigt, dass ihm heute noch zukommende Rechte ihr Fundament im 13. Jahrhundert haben. Entscheidend ist, inwiefern sich die Intention bzw. die Begründung dieser Rechte von der rechtshistorisch aufgedeckten Intention unterscheidet. Gilt es weiterhin universitäre Freiheit im Sinne vom Schutz vor universitätsfremden Obödienzen und die Universalität der Abschlüsse und Lehrbefugnisse zu garantieren, oder soll der Bischof als *magnus cancellarius* aktuell ganz andere Aufgaben erfüllen?

Jede katholische Hochschule[62] und jede kirchliche Fakultät[63] bedürfen eines *magnus cancellarius*. Aufgrund des oben entfalteten Normengeflechts in Deutschland, konkret der allein staatlichen Organisationsgewalt von Hochschulen, haben katholisch-theologische Fakultäten an staatlichen Hochschulen wie oben erwähnt keinen *magnus cancellarius*, sondern gemäß Akkommodationsdekret I übernimmt der zuständige Diözesanbischof die Aufgaben des *magnus cancellarius*.[64] Er gilt als Vertreter des Heiligen Stuhls gegenüber der Universität und zugleich als Vertreter der Universität gegenüber dem Heiligen Stuhl.[65] Er ist kein Mitglied der Universität,[66] sondern die Universität hängt rechtlich vom *magnus cancellarius* ab. In SapChr Art. 13 § 1 wurde dies durch seine Qualifizierung als ordentlicher kirchlicher Amtsträger unterstrichen. Diese Qualifizierung ist in Art. 13 VG entfallen. Dies verunklart die Auslegung der Norm, denn rechtssystematisch wird er in VG unter die Universitätsgemeinschaft und ihre Leitungsorgane subsumiert. In der Aufzählung der Ämter an der Universität in Art. 15 VG wird der *magnus cancellarius* jedoch nicht benannt, womit mehr dafür spricht, den *magnus cancellarius* nicht als ein universitäres Amt einzuordnen.

In den ApK zum kirchlichen Hochschulrecht werden als Kompetenzen des *magnus cancellarius* die Verleihung der *missio canonica* sowie die Entgegennahme der *professio fidei* genannt (Art. 27 § 1 VG). Erst in den Ordinationes des sachzuständigen Dikasteriums werden weitere Kompetenzen des *magnus cancellarius* aufgelistet:

- Förderung der Hochschulen zusammen mit den Bischofskonferenzen (Art. 5 OrdVG);
- Förderung der wissenschaftlichen Tätigkeit und kirchlichen Identität sowie Schutz der Lehre und Einhaltung der Statuten (Art. 9 Nr. 1 OrdVG);
- Beziehungen zwischen den Gliedern der akademischen Gemeinschaft fördern (Art. 9 Nr. 2 OrdVG);
- Vorschlag des Rektors, Präses und der Dekane, sowie die Namen der Dozenten, die das *nihil obstat* vom Heiligen Stuhl erhalten sollen (Art. 9 Nr. 3 OrdVG);

- die *professio fidei* des Rektors oder Präses entgegennehmen (Art. 9 Nr. 4 OrdVG);
- die Lehrerlaubnis erteilen und gegebenenfalls entziehen (Art. 9 Nr. 5 i. V. m. Art. 24 OrdVG);
- das Dikasterium für Kultur und Bildung um das *nihil obstat* zur Verleihung der Ehrendoktorwürde bitten (Art. 9 Nr. 6 i. V. m. Art. 40 OrdVG);
- alle fünf Jahre einen Bericht an das Dikasterium senden über die Tätigkeit und die finanzielle Lage der Universität, wobei der Finanzbericht jährlich erfolgen soll. (Art. 9 Nr. 7 i. V. m. Art. 46 § 2 OrdVG).
- Darüber hinaus ergibt sich aus c. 816 § 2 CIC/1983 und Art. 12 PK, dass der *magnus cancellarius* nach vorheriger Zustimmung des Heiligen Stuhls die Statuten und Studienordnungen genehmigt.[67]

Bei der Ausübung dieser Rechte hat der Diözesanbischof respektive der *magnus cancellarius* die legitime Freiheit der akademischen Institution zu respektieren.[68] Bei jeglicher Intervention ist der *magnus cancellarius* – wie explizit in Art. 5 § 2 Ex Corde Ecclesiae (ECE)[69] festgehalten – zur Zusammenarbeit mit den akademischen Institutionen verpflichtet.[70]

Für den Bereich der katholisch-theologischen Fakultäten an staatlichen Universitäten in Deutschland fallen aufgrund des Vorrangs des staatlichen Hochschulrechts einige dieser Kompetenzen fort: Ein deutscher Diözesanbischof hat keinerlei Kompetenzen im Bereich der finanziellen Verwaltung einer Fakultät. Weiterhin ist auch die Genehmigung von Statuten fraglich, da die Fakultäten als Fachbereiche eine Fachbereichsordnung gemäß staatlichem Hochschulrecht zu erlassen haben.[71] Gemäß § 58 HRG haben Universitäten und damit auch die Fachbereiche als ihre Grundeinheiten das Recht der Selbstverwaltung. Eigens kirchliche Statuten, die gemäß dem Anhang zu VG Fragen der Leitung, der Voraussetzungen für Dozierende, Immatrikulationsbestimmungen, die Verleihung akademischer Grade und der Lehrmittel und EDV-Ausstattung enthalten würden, stünden im Widerspruch zu den Vorgaben der hochschulrechtlichen Landesgesetzgebung und der Satzungsautonomie der Universitäten selbst. Ebenfalls kritisch ist die Neuerung in Art. 9 Nr. 3 OrdVG zu sehen, da die Wahl und Ernennung eines:einer Rektor:in und Dekan:in an staatlichen Universitäten dem staatlichen Hochschulrecht unterliegen.[72]

Insgesamt steht nach den bisher analysierten Normen die Mittlerrolle des Diözesanbischofs als *magnus cancellarius* im Vordergrund. Er ist kein Organ der Universität, sondern ein kirchlicher Amtsträger, zu dem die katholisch-theologische Fakultät an einer staatlichen Universität eine rechtliche Beziehung hat. Diese rechtliche Beziehung ist dergestalt, dass die Fakultät ohne den *magnus cancellarius* nicht existieren könnte. Keinesfalls ist der *magnus cancellarius* jedoch dazu bevollmächtigt, die Autonomie der Hochschule erheblich zu verletzen.

5. Die Zentralkompetenz des *magnus cancellarius* – *mandat* oder *missio*?

Das größte Konfliktpotenzial besteht, wie schon 2010 der Wissenschaftsrat feststellte, in der Beteiligung der Kirchen an der Berufung von Hochschullehrer:innen. Die kirchenrechtliche Grundlagen hierfür sind c. 812 CIC/1983:

„Wer an einer Hochschule eine theologische Disziplin vertritt, muss einen Auftrag der zuständigen kirchlichen Autorität haben;"

sowie Art. 27 VG:

„§ 1 Wer in Fachbereichen unterrichtet, die Glaube oder Moral betreffen, muss nach Ablegung der Professio Fidei (vgl. can. 833, n. 7 CIC) vom Großkanzler oder seinem Beauftragten die Missio canonica erhalten; sie unterrichten ja nicht in eigener Autorität, sondern kraft der von der Kirche empfangenen Sendung. Die anderen Dozenten hingegen müssen vom Großkanzler oder seinem Beauftragten die Lehrerlaubnis erhalten.
§ 2. Bevor ein Dozent entweder fest angestellt wird oder zur obersten Stufe der Lehrbefähigung befördert wird – oder auch in jedem dieser beiden Fälle je nach den Bestimmungen der Statuten –, muss das ‚Nihil obstat' des Heiligen Stuhles eingeholt werden."

Religionsverfassungsrechtlich handelt es sich hierbei nicht um ein Privileg der Kirchen, sondern um eine notwendige Bestimmung aufgrund der religiös-weltanschaulichen Neutralität des Staates. Heckel führt für den Konfliktfall aus:

„Wenn der Staat einen Theologen zur wissenschaftlichen Entfaltung der Lehre und zur Religionslehrer- und Geistlichenausbildung einer Religionsgemeinschaft verwendet, der im Widerspruch zum Bekenntnis ihrer Religionsgemeinschaft steht, liegt eine Verletzung des Grundrechts der Religionsfreiheit, der kirchlichen Selbstbestimmungsgarantie und zugleich des Trennungsgebotes gemäß Art. 4, 140GG / 137 I und III WRV vor."[73]

Hiernach hat der:die Hochschullehrer:in kein Eingriffsrecht in die Grundrechtspositionen seiner Religionsgemeinschaft. Ihm:Ihr kommt kein Forderungs- oder Gestaltungsrecht zu, das kirchliche Glaubensbekenntnis als staatlicher Amtsträger nach subjektiven Vorstellungen zu verändern oder zu zerrütten.[74] Es steht also nicht das grundsätzliche Recht der Kirche in Rede, die theologische Eignung der Hochschullehrer:innen zu beurteilen, sehr wohl hat jedoch der Staat die Aufgabe die Wissenschaftsfreiheit dahingehend zu gewährleisten, dass die Kirche die Grenzen ihrer Kompetenzen einhält.[75] Den rechtlichen Rahmen bilden hierfür das Schlussprotokoll zu Art. 12 Abs. 1 Satz 2 PK[76] sowie § 80 Abs. 2 HG NRW.[77]

Dass die Zustimmung der katholischen Kirche nach innerkirchlichem Recht in zwei Stufen – römisches *nihil obstat* und *missio canonica* des *magnus cancellarius* – erfolgt, ist religionsverfassungsrechtlich unerheblich. Erheblich ist die Ausgestaltung des Zustimmungsverfahrens nach kirchlichem Recht. Und genau bei dieser besteht eine gewisse Rechtsunsicherheit, da codikarisch von einem *mandatum* gesprochen wird, jedoch nach dem kirchlichen Hochschulrecht in VG unverändert wie in SapChr von einer *missio canonica*. Das einschlägige staatliche Recht kennt nur eine Beanstandung bzw. eine Zustimmung.[78]

Wiederum gilt es für das bessere Verständnis die Geschichte des Rechtsinstituts der bischöflichen Zustimmung näher zu betrachten.[79] Bereits in der ApK DScD ist dieses Rechtsinstitut bekannt. In der deutschsprachigen Literatur wird die bischöfliche Zustimmung auf eine preußische Instruktion vom 26.08.1776 zurückgeführt, die dem Bischof von Breslau für die Universität ein Anhörungs- und Ausschließungsrecht bei der Besetzung von Lehrstühlen einräumt.[80]

Weder das PK noch das RK kennen jedoch den Begriff der *missio canonica* aus DScD. 1848 taucht erstmals der Begriff *missio canonica* auf, als der Kölner Erzbischof Geißel zwei Bonner Professoren die *missio canonica* entzieht, jedoch ohne diese je vorher durch einen rechtlichen Akt verliehen zu haben.[81] In den Verträgen des Landes NRW mit dem Heiligen Stuhl von 1969 und 1984 findet sich erstmals in konkordatsrechtlichen Texten explizit der Begriff der *missio canonica*, allerdings nur für den Religionsunterricht.[82]

Im CIC/1917 wird der Begriff weder für die Berufung von Hochschullehrer:innen, noch im Kontext des Religionsunterrichts verwendet.[83] Bekannt ist lediglich die Rechtsfigur der *missio canonica* gemäß c. 109 CIC/1917 als Beteiligung an der Leitungsgewalt.[84] Die oft angeführte[85] *missio* im Bereich des Predigtdienstes gemäß c. 1328 CIC/1917[86] ist jedoch nicht identisch mit der *missio canonica* gemäß c. 109 CIC/1917. Letztendlich muss konstatiert werden, dass der Begriff *missio canonica* im Kontext der Berufung von Hochschullehrern ein deutscher Begriff ist, der im CIC/1917 nicht verwendet wird und wohl über die deutsche Prägung Eingang in die ApK DScD[87] fand.[88]

Im rechtshistorischen Kapitel über den *magnus cancellarius* ist nachgewiesen worden, dass das Mitwirkungsrecht des Diözesanbischofs respektive des *magnus cancellarius* auf die Bulle *Parens scientarum Dominus* zurückgeht, also keine „deutsche" Erfindung als Rechtsinstitut ist. Jedoch gilt es die Ausgestaltung dieses Mitwirkungsrechtes auf der geltenden Rechtsgrundlage näher zu bestimmen. 1231 gab es keinen festen Begriff für das Mitwirkungsrecht des Kanzlers, er hatte inhaltlich das Leben und die Lehre sowie die Eloquenz des Kandidaten durch Befragung der Magister der Universität und anderer weiser Personen zu prüfen. Dabei konnte er nicht gegen die Zweidrittelmehrheit der Magister entscheiden. Das heutige Verfahren der Prüfung durch das Dikasterium für Kultur und Bildung in Kooperation mit dem Dikasterium für Glaubenslehre (Art. 161 § 5 *Praedicate Evangelium* [PE]) und die vorherige Dreierkommission der DBK scheinen auf den ersten Blick wenig mit dem historischen Befund gemein zu haben.

Schwierigkeiten in der Auslegung des Mitwirkungsrechtes des *magnus cancellarius* bereitet die Diskrepanz der Begriffe zwischen dem kodikarischen Recht in c. 812 CIC/1983 und dem gesonderten

Hochschulrecht in SapChr und VG. Während im Codex der Begriff *mandatum* verwendet wird, wählt der Gesetzgeber im gesonderten kirchlichen Hochschulrecht den Begriff *missio canonica*. Der Begriff *mandatum* ist gänzlich neu im Kontext des Hochschulrechts, aber ebenso vollkommen unklar.[89] Tatsächlich gibt es eine kontroverse kanonistische Debatte über den Begriff *mandatum*, die jedoch scheinbar an der deutschen Fachwelt nahezu vorbeigegangen ist.[90] Es sind drei Positionen in der Kontroverse auszumachen: die erste Fraktion nimmt eine Synonymität der Begriffe *mandatum*, *missio canonica* und *nihil obstat* an.[91] Die zweite Position gesteht zwar eine Differenz zwischen den Begriffen zu, votiert allerdings für die Prävalenz von SapChr bzw. neu VG.[92] Die dritte Position nimmt die Prävalenz des CIC/1983 an, u. a. weil dieser gegenüber SapChr als späteres Gesetz gilt.[93] Durch das neue Hochschulrecht der ApK VG ist jedoch zumindest das Argument des späteren Gesetzes ins Wanken geraten. Eine Zwischenposition nimmt Malvaux ein, der theoretisch einen Unterschied zwischen *missio canonica* und *mandatum* sieht, der aber in der Praxis keine Bedeutung habe.[94]

Erhellend für diese Debatte ist ein Blick in die Textgeschichte von c. 812 CIC/1983. In den ersten Schemata, konkret c. 64 des Schema *De magisterium ecclesiae* 1977[95] und ebenfalls in c. 767 des Schemas von 1980 wird der Begriff *missio canonica* verwendet und auf alle Lehrer ausgeweitet, die theologische Kurse anbieten.[96] Vor der Erstellung des ersten Schemas werden in der Studiengruppe allgemeine Fragen diskutiert, hierbei wird u. a. die Notwendigkeit der Achtung der Wissenschaftsfreiheit betont, denn diese müsse an allen Universitäten gelten.[97] In der Sitzungsperiode nach der Konsultation der Weltkirche wird auf dieser Grundlage vorgeschlagen, der *magnus cancellarius* solle selbst die *missio* verleihen, eine Mitwirkung des Apostolischen Stuhls sei dabei nicht notwendig. Dieser Vorschlag wird jedoch abgelehnt.[98]

Der Wechsel vom Begriff *missio canonica* hin zum *mandatum* erfolgt in der Relatio von 1980: Kardinal Carter befürchtet Probleme mit den Regierungen, wenn an staatlichen Universitäten eine *missio canonica* für Hochschullehrer verlangt wird. Kardinal Bernardin stimmt zu und führt aus, dass es einen erheblichen Verwaltungsaufwand nach sich zöge und das Vigilanzrecht der zuständigen Autorität auch anders realisierbar wäre. Letztendlich wird der Entschluss gefasst, den Begriff *mandatum* einzuführen, denn die *missio canonica* im hochschulrechtlichen Kontext sei keine echte *missio canonica*. Zudem solle die Verleihung der zuständigen kirchlichen Autorität zukommen.[99]

Diese Überlegungen der Mitglieder der Reformkommission können in ihrer Bedeutung nicht überschätzt werden. Es wird unmissverständlich dargelegt, dass die *missio canonica*, die in DScD bzw. dann SapChr verwendet wird, nicht die übliche Rechtsfigur der *missio canonica* gemäß c. 109 CIC/1917 ist.[100] Das *mandatum* sei daher weniger invasiv als die *missio canonica*.[101] Das *mandatum* inkludiert nicht – wie die *missio canonica* gemäß c. 109 CIC/1917 – eine Teilhabe an der Leitungsgewalt. Weiterhin ist das *mandatum* auch nicht die Teilhabe an einem kerygmatischen Dienst wie in c. 1328 CIC/1917.[102] Bemerkenswert ist, dass selbst die Konsultoren den Begriff in DScD und SapChr als missverständlich einstufen und ihn deutlich von der aus dem CIC/1917 bekannten *missio canonica* abgrenzen. In der ApK ECE von 1990 wird sodann auch nicht mehr der Begriff der *missio canonica* verwendet, sondern auf die Rechte der zuständigen Autoritäten gemäß c. 810 CIC/1983 verwiesen.[103] Daher erscheint es juristisch nicht legitim, die Begriffe *mandatum* und *missio canonica* als Synonyme zu verstehen.[104] Zwar wurde in VG wieder der Begriff der *missio canonica* verwendet, es erscheint jedoch m. E. mehr als zweifelhaft, dass der unveränderte Wortlaut eine bewusste Entscheidung des kirchlichen Gesetzgebers gegen das *mandatum* war, da ja vor allem durch VG das kirchliche Hochschulrecht an den CIC/1983 angepasst werden sollte.

Wenn nun das *mandatum* different von der *missio canonica* ist, muss folgend erörtert werden was der Inhalt bzw. Prüfmaßstab des *mandatum* ist.

Da der Wortlaut von c. 812 CIC/1983 unklar bleibt, ist es gemäß c. 17 CIC/1983 möglich auf die Textgeschichte – wie bereits erfolgt – und Parallelstellen zurückzugreifen. Die Analyse der Textgeschichte hat ergeben, dass der Begriff *mandatum* nicht identisch ist mit dem Institut der *missio canonica*. Im Codex selbst wird der Begriff *mandatum* an unterschiedlichen Stellen verwendet: im Bereich der Exekutivgewalt in Bezug auf den Auftrag (*mandatum*) des Delegierten;[105] im Prozessrecht als prozessuale Repräsentation in Ehesachen;[106] als Konstrukt im Fall der Eheschließung durch Stellvertreter gemäß

c. 1105 CIC/1983; als päpstlicher Auftrag an einen Bischof zur Bischofsweihe.[107] Alle diese Kontexte sind sehr different von dem der Lehre der Theologie gemäß cc. 229 § 3 und 812 CIC/1983. Unter der Berücksichtigung der oben erfolgten Auslegung von c. 386 CIC/1983 können Hochschullehrer:innen weder als Delegierte des Bischofs verstanden werden noch als Stellvertreter des Bischofs, denn die Hochschullehre ist nicht identisch mit der Verkündigung im Bereich Katechese und Predigt, dem Dienst am Wort Gottes. Die Hochschullehre bzw. Theologie ist dezidiert als nicht-hierarchische Tätigkeit zu verstehen, die auch keine Anteilhabe an der *potestas sacra* bzw. dem Verkündigungsdienst im Sinne von c. 386 § 1 CIC/1983 beinhaltet.[108] Auf der Grundlage von c. 229 CIC/1983 beruht die Handlungsfähigkeit der Laien auf dem Gebiet der Forschung und Lehre vollumfänglich auf ihrer persönlichen Eignung und bedarf daher nicht eines weiteren rechtlichen Elements zur Legitimation.[109] Der:die Hochschullehrer:in ist weder der:die Vertreter:in des Bischofs noch vom Bischof delegiert, in seinem Namen Theologie zu betreiben. Demgemäß ist jedoch die Formulierung in Art. 27 § 1 VG „sie unterrichten ja nicht in eigener Autorität, sondern kraft der von der Kirche empfangenen Sendung;" unzutreffend. Auf der Grundlage der Wissenschaftsfreiheit – innerkirchlich bestimmt gemäß cc. 209, 212, 218 und 229 CIC/1983[110] – unterrichten die Hochschullehrer:innen in eigener Autorität. Ihnen wird keine Teilhabe am Dienst am Wort Gottes wie Laienprediger:innen gemäß c. 766 CIC/1983, noch wie Katechet:innen durch kanonische Sendung[111] verliehen. Im Übrigen wird jedoch nicht in Art. 27 § 1 VG ausgesagt, die Hochschullehrer:innen würden in *nomine ecclesiae* lehren, wie dies bei Prediger:innen, Katechet:innen und den deutschen Religionslehrer:innen der Fall ist.[112]

Die codikarischen Parallelstellen für das *mandatum* sind also nicht hilfreich bei seiner näheren Bestimmung. Berücksichtigt man das historisch herausgearbeitete Konstrukt der Autonomie der Universität gegenüber den weltlichen und kirchlichen Gewalten kann man mit Otaduy eine Parallelstelle im kirchlichen Vereinigungsrecht ausmachen. Private kanonische Vereine mit oder ohne Rechtspersönlichkeit sind gemäß der Vereinsfreiheit in c. 215 i. V. m. cc. 321 und 323 CIC/1983 autonom agierende Korporationen, die zwar unter der Aufsicht der kirchlichen Autorität stehen, aber ihre Handlungsfreiheit behalten. Otaduy knüpft an die Verwendung des *man-

datum in AA 24[113] im Kontext der Förderung des Laienapostolats an. Dieses *mandatum* gewähre lediglich eine hierarchische Unterstützung für die Ausübung von Tätigkeiten, die den Laien durch ihre Taufe zustehen und die sie gemäß ihrem Stand als Getaufte durch die *tria munera* Christi ausüben.[114]

Rechtstechnisch ist damit das *mandatum* weder eine Delegation noch eine Erteilung von Leitungsgewalt oder *potestas sacra*, keine Verleihung von Disziplinargewalt über andere oder die Übertragung eines Kirchenamtes.[115] Mit Otaduy lässt sich das *mandatum* wie folgt abschließend definieren:

> „El mandato es en la actualidad el instrumento arbitrado por el Derecho de la Iglesia para la tutela de la catolicidad de la enseñanza. Sus efectos se proyectan sobre el contenido de la docencia, que debe reflejar fielmente la doctrina que el magisterio propone, pero no cambia la naturaleza de la actividad, que no deviene por el hecho de su recepción de indole jeràrquica."[116]

Diese Definition hat Auswirkungen auf den Prüfmaßstab für die Kriterien Lehre und Lebenswandel, die seit 1231 belegt sind.

In den unterschiedlichen Rechtstexten wird der Bereich Lehre mit Rechtsgläubigkeit (c. 810 CIC/1983), Integrität der Lehre (Art. 27 § 1 VG) oder getreue Annahme und Beachtung der Lehre in Forschung und Unterweisung (Art. 4 § 3 ECE) umschrieben. Die Überprüfung der Lehre bewegt sich zwischen der Autonomie der Hochschule und der Wissenschaftsfreiheit auf der einen Seite und der Treue zur Lehre auf der anderen Seite. Keinesfalls kann bei der weitestgehenden Umsetzung beider Rechte eine Konformität mit der Lehre analog zum Dienst am Wort Gottes verlangt werden, denn anders als Prediger und Katecheten lehren Hochschullehrer:innen in eigener Autorität. Religion bzw. Theologie im öffentlichen Bildungswesen der Universitäten kann niemals Indoktrination, Katechese oder Predigt sein.[117] Die Wissenschaftsfreiheit und Autonomie der Hochschule sind nämlich Garanten für die Suche nach der Wahrheit.[118] Mit Humboldt formuliert: „Wissenschaft (als) [ist; T. N.] etwas noch nicht ganz Gefundenes und nie ganz Aufzufindendes."[119] Aus religionsverfassungsrechtlicher Perspektive formuliert, steht im Konfliktfall nicht Glaube gegen Wissenschaft, sondern immer Wissenschaft gegen Wissenschaft und Glaube gegen Glaube.[120] Leugnet ein:e Hochschullehrer:in den Glauben als die notwendige Voraussetzung der Theologie als Wissenschaft, betreibt er:sie im oben zitierten Verständnis der Theologie als Glaubenswissenschaft keine Wissenschaft mehr und kann nicht mehr als Theolog:in an einer Universität tätig sein. Unter Beachtung dieser Grenze, die sicherlich mit den Straftaten gemäß cc. 1364 und 1365 CIC/1983 überschritten ist, kann weder einem:einer Hochschullehrer:in aus Glaubensgründen die Wissenschaftsfreiheit begrenzt, noch eine Änderung des Glaubens unter Berufung auf die Wissenschaftsfreiheit durch akademische Erkenntnisse forciert werden. Zudem gibt es die Absicherung der Rechtgläubigkeit durch die Verpflichtung der Hochschullehrer:innen gemäß c. 833 °7 CIC/1983 die *professio fidei* abzulegen.

Hinsichtlich der Lebensführung werden die Formulierungen untadeliges Leben (c. 810 § 1 CIC/1983) und vorbildliches Leben (Art. 26 § 1 VG) verwendet. Beide Wendungen sind wesentlich schwächer als die in c. 804 § 2 CIC/1983 verwendete Formulierung Zeugnis christlichen Lebens. Der Unterschied liegt im Auftrag der Religionslehrer:innen, als Diener:innen am Wort Gottes und damit Zeug:innen des Glaubens gegenüber den Hochschullehrer:innen, die keineswegs – wie nachgewiesen – am Dienst am Wort Gottes im engen Sinn teilhaben. Für die Diener:innen des Wortes Gottes gilt KKK 2044:

> „Die Treue der Getauften ist eine entscheidende Voraussetzung zur Verkündigung des Evangeliums und für die Sendung der Kirche in der Welt. Damit die Heilsbotschaft vor den Menschen ihre Wahrheits- und Ausstrahlungskraft zeigen kann, *muss sie durch das Lebenszeugnis der Christen beglaubigt werden. Das Zeugnis des christlichen Lebens selbst und die guten in übernatürlichem Geist vollbrachten Werke haben die Kraft, Menschen zum Glauben und zu Gott zu führen.*"[121]

Da es an Universitäten jedoch wie nachgewiesen nicht unmittelbar um Verkündigung im Sinne des Wortes Gottes geht, können auch nicht die strengen Maßstäbe der Lebensführung gemäß Katechismus angewendet werden. Wiederum kann der Verweis auf eine Straftat die Grenze einer untadeligen Lebensführung markieren: Wer gemäß c. 1368 CIC/1983 öffentlich die guten Sitten durch seine Lebensführung schwer verletzt, kann beanstandet werden. Natürlich ist dies keine detailliert bestimmte Formulierung, ist aber sicherlich hilfreicher als die unzutreffende Forderung eines Zeugnisses christlicher Lebensführung. Im Konfliktfall wäre folglich zu prüfen, ob es sich um einen vorsätzlichen, öffentlichen und schweren Verstoß gegen die guten Sitten handelt, der dazu geeignet ist, die akademische Integrität und den Glauben als Voraussetzung der Wissenschaft erheblich zu schädigen.

Sowohl bei Zweifeln an der Rechtsgläubigkeit wie auch an der Lebensführung wäre zunächst ein lokales Verfahren unter Einbeziehung universitärer Experten angeraten, das dem Diözesanbischof eine Entscheidungsgrundlage bietet. Erst in einer zweiten Stufe wären m. E. die Dikasterien der Römischen Kurie einzubeziehen, die die Entscheidung des Diözesanbischofs bestätigen oder im Fall einer Berufung prüfen. Handelt es sich jedoch um Straftaten, ist durch den Diözesanbischof unter Beachtung des geltenden Rechts ein ordentliches Strafverfahren zu führen.

6. Die Universität zwischen Hierarchie und Autonomie – Ein Fazit

Welches Verhältnis hat nun der Bischof, der auch *magnus cancellarius* genannt werden kann, zu einer katholischen theologischen Fakultät an einer staatlichen Hochschule?

Er ist eine Mittlerperson, die sowohl die Interessen der Fakultät gegenüber dem Heiligen Stuhl wie auch die Interessen des Heiligen Stuhls gegenüber der Universität zu vertreten hat. Sein Mantra muss – wie historisch an der Bulle *Parens scientarum Dominum* aufgezeigt – die Achtung und der Schutz der Autonomie der Fakultät bzw. Universität und der Wissenschaftsfreiheit sein. Erst der päpstliche Schutz – der im 13. Jahrhundert jungen – Universität ermöglichte eine Universalität der Abschlüsse und eine Universalität der Lehrbefugnis *(licentia ubique docendi)* und damit zugleich die Absicherung eines weltweiten Qualitätsstandards. Die Bischöfe sind nicht die päpstlichen Inquisitoren an den Universitäten, sondern die Garanten ihrer Freiheit.

Entsprechend der Mittlerfunktion der Bischöfe ist der Verkündigungsdienst *(munus docendi)* an Universitäten streng vom Dienst am Wort Gottes zu trennen, wie es die rechtssystematische Verortung der Canones über die Universitäten und die Auslegung von c. 386 CIC/1983 nahelegen.

Seine Aufgabe kann der Bischof nur in enger und vertrauensvoller Zusammenarbeit mit den Universitäten erfüllen. Für die Urteilsfindung über die Eignung eines:einer Hochschullehrer:in bezüglich Rechtgläubigkeit und untadeligem Leben muss er – wie schon in *Parens scientarum Dominum* nahegelegt und in Art. 5 § 2 ECE angedeutet – auf die Expertise der anderen Hochschullehrer:innen der Fakultät und externer Hochschullehrer:innen zurückgreifen. Religionsverfassungsrechtlich muss er sich bei der Erfüllung seiner Pflichten primär am für alle geltenden Gesetz, dem staatlichen Hochschulrecht, orientieren. Erst subsidiär können die kirchlichen Normen Anwendung finden. So liegt die Organisationshoheit gemäß der zu schützenden Autonomie der Universität bei ihr selbst.

Hinsichtlich der bischöflichen Mitwirkung bei der Erteilung und gegebenenfalls dem Entzug der Lehrerlaubnis ist einzig der Begriff des *mandatum* anwendbar, denn universitäre Theologie ist keine hierarchische Aufgabe, sondern wird in der eigenen Autorität der Hochschullehrer:innen betrieben. Den Hochschullehrer:innen können nicht die Vorgaben bezüglich der *missio canonica* im Hinblick auf den Dienst am Wort Gottes auferlegt werden, was rechtssystematisch, über die Textgeschichte des c. 812 CIC/1983 und die Aufschlüsselung der Rechtsfigur des *mandatum* als Analogon zu AA 24 belegt werden konnte.

Dementsprechend ist der Verzicht auf den Begriff *missio canonica* in Art. 27 § 1 VG nicht ein Kompromiss, sondern ergibt sich aus der Natur der Sache und würde einem ausgewogenen Recht entsprechen. Bezüglich des römischen *nihil obstat* gemäß Art. 27 § 2 VG kann dies in dieser Konstellation nur als eine *confirmatio* des bereits erteilten *mandatum* verstanden werden. Gegenstand dieser *confirmatio* kann nicht eine weitere inhaltliche Prüfung wie derzeit praktiziert sein, sondern nur die Bestätigung, dass die rechtlichen Schritte eingehalten wurden. Es ist aber auch keine *recognitio*, rechtstechnisch hält der jetzige Präfekt des Dikasteriums für den Gottesdienst und die Sakramentenordnung Erzbischof Arthur Roche im Kontext des MP *Magnum principium*[122] zur *confirmatio* fest:

„The ‚confirmatio' is an authoritative act by which the Congregation for Divine Worship and the Discipline of the Sacraments ratifies the approval of the Bishops, leaving the responsibility of translation, understood to be faithful, to the doctrinal and pastoral munus of the Conferences of Bishops."[123]

Damit wäre die Entscheidung für das hier dargelegte *mandatum* und das *nihil obstat* als *confirmatio* ein Ausdruck des Vertrauens auf die Autorität der Diözesanbischöfe, ein Zeichen der heilsamen Dezentralisierung und eine historische Rückbesinnung auf die Funktion der Kirche als Wächterin der Autonomie der Universitäten. Dies entspräche der angemahnten Zusammenarbeit des Dikasteriums für Kultur und Bildung mit den lokalen zuständigen Autoritäten in Art. 161 Praedicate Evangelium (PE)[124] und den gleichlautenden allgemeinen Bestimmungen in Art. 8, 36 und 37 PE.[125] Die notwendige Beteiligung des römischen Dikasteriums garantiert auf der anderen Seite die Universalität und Qualität der Studien, Abschlüsse und Hochschullehrer:innen.

Eine Rückbesinnung auf das historische Verhältnis des Diözesanbischofs zur Universität und das hier dargelegte Verständnis des *mandatum* können ein Beitrag zum Erneuerungsprozess des kirchlichen Hochschulrechts und -wesens sein, den der ehemalige Präfekt des Dikasteriums für Kultur und Bildung Kardinal Versaldi unter Bezug auf Papst Franziskus versucht hat anzustoßen.[126]

Anmerkungen

[1] Für diesen Artikel wird unter Universität eine katholisch-theologische Fakultät an einer staatlichen Universität in Nordrhein-Westfalen verstanden.

[2] Vgl. zur strategischen Entwicklung der Universitäten durch Hochschulverträge § 6 Abs. 2 HG NRW:
„(2) Das Ministerium schließt mit jeder Hochschule nach Maßgabe des Haushalts für in der Regel mehrere Jahre geltende Hochschulverträge. In den Hochschulverträgen werden in der Regel insbesondere vereinbart:
1. strategische Entwicklungsziele und
2. konkrete Leistungsziele oder konkrete finanziell dotierte Leistungen;
geregelt werden können auch das Verfahren zur Feststellung des Stands der Umsetzung des Hochschulvertrags sowie die Folgen bei Nichterreichen hochschulvertraglicher Vereinbarungen."
Die Hochschulverträge werden teils kritisch als Entwicklung zu Lasten der Autonomie der Hochschulen verstanden, siehe dazu moderat: von Coelln, Christian;

Schemmer, Franz, Kommentar zu § 6 GH NRW, in: Beck'scher Online-Kommentar Hochschulrecht Nordrhein-Westfalen, Stand 01.02.2017, Rn. 12; Erheblich kritischer Metzner, Joachim; Roosendaal, Hans E., Der Zusammenhang zwischen Hochschulautonomie und strategischer Hochschulentwicklung. Ein White Paper, Gütersloh 2017.

[3] Insbesondere im Schlussprotokoll zu Art. 12 Abs. 1 Satz 1 Preußenkonkordat [künftig PK] heißt es: „Die Anstellung oder Zulassung eines derart Beanstandeten wird nicht erfolgen." Inter Sanctam Sedem et Borussiae Rempublicam Sollemnis Conventio seu Concordatum vom 14.06.1929, in: AAS 21 (1929), S. 521–535. Reichskonkordat (RK): Inter Sanctam Sedem et Germanicam Republicam Sollemnis Conventio vom 20.07.1933, in: AAS 25 (1933), S. 381–413.

[4] Heckel, Martin, 99 Thesen zur Weiterentwicklung von Theologien und religionsbezogenen Wissenschaften im Spiegel der Wissenschaftsratsempfehlungen vom 29.10.2010, in: Heckel, Martin (Hg.), Gesammelte Schriften. Staat, Kirche, Recht, Geschichte, Tübingen 2013 (= Ius Ecclesiasticum; 100), S. 465–505; hier S. 477f.

[5] Wissenschaftsrat, Empfehlungen zur Weiterentwicklung von Theologien und religionsbezogenen Wissenschaften an deutschen Hochschulen vom 29.01.2010 (online: https://www.wissenschaftsrat.de/download/archiv/9678-10.pdf?__blob=publicationFile&v=2; alle Internetlinks in diesem Beitrag wurden zuletzt abgerufen am 15.04.2024).

[6] Ebd., S. 64.

[7] Vgl. Bier, Georg, Kommentar zu c. 386, in: Lüdicke, Klaus (Hg.), Münsterischer Kommentar zum Codex Iuris Canonici, unter besonderer Berücksichtigung der Rechtslage in Deutschland, Österreich und der Schweiz, Loseblattwerk, Essen seit 1985, Stand November 2023 [künftig MK CIC], Rn. 2.

[8] Vgl. Coetus de clericis, sessio V. vom 16.–21.12.1968, in: Com 19 (1987), S. 106–148; hier S. 115. C. 8 in der damaligen Zählung enthielt bereits alle Elemente des späteren c. 386 CIC/1983, jedoch enthielt er ebenso einen eigenen Paragrafen zur Mitwirkung des Diözesanbischofs an der Mission. Der Paragraf zur Missionstätigkeit ist erst in der päpstlichen Endredaktion 1982 entfallen.

[9] Vgl. Bier, Kommentar zu c. 386, in: MK CIC, Rn. 4.

[10] Vgl. Otaduy, Jorge, El mandato de la autoridad ecclesiastica para ensenar disciplinas teologicas, in: Folia theologica et canonica 3 (2014), S. 99–122; hier S. 102.

[11] Vgl. ebd.

[12] Vgl. ebd., S. 103. Unter Verweis auf die Ansprache Papst Johannes Pauls II. an die französischen Bischöfe am 16.12.1982 (online: https://www.vatican.va/content/john-paul-ii/fr/speeches/1982/december/documents/hf_jp-ii_spe_19821216_region-midi-ad-limina.html): „Mais comme le prouvent le Nouveau Testament et toute la Tradition, l'annonce de la foi est inséparable de la réflexion de l'Eglise

sur la Révélation qui lui a été confiée et d'un dialogue avec la culture de chaque époque."

[13] Vgl. Cito, Davide, Kommentar zu c. 812, in: Marzoa, Ángel; Miras, Jorge; Rodríguez-Ocaña, Rafael (Hg.), Exegetical Commentary on the Code of Canon Law. Prepared under the Responsability of the Martín de Azpilcueta Institute Faculty of Canon Law University of Navarre, Montreal 2004, S. 261.

[14] Vgl. Otaduy, El mandato, S. 104.

[15] Hierfür kann wiederum auf die Textgeschichte verwiesen werden: 1968 enthielt c. 8 § 3 und im Schema *De Populo Dei* c 239 § 3 den Zusatz: „[...] nec quaestiones de quibus periti legitime inter se dissentiunt dirimens." Coetus de Clericis, Sessio V vom 16.–21.12.1968, in: Com 19 (1987), S. 106–148; ebenso wurde dahingehend die Freiheit in der Diskussion der Konsultoren erläutert; vgl. Coetus de clericis, Sessio VI vom 14.–19.04.1969, in: Com 24 (1992), S. 33–55; hier S. 37.

[16] Vgl. Esposito, Bruno, Presentacion y comentario de la Constitucion Apostolica Veritatis gaudium de las Ordinationes anjejas, sobre las Universidades y Facultades ecclesiasticas, in: Ius Canonicum 58 (2018), S. 813–856; hier S. 855f.

[17] Heckel, Martin, Theologie zwischen Staat und Kirche im freiheitlichen Verfassungsrecht, in: Ders. (Hg.), Gesammelte Schriften. Staat, Kirche, Recht, Geschichte, Tübingen 2013 (= Ius Ecclesiasticum; 100), S. 419–464; hier S. 426.

[18] Zitiert nach Heckel, 99 Thesen, S. 474; im Original BVerfGE 122, 89 (112ff.).

[19] Papst Franziskus, Apostolische Konstitution Veritatis Gaudium vom 08.12.2017, in: AAS 110 (2018), S. 1–34 [VG]; Kongregation für das katholische Bildungswesen, Ordinationes zur richtigen Anwendung der Apostolischen Konstitution Veritatis Gaudium, in: AAS 110 (2018), S. 137–159 [OrdVG]. Die entsprechenden älteren Reglungen waren die Apostolische Konstitution Sapientia Christiana Papst Johannes Pauls II. vom 15.04.1979, in: AAS 71 (1979), S. 500–521 [SapChr] und davor die Apostolische Konstitution Papst Pius XI., Deus Scientarum Dominus vom 24.105.1931, in: AAS 23 (1931), S. 241–262 [DScD].

[20] Die Frage der Normhierarchie wird im Kapitel 5 noch vertiefter behandelt.

[21] Art. 8 VG: „Die kirchlichen Fakultäten, die vom Heiligen Stuhl an nichtkirchlichen Universitäten errichtet oder anerkannt wurden und die akademische Grade mit kirchlicher und zugleich staatlicher Geltung verleihen, müssen ebenfalls die Vorschriften dieser Konstitution einhalten, sowie die bilateralen und multilateralen Verträge beachten, die zwischen dem Heiligen Stuhl und den verschiedenen Staaten oder mit diesen Universitäten selbst geschlossen worden sind." Bemerkenswert ist die Einfügung der multilateralen Verträge gegenüber der Vorgängernorm Art. 8 SapChr, was aber hauptsächlich auf die neueren hochschulrechtlichen Regelungen wie den Bologna-Prozess zurückzuführen ist.

[22] Vgl. Kahler, Hermann, Kommentar zu c. 816, in: MK CIC, Rn. 6; Hallermann, He-

ribert, Was ist eine Katholisch-Theologische Fakultät? – Versuch einer Begriffsbestimmung, in: KuR 11 (2005), S. 63–73; hier S. 39.

[23] Vertrag zwischen dem Land Nordrhein-Westfalen und dem Heiligen Stuhl vom 26.03.1984, in: AAS 77 (1985), S. 294–304.

[24] Vgl. mit gleichem Ergebnis Hallermann, Was ist eine Katholisch-Theologische Fakultät?, S. 72.

[25] Vgl. Hallermann, Heribert, Die katholisch-theologischen Fakultäten und das Staatskirchenrecht nach 1945, in: Holzner, Thomas; Ludyga, Hannes (Hg.), Entwicklungstendenzen des Staatskirchen- und Religionsverfassungsrecht, Paderborn 2013, S. 303–341; hier S. 327f.; Kongregation für das Katholische Bildungswesen, Akkommodationsdekret I vom 1.01.1983, in: Schmitz, Heribert; Rhode, Ulrich, Katholische Theologie und Kirchliches Hochschulrecht. Einführung und Dokumentation der kirchlichen Rechtsnormen vom 15.05.2011, Bonn ²2011 (= Arbeitshilfe; 100), S. 371–385.

[26] Vgl. Hallermann, Was ist eine Katholisch-Theologische Fakultät?, S. 37.

[27] Vgl. Hallermann, Katholisch-Theologische Fakultäten, S. 328.

[28] Vgl. Heckel, Theologie zwischen Staat und Kirche, S. 421.

[29] Vgl. Pulte, Matthias, Veritatis Gaudium – Zwischen Hochschulautonomie und kurialer Steuerung, in: Ders.; Rieger, Rafael (Hg.), Ecclesiae et scientiae fideliter inserviens. FS für Rudolf Henseler CSsR zur Vollendung des 70. Lebensjahres, Würzburg 2019 (= Mainzer Beiträge zum Kirchen- und Religionsrecht; 7), S. 228–252; hier S. 241. Für Pulte fallen unter die mit Widerspruch behafteten Normen die Art. 41, 89 und 92 VG, vgl. ebd., S. 244, 248.

[30] Erwähnung findet der *magnus cancellarius* in Art. 12, 13, 14, 27 § 1 VG sowie in Art. 5, 9, 11, 21 § 2, 24, 40 und 46 OrdVG.

[31] Vgl. Hommens, Maximilian, Magnus Cancellarius einer Kirchlichen Hochschule. Eine kanonistische Dissertation, St. Ottilien 1985 (= Dissertationen theologische Reihe; 9), S. 29.

[32] Ebd.

[33] Vgl. Hallermann, Die katholisch-theologischen Fakultäten, S. 328.

[34] Vgl. Schmitz, Heribert; Rhode, Ulrich, Katholische Theologie und Kirchliches Hochschulrecht. Einführung und Dokumentation der kirchlichen Rechtsnormen vom 15.05.2011, Bonn ²2011 (= Arbeitshilfen; 100), Rn. 88.

[35] Vgl. Hommens, Magnus cancellarius, S. 13.

[36] Vgl. Art. 13 § 1 DScD: „Die Leitung der Universität oder Fakultät üben die akademischen Behörden aus, deren hauptsächlichste sind: der Großkanzler, der Rektor oder Präsident, die Dekane der Fakultäten."; Art. 14: „§ 1. An der Spitze der Universität oder Fakultät steht der Großkanzler, der im Namen des Heiligen Stuhles über alles wacht, was die Leitung und Studien betrifft. § 2. Der Großkanzler ist der Ordinarius, von dem die Universität oder Fakultät von Rechts wegen abhängt, es sei denn, dass der Heilige Stuhl ausdrücklich einen anderen bestimmt."

³⁷ Vgl. Gabriel, Astrik L., The conflict between the chancellor and the university of masters and students at paris during the middle ages, in: Zimmermann, Albert (Hg.), Die Auseinandersetzungen an der Pariser Universität des 13. Jahrhunderts, Berlin; New York 1976 (= Miscellanea Mediaevalia; 10), S. 106–154; hier S. 107.

³⁸ Vgl. Gieyzstor, Aleksander, Organisation und Ausstattung, in: Ruegg, Walter (Hg.), Die Geschichte der Universität in Europa, Bd. I Mittelalter, München 1993, S. 109–138; hier S. 113.

³⁹ Vgl. Ruegg, Walter, Themen, Probleme, Erkenntnisse, in: Ders. (Hg.), Die Geschichte der Universität in Europa, Bd. I Mittelalter, München 1993, S. 24–48; hier S. 27.

⁴⁰ Papst Gregor IX., Bulle Parens scientarum Dominus vom 13.04.1231, in: Historische Texte, Mittelalter Bd. 16: Die mittelalterliche Universität, hg. von Heinrich Rüthing, Göttingen 1973, 10. Die Bulle Parens scientiarum.

⁴¹ Vgl. Fisch, Stefan, Geschichte der europäischen Universität: Von Bologna nach Bologna, München 2015, S. 19.

⁴² Vgl. ebd., S. 15.

⁴³ Vgl. Verger, Jaques, Grundlagen, in: Ruegg, Walter (Hg.), Die Geschichte der Universität in Europa, Bd. I Mittelalter, München 1993, S. 49–69; hier S. 49.

⁴⁴ Vgl. ebd., S. 64.

⁴⁵ Vgl. Ruegg, Themen, Probleme, Erkenntnisse, S. 33; Fisch, Die Geschichte der europäischen Universität, S. 20.

⁴⁶ Vgl. Ruegg, Themen, Probleme, Erkenntnisse, S. 34.

⁴⁷ Vgl. Verger, Grundlagen, S. 50; Nardi, Paolo, Die Hochschulträger, in: Ruegg, Walter (Hg.), Die Geschichte der Universität in Europa, Bd. I Mittelalter, München 1993, S. 83–108; hier S.100.

⁴⁸ Vgl. Fisch, Die Geschichte der europäischen Universität, S. 20.

⁴⁹ Vgl. Ruegg, Themen, Probleme, Erkenntnisse, S. 33.

⁵⁰ Vgl. Gabriel, The conflict, S. 108.

⁵¹ Zitiert nach Gabriel, The conflict, S. 109; Im Original Padua, MS. Cod. Anton. No. 152, fol. 150v.

⁵² Vgl. Gabriel, The conflict, S. 110f.

⁵³ Vgl. Greyztor, Organisation und Ausstattung, S. 127.

⁵⁴ Vgl. Gabriel, The conflict, S. 111.

⁵⁵ Vgl. ebd., S. 113.

⁵⁶ Vgl. ebd., S. 137.

⁵⁷ Der Eid lautet: „Circa statum itaque scolarium et scolarum hec statuimus observanda, videlicet, quod quilibet cancellarius Parisiensis deinceps creandus coram episcopo vel de ipsius mandato in capitulo Parisiensi, vocatis ad hoc et presentibus pro universitate scolarium duobus magistris in sua institutione iurabit, quod ad regimen theologie ac decretorum bona fide secundum conscientiam

suam loco et tempore secundum statum civitatis et honorem ac honestatem facultatum ipsarum non nisi dignis licentiam largietur, nec admittet indignos, personarum et nationum acceptione summota."

[58] Zu der Kompetenz der Lehrbefugnis heißt es: „Ante vero quam quemquam licentiet, infra tres menses a tempore petite licentie tam ab omnibus magistris theologie in civitate presentibus quam aliis viris honestis et litteratis, per quos veritas sciri possit, de vita, scientia et facundia necnon proposito et spe proficiendi ac aliis, que sunt in talibus requirenda, diligenter inquirat, et inquisitione sic facta quid deceat et quid expediat bona fide det vel neget secundum conscientiam suam petenti licentiam postulatam. Magistri vero theologie ac decretorum, quando incipient legere, prestabunt publice iuramentum, quod super premissis fidele testimonium perhibebunt. Cancellarius quoque iurabit, quod consilia magistrorum in malum eorum nullatenus revelabit, Parisiensibus canonicis libertate ac iure in incipiendo habitis in sua manentibus firmitate."

[59] Vgl. Ruegg, Themen, Probleme, Erkenntnisse, S. 34; ausführlich bei Hénaff, Henri, Les Conservateurs apostolique dans le droit classique de l'Église. Origine et caractères de i'institution, in : Revue de Droit Canonique (24/1974), S. 223–255.

[60] Vgl. Greyztor, Organisation und Ausstattung, S. 118.

[61] Vgl. Fisch, Geschichte der europäischen Universität, S. 70.

[62] Zur Definition vgl. Art. 12 und 13 Ex Corde Ecclesiae:
„12. Jede Katholische Universität ist als Universität eine akademische Gemeinschaft, die in strenger und kritischer Methode zum Schutz und zur Förderung der menschlichen Würde und zugleich des Kulturerbes ihren Beitrag leistet durch Forschung und Lehre und durch die verschiedenen Dienste, die sie den örtlichen, nationalen und internationalen Gemeinschaften zu deren Nutzen erbringt. Sie besitzt jene institutionelle Autonomie, die notwendig ist, damit sie ihre Aufgaben wirksam erfüllen kann, und sie gewährleistet ihren Mitgliedern die akademische Freiheit, unter Wahrung der Rechte des Individuums und der Gemeinschaft, innerhalb des Anspruchs der Wahrheit und des Gemeinwohls.
13. Weil es die Zielsetzung einer Katholischen Universität ist, angesichts der großen Fragestellungen in Gesellschaft und Kultur in institutionalisierter Form das Christliche im universitären Bereich präsent zu machen, muß diese Universität als Katholische Universität durch folgende Wesensmerkmale geprägt sein:
- christliche Ausrichtung nicht nur der einzelnen Mitglieder, sondern der ganzen Universitätsgemeinschaft als solcher;
- ständige Reflexion im Lichte des katholischen Glaubens über den immerfort wachsenden Schatz der menschlichen Erkenntnis, zu dem sie ihren Teil mit den ihr eigenen Studien beizutragen sucht;
- Treue gegenüber der christlichen Botschaft, so wie sie von der Kirche ausgelegt wird;
- institutionalisierte Verpflichtung, dem Volk Gottes und der Menschheitsfamilie zu dienen auf ihrem Weg zu jenem alles transzendierenden Ziel, das dem Leben seinen Sinn gibt."

Papst Johannes Paul II., Apostolische Konstitution Ex Corde Ecclesiae (ECE) vom 15.08.1990, in: AAS 82 (1990), S. 1475–1509; dt. VApSt 99.

[63] Zur Definition vgl. Art. 2 VG: „§ 1. In der vorliegenden Konstitution gelten jene Universitäten und Fakultäten als ‚kirchliche' Hochschuleinrichtungen, die nach kanonischer Errichtung oder Approbation durch den Heiligen Stuhl die Glaubenswissenschaft und hiermit verbundene Wissenschaften betreiben und lehren, mit dem Recht, akademische Grade in der Autorität des Heiligen Stuhles zu verleihen (vgl. can. 817 CIC; can. 648 CCEO).
§ 2. Jene können eine Universität oder kirchliche Fakultät sui iuris, eine kirchliche Fakultät innerhalb einer katholischen Universität (vgl. Johannes Paul II., Apost. Konst. Ex corde Ecclesiae, Art. 1, § 2: AAS 82 [1990] 1502) oder eine kirchliche Fakultät innerhalb einer anderen Universität sein."

[64] Vgl. I. Nr. 1 a) Akkommodationsdekret I: „Das Amt des Magnus Cancellarius wird, auch wenn diese Bezeichnung nicht verwendet werden kann, vom Ortsordinarius wahrgenommen." Im Übrigen erschließt sich nicht gänzlich, warum die Bezeichnung nicht verwendet werden kann. Ausgeschlossen wäre ein Leitungsorgan an der Universität, dass durch einen kirchlichen Amtsträger wahrgenommen wird. Aber exakt das ist der *magnus cancellarius* nicht.

[65] Vgl. Art. 12 VG, der Art. 12 SapChr entspricht.

[66] Art. 13 § 1 DScD zählte den *magnus cancellarius* noch zu den akademischen Behörden. Art. 14 § 1 DScD stellte den Großkanzler sogar noch an die Spitze der Leitung der Universität.

[67] Cito, David, Kommentar zu c. 816, in: Exegetical Commentary, S. 275; Hallermann, Die katholisch-theologischen Fakultäten, S. 335; Kahler, Hermann, Kommentar zu c. 816, in: MK CIC, Rn. 6.

[68] Vgl. Euart, Sharan A., Kommentar zu c. 810, in: Beal, John P.; Coriden, James A.; Green, Thomas J. (Hg.), New Commentary on the Code of Canon Law, New York; Mahwah 2000, S. 965.

[69] Art. 5 § 2 ECE: „Pflicht eines jeden Bischofs ist es, den guten Gang der Katholischen Universitäten seiner Diözese zu fördern; er hat das Recht und die Pflicht, für Schutz und Stärkung von deren katholischen Charakter zu sorgen. Wenn bezüglich dieser notwendigen Bedingung Probleme entstehen, hat der Ortsbischof die Maßnahmen zu treffen, die zu ihrer Lösung nötig sind, im Einvernehmen mit den rechtmäßigen akademischen Autoritäten und im Einklang mit den festgelegten Verfahren und – wenn es erforderlich sein sollte – mit Hilfe des Heiligen Stuhls."

[70] Vgl. Euart, Kommentar zu c. 810, in: New Commentary, S. 965: „The diocesan bishop is not authorized to intervene directly into the internal matters of the Catholic university."

[71] Vgl. § 26 Abs. 3 HG NRW: „Organe des Fachbereichs sind die Dekanin oder der Dekan und der Fachbereichsrat. Der Fachbereich regelt seine Organisation durch eine Fachbereichsordnung und erlässt die sonstigen zur Erfüllung seiner Aufgaben erforderlichen Ordnungen."

[72] Vgl. hierzu gleichlautend Pulte, Veritatis gaudium, S. 244–248.
[73] Heckel, Theologie zwischen Staat und Kirche, S. 438.
[74] Vgl. Heckel, 99 Thesen, S. 476.
[75] Vgl. ebd., S. 492.
[76] „Der Sinn des § 4 Ziffer 1 und 2 der Bonner und des § 48 Buchst. a und b der Breslauer Statuten ist folgender: Bevor an einer katholisch-theologischen Fakultät jemand zur Ausübung des Lehramts angestellt oder zugelassen werden soll, wird der zuständige Bischof gehört werden, ob er gegen die Lehre oder den Lebenswandel des Vorgeschlagenen begründete Einwendungen zu erheben habe. Die Anstellung oder Zulassung eines derart Beanstandeten wird nicht erfolgen. Die der Anstellung (Abs. 1) vorangehende Berufung, d. h. das Angebot des betreffenden Lehrstuhls durch den Minister für Wissenschaft, Kunst und Volksbildung, wird in vertraulicher Form und mit dem Vorbehalt der Anhörung des Diözesanbischofs geschehen. Gleichzeitig wird der Bischof benachrichtigt und um seine Äußerung ersucht werden, für die ihm eine ausreichende Frist gewährt werden wird. In der Äußerung sind die gegen die Lehre oder den Lebenswandel des Vorgeschlagenen bestehenden Bedenken darzulegen; wie weit der Bischof in dieser Darlegung zu gehen vermag, bleibt seinem pflichtmäßigen Ermessen überlassen. Die Berufung wird erst veröffentlicht werden, nachdem der Bischof dem Minister erklärt hat, dass er Einwendungen gegen die Lehre und den Lebenswandel des Berufenen nicht zu erheben habe.
Sollte ein einer katholisch-theologischen Fakultät angehöriger Lehrer in seiner Lehrtätigkeit oder in Schriften der katholischen Lehre zu nahe treten oder einen schweren oder ärgerlichen Verstoß gegen die Erfordernisse des priesterlichen Lebenswandels begehen, so ist der zuständige Bischof berechtigt, dem Minister für Wissenschaft, Kunst und Volksbildung hiervon Anzeige zu machen. Der Minister wird in diesem Fall, unbeschadet der dem Staatsdienstverhältnis des Betreffenden entspringenden Rechte, Abhilfe leisten, insbesondere für einen dem Lehrbedürfnis entsprechenden Ersatz sorgen."
[77] § 80 Abs. 2 HG NRW: „Vor jeder Berufung in ein Professorenamt in evangelischer oder katholischer Theologie ist die Zustimmung der jeweils zuständigen Kirche über das Ministerium herbeizuführen. Die Absetzung und die Umwidmung einer Professur in evangelischer oder katholischer Theologie bedürfen der Zustimmung des Ministeriums."
[78] Zu den Mitwirkungsrechten der Bischöfe gemäß dem konkordatären für den Staat erheblichem Recht vgl. ausführlich: Neumann, Thomas, Die sogenannten Konkordatsprofessuren. Genese und aktuelle Problemfelder, Essen 2013 (= BzMK; 65), S. 119–152.
[79] Vgl. Schmitz, Heribert, Das nihil obstat des Diözesanbischofs. Entstehung – Rechtsgrundlagen – Fortbildung eines Rechtsinstituts im hochschulrechtlichen Bereich, in: Ders. (Hg.), Neue Studien zum kirchlichen Hochschulrecht, Würzburg 2005 (= FzK; 35), S. 176–196; hier S. 177.

⁸⁰ Vgl. ebd., S. 178.; Heckel, Theologie zwischen Staat und Kirche, S. 425.
⁸¹ Vgl. Künzel, Heike, Die „Missio Canonica" für Religionslehrerinnen und Religionslehrer. Kirchliche Bevollmächtigung zum Religionsunterricht an staatlichen Schulen, Essen 2004 (= BzMK; 39), S. 7f.
⁸² Vgl. ebd., S. 16; Art. VII Vertrag von 1984 und Art. IV Nr. 2 von 1969.
⁸³ Vgl. Schmitz, Heribert, Nihil obstat sanctae sedis. Wurzeln – Rechtsgrundlagen – Ausweitung eines Rechtsinstituts des kirchlichen Hochschulrechts, in: Ders. (Hg.), Neue Studien zum kirchlichen Hochschulrecht, Würzburg 2005 (= FzK; 35), S. 153–175; hier S. 153; Künzel, Missio Canonica, S. 11; Malvaux, Benoit, Les professeurs et la mission canonique, nihil obstat, mandat d'enseigner, profession de foi, serment de fidélité, in: Studia Canonica 37 (2003), S. 521–548; hier S. 523.
⁸⁴ C. 109 CIC/1917: „Qui in ecclesiasticam hierarchicam cooptantur, non ex populi vel potestatis saecularis consensu aut vocatione adleguntur; sed in gradibus potestatis ordinis constituuntur sacra ordinatione; in supremo pontificatu, ipsomet iure divino, adimpleta conditione legitimae electionis eiusdemque acceptationis; in reliquis gradibus iurisdictionis, canonica missione."
⁸⁵ Vgl. für viele Künzel, Missio Canonica, S. 11. Kritisch zur Anwendung dieser missio gemäß c. 1328 CIC/1917 Malvaux, mission canonique, S. 523.
⁸⁶ C. 1328 CIC/1917: „Nemini ministerium praedicationis licet exercere, nisi a legitimo Superiore missionem receperit, facultate peculiariter data, vel officio collato cui ex sacris canonibus praedicandi munus inhaereat."
⁸⁷ Art. 21: „Ut quis in Professorum Collegium legitime cooptetur, requiritur ut: [...] 5° missionem canonicam docendi, post impetratam Nihil obstat Sanctae Sedis, a Magno Cancellario acceperit."
⁸⁸ Vgl. Otaduy, El mandato, S. 114f.; Cito, Kommentar zu c. 812, in: Exegetical Commentary, S. 261.
⁸⁹ Vgl. Euart, Kommentar zu c. 812, in New Commentary, S. 966; Cito, Kommentar zu c. 812, in: Exegetical Commentary, S. 261.
⁹⁰ Lediglich Kahler im MK CIC verweist auf die Debatte, nimmt dann aber eine Synonymität der Begriffe an, die die Debatte obsolet mache. Vgl. Kahler, Kommentar zu c. 812, in: Lüdicke, Klaus (Hg.), MK CIC, Rn. 8.
⁹¹ Vgl. neben Kahler: Dalla Torre, G., La collaborazione dei laici alle funzioni sacerdotale, profetica e regale die ministri sacri, in: ME 109 (1984), S. 151; Alessandro, J., The rights and responsibilities of theologians: A Canonical Perspektive, in: O'Donavan, L. J. (Hg.), CLSA, CTSA, Cooperation Between Theologians and the Ecclesiasitical Magisterium, Washington D. C. 1982, S. 106–109.
⁹² Vgl. Urrutia, F. J., Ecclesiastical Universities and faculties (Canons 815–821), in: SC 23 (1989), S. 467–468; Illanes, J. L., Teologia y facultades de teologia, S. 340–341.
⁹³ Vgl. Manzanares, J., Las universidades y facultades ecclesiasticas en la nueva

codification canonica, in: Seminarium 23 (1983), S. 588; Montan, A., La funzione de insegnare della Chiesa, in: La normativa de nuovo Codice, Brescia ²1985, S. 168; Errázuriz, C. J., Il munus docendi Ecclesiae: diritti e doveri de fedeli, Mailand 1991, S. 226.

[94] Vgl. Malvaux, mission canonique, S. 534: „Si, théoriquement, la mission canonique confère une responsabilité plus importante, la différence pratique entre les deux institutions apparaît pour le moins ténue."

[95] „Qui in studiorum superiorum Institutis quibuslibet lectiones tradunt theologicas aut cum theologia conexas missione egent canonica."

[96] Vgl. Cito, Kommentar zu c. 812, in: Exegetical Commentary, S. 262.

[97] Vgl. Coetus studiorum de magisterio ecclesiastico, Sessio II vom 13.–17.02.1968, in: Com 20 (1988), S. 122–147; hier S. 143, Nr. 7.

[98] Vgl. Coetus studiorum de magisterio ecclesiastico, Serie altera Sessio III, vom 21.–26.04.1980, in: Com 29 (1997), S. 248–320; hier S. 257.

[99] Vgl. zum ganzen Absatz: Com 15 (1983), S. 170–253: „Exigentia ‚missionis canonicae' in discrimen grave ponere potest Institutiones universitarias, praesertim in relationibus cum Gubernio. Omittatur proinde canon (Card. Carter).
Eodem sensu Exc. Bernardin, qui censet canonem aliquo modo superfluum esse, nam sufficienter providetur per cann. 765 et 766. Eius applicatio insuper requireret magnam structuram administrativam. Quod magni interest est ut in tuto ponatur ius vigilantiae competentis auctoritatis.
Ratio: opportunius visum est sermonem instituere de mandato, quam de missione canonica quae in hoc casu non piene aequaretur cum vera canonica missione. Ceterum principium heic statuendum est quod qui theologiam docet mandato eget competentis auctoritatis ecclesiasticae."

[100] Vgl. Malvaux, mission canonique, S. 532.

[101] Vgl. Kahler, Kommentar zu c. 812, in: MK CIC, Rn. 6.

[102] Vgl. ebd; Euart, Kommentar zu c. 812, in: New Commentary, S. 967 fügt hinzu die historische Wurzel einer kanonischen Sendung sei exklusiv für den Predigtdienst, was die entsprechenden Verurteilungen für das Predigen ohne Sendung auf dem Konzil von Verona 1184, dem IV. Laterankonzil und dem Konzil von Trient belegen.

[103] Art. 4 § 1 ECE: „Die Verantwortung für den Schutz und die Stärkung des katholischen Charakters der Universität kommt vor allem der Universität selbst zu. Wenngleich diese Verantwortung insbesondere den Autoritäten der Universität, (einschließlich, wo es sie gibt, des Großkanzlers und/oder des Verwaltungsrates oder eines anderen gleichwertigen Organs) obliegt, betrifft sie, wenn auch nicht in demselben Maß, auch alle Mitglieder der Universitätsgemeinschaft. Daher ist es erforderlich, daß für die Universität geeignete Personen, hauptsächlich Professoren und Verwaltungsbedienstete, gewonnen werden, die bereit und in der Lage sind, diesen Charakter zu fördern. Der Charakter einer Katholischen Universität ist vornehmlich gebunden an die Qualität der Professoren und an die Beachtung

der katholischen Lehre. Sache der rechtmäßigen Autorität ist es, gemäß den Vorschriften des Codex Iuris Canonici über diese beiden grundlegenden Bedingungen zu wachen."

[104] Vgl. Otaduy, El mandato, S. 108.

[105] Vgl. cc. 42, 133, 134 CIC/1983; Otaduy, El mandato, S. 100.

[106] Vgl. cc. 1484–1486 CIC/1983; Otaduy, El mandato, S. 100.

[107] Vgl. c. 1013 CIC/1983; Otaduy, El mandato, S. 100.

[108] Vgl. ebd., S. 104.

[109] Vgl. ebd.

[110] Vgl. Cito, Kommentar zu c. 812, in Exegetical Commentary, S. 266.

[111] Vgl. hierzu vor allem Papst Franziskus, Motu proprio Antiquum ministerium vom 10.05.2021, in: AAS 113 (2021), S. 527–533.

[112] Vgl. Otaduy, El mandato, S. 116.

[113] AA 24: „Gewisse Formen des Apostolates der Laien werden, wenn auch in unterschiedlicher Weise, von der Hierarchie ausdrücklich anerkannt. Darüber hinaus kann die kirchliche Autorität mit Rücksicht auf die Erfordernisse des kirchlichen Gemeinwohls aus den apostolischen Vereinigungen und Werken, die unmittelbar ein geistliches Ziel anstreben, einige auswählen und in besonderer Weise fördern, in denen sie dann auch eine besondere Verantwortung auf sich nimmt. Die Hierarchie, die das Apostolat je nach den Umständen auf verschiedene Weise ordnet, verbindet so eine seiner Formen enger mit ihrem eigenen apostolischen Amt, freilich unter Wahrung der Natur und der Verschiedenheit beider und darum auch der notwendigen Möglichkeit der Laien, in eigener Verantwortung zu handeln. Dieser Akt der Hierarchie wird in verschiedenen kirchlichen Dokumenten Mandat genannt.
Schließlich vertraut die Hierarchie den Laien auch gewisse Aufgaben an, die enger mit den Ämtern der Hirten verbunden sind, etwa bei der Unterweisung in der christlichen Lehre, bei gewissen liturgischen Handlungen und in der Seelsorge. Kraft dieser Sendung unterstehen dann die Laien bei der Ausübung ihres Amtes voll der höheren kirchlichen Leitung." Papst Paul VI., Dekret Apostolicam Actuositatem vom 18.11.1965, in: AAS 58 (1966), S. 837–864; dt. HThK-VatII, Bd. 1, S. 387–435; hier S. 422f.

[114] Vgl. ebd., S. 113; zustimmend Euart, Kommentar zu c. 812, in: New Commentary, S. 968. Ablehnend, in der Sache aber nicht überzeugend Malvaux, mission canonique, S. 533.

[115] Vgl. Euart, Kommentar zu c. 812, in: New Commentary, S. 968; unzutreffend formuliert Schmitz, Mandat und nihil obstat des Theologieprofessors, in: Ders. (Hg.), Neue Studien zum kirchlichen Hochschulrecht, Würzburg 2005 (= FzK; 35), S. 50–73; hier S. 54: „Dieses Mandat ist zu definieren als der kirchenamtlich erteilte Auftrag, katholische Theologie in wissenschaftlicher Lehre öffentlich *im Namen der Kirche* zu vertreten. Das Mandat beinhaltet *Bevollmächtigung zur Teil-*

habe an der amtlichen kirchlichen Lehrverkündigung, ohne dass dadurch die eigne Verantwortung des Lehrenden eingeschränkt oder aufgehoben ist." [Hervorhebungen T. N.].

[116] Otaduy, El mandato, S. 120.

[117] Vgl. Otaduy, El mandato, S. 118: „La religion, en la ensenanza oficial, no es adoctrinamiento, catequesis ni predicación."

[118] Vgl. Esposito, Veritatis Gaudium, S. 855f.

[119] Zitiert nach Fisch, Die Geschichte der europäischen Universität, S. 54.

[120] Vgl. Heckel, Theologie zwischen Staat und Kirche, S. 446.

[121] Papst Johannes Paul II., Katechismus der Katholischen Kirche, Vatikan 1997 [Hervorhebungen T. N.].

[122] Papst Franziskus, Motu Proprio Magnum principium vom 03.09.2017, in: AAS 109 (2017), S. 967–970.

[123] Roche, Arthur, Canon 838 in the light of conciliar and post consiliar sources (online: https://press.vatican.va/content/salastampa/it/bollettino/pubblico/2017/09/09/0574/01279.html#tedcomm).

[124] Papst Franziskus, Apostolische Konstitution Praedicate Evangelium vom 19.03.2022, in: Com 54 (2022), S. 9–81; dt. VApSt 236.

[125] Hier sei explizit Art. 8 PE zitiert: „§ 1. Die Tätigkeit aller Einrichtungen der Römischen Kurie muss sich stets an den Kriterien der Rationalität und der Zweckdienlichkeit orientieren, indem sie auf die in der Zeit auftretenden Situationen antwortet und sich den Bedürfnissen der Gesamtkirche und der Teilkirchen anpasst.
§ 2. Die Zweckdienlichkeit, die darauf abzielt, den besten und wirksamsten Dienst zu leisten, verlangt, dass alle, die in der Römischen Kurie Dienst tun, immer bereit sind, ihre Arbeit je nach Erfordernissen auszuführen."

[126] Vgl. Versaldi, Giuseppe, Linee guida della Costituzione apostolica „Veritatis gaudium" per il rinnovamento delle Università e Facoltà ecclesiastiche: conseguenze nel campo del diritto canonico, in: Ephemerides Iuris Canonici 59 (2019), S. 5–24; hier S. 23f.: „Papa Francesco nella ,Veritatis gaudium' ricorda che ,quella che oggi emerge di fronte ai nostri occhi è una grande sfida culturale, spirituale ed educativa che implicherà lunghi processi di rigenerazione per le Università e Facoltà ecclesiastiche'. È un processo e non un atto di formale adattamento di statuti quello a cui siamo chiamati."

Spielmacher

Herr Bischof, wie geht Bischof sein?
Ein Gespräch mit Erzbischof Stephan Burger und Bischof Dr. Heiner Wilmer SCJ

Kann man über Diözesanbischöfe schreiben, ohne mit ihnen zu reden? Wir meinen: Nein. Deshalb haben wir, die Herausgeber:innen dieses Buches, mit zwei deutschen Diözesanbischöfen gesprochen. Der Freiburger Erzbischof Stephan Burger und der Hildesheimer Bischof Dr. Heiner Wilmer SCJ haben uns Rede und Antwort gestanden, was es heißt, heute Bischof zu sein. Wie blicken sie selbst auf ihre Rolle als Diözesanbischöfe, wie begreifen sie Macht, welche Rolle spielen Kollegialität und Partizipation, wie funktioniert Leitung in einer Diözese? Und nicht zuletzt natürlich haben sie uns darüber aufgeklärt, wie man eigentlich Bischof wird.
  Das Gespräch fand am 23.01.2024 in Würzburg statt. Beide Bischöfe haben die hier vorliegende, für den Druck geringfügig überarbeitete Fassung des Gesprächs autorisiert.

Steenberg:
Erzbischof Stephan, am 30.05.2014, also vor etwa 10 Jahren, wurden Sie von Papst Franziskus zum neuen Erzbischof von Freiburg ernannt. Vorangegangen war Ihre Wahl durch das Freiburger Domkapitel. Wie war das? Wie ging es Ihnen, als Sie erfahren haben, dass Sie Bischof werden?

Burger:
Ich war als zuletzt ernannter Domkapitular auch Kapitelssekretär und hatte damit die Wahl zu dokumentieren. Der damalige Dompropst, Weihbischof Dr. Uhl, öffnete das Kuvert, las drei Namen vor und dann kam die Schockstarre im Gremium. Mein Name war dabei. Und es erfolgte ein mündlicher Austausch über die Kandidaten. Als man sich über mich unterhielt, bin ich vor die Tür und wurde danach wieder reingerufen. Nach dem Abendessen (mein Appetit war leicht eingeschränkt) wurde die Wahl ziemlich flott und zügig durchgeführt. Schließlich kam die Frage: „Nimmst du die Wahl an?" Jetzt hätte ich natürlich die Chance gehabt, mir die kanonische

Bedenkzeit zu nehmen. Aber mit wem hätte ich mich besprechen und unterhalten können? Das alles ging ja nicht. So stand für mich fest: Ich muss; sich davor drücken geht nicht.

Steenberg:
Wie ging es Ihnen damit? Waren Sie mit sich im Reinen, oder haben Sie mit sich gerungen?

Burger:
Es war eine Wahl. Ein Gremium hatte mir das Vertrauen ausgesprochen, ohne zu wissen, was auf das Gremium oder was auf mich zukommt. Gründe abzulehnen, hatte ich keine auf der Hand. Somit blieb nur, die Wahl anzunehmen. Aber ja, es braucht schon ein bisschen Zeit, bis es sich setzt. Ausführliche Gedanken zu machen, was alles auf mich zukommt, dazu war ich in dieser Situation nicht in der Lage. Es ist, wenn man es jetzt pointiert oder überspitzt sagen will, schon eine Art Hinrichtung. Das überhaupt erst einmal zu realisieren, ist eine Sache. Und anschließend kommen natürlich so viele Dinge, die in Arbeit genommen werden müssen. Man fühlt sich wie der Frosch in der Milch. Entweder buttert er, kommt über den Rand oder er ertrinkt. So habe ich mich entschlossen, doch zu buttern.

Steenberg:
Würden Sie heute, mit dem Wissen und den Erfahrungen Ihrer bisherigen Amtszeit, genau so spontan „Ja" sagen? Oder zumindest eine Nacht darüber schlafen?

Burger:
Rational betrachtet müsste ich heute sagen, ich müsste noch mal drüber schlafen. Aber da spielt natürlich auch die religiöse, glaubensmäßige Dimension eine wesentliche Rolle: Wenn ich mit dem Glauben selber ernst mache und weiß, jetzt kommt eine Herausforderung auf mich zu, die ich nicht überblicken kann, bei der ich nicht übersehen kann, was alles sein wird – kann ich im Vertrauen auf Gott „Ja" sagen. Das war damals das tragende Moment und ich denke, das wäre es auch jetzt. Es geht darum: Was hat Gott mit einem vor? Es geht nicht darum, dass ich mich wohlfühle, sondern es geht darum, hier eine Aufgabe wahrzunehmen, die in *seinem* Dienst

steht. Und von dieser geistlichen Dimension her, denke ich, lässt sich dieses Amt, so wie ich es verstehe oder wahrnehme, auch leben.

Steenberg:
Würden Sie da von Berufung zum Bischofsamt sprechen? Wenn ein junger Mann Priester werden möchte, wird seine Berufung ja geprüft. Wenn Sie Bischof werden, wird da überhaupt nach der Berufung zum Bischof gefragt? Fühlen Sie sich berufen oder sind Sie berufen worden?

Burger:
Ich wurde nach der Wahl gefragt, ob ich sie annehme. Diese Aufgabe habe ich mir nicht ausgesucht. Danach gestrebt habe ich nicht. Ich wurde damit konfrontiert. Und darin, dass andere auf einen zukommen, habe ich geglaubt, den Ruf zu erkennen und diesem zu folgen. Für mich war immer klar, ich will auf keine Liste und ich war auch auf keiner Liste, die meine Mitwirkung erforderte. Und dennoch, nachdem der Dompropst das Kuvert geöffnet hatte, stand mein Name darauf. Es muss wohl Personen gegeben haben, die sich über mich Gedanken gemacht hatten, warum ich jetzt auf diese Liste sollte und die mir diesen Dienst zutrauten. Schlussendlich dachte ich mir: Okay, wenn das jetzt so sein soll, wenn sich andere darüber den Kopf zerbrochen haben, welchen Grund habe ich dann, mich dem zu verweigern? Geht es nur um mein Wohlfühlen? Oder geht es wirklich um die Aufgabe, die mir zugetraut wird? Dass ich diese Aufgabe nicht allein meistern und schultern kann, stand für mich außer Frage. Mein Blick in die Runde des Domkapitels beinhaltete natürlich auch: „Ihr seid diejenigen, die mich gewählt haben. Ihr habt dafür gesorgt, dass ich diese Aufgabe wahrnehmen soll, und so müsst ihr auch mithelfen." Alleine ist das nicht zu schaffen.

Steenberg:
Bischof Heiner, wie erging es Ihnen, als Sie erfahren haben, dass Sie zum Bischof gewählt worden sind? Was waren Ihre ersten Gedanken?

Wilmer:
Es war jedenfalls völlig anders. Wie Sie wissen, bin ich Ordensmann. Zur Zeit meiner Wahl war ich schon drei Jahre in Rom, als General-

oberer einer mittelgroßen Ordensgemeinschaft mit 2200 Mitgliedern in 43 Ländern, mit vielen Werken, Institutionen. Und jetzt also Bischof? In Deutschland gibt es, außer in Bayern, keine Ordensleute als Diözesanbischöfe. Von daher lag eine solche Vorstellung für mich überhaupt nicht nahe. Die Nachricht, dass ich zum Bischof gewählt war, erhielt ich, als ich die Britisch-Irische Provinz visitierte. Wir waren zu dem Zeitpunkt in Manchester und dort bekam ich den Anruf vom Hildesheimer Weihbischof Heinz-Günter Bongartz. Das Domkapitel zu Hildesheim hätte mich zum Bischof gewählt. Da habe ich gesagt, das könne gar nicht sein. Ich bin Generaloberer, ich bin Ordensmann. – Doch, doch, war die Antwort. ... Nun ja, ich konnte mich überhaupt nicht entscheiden. Alles war völlig überraschend. Ich bat um Bedenkzeit.

Ich machte dann erstmal wie geplant weiter, die Visitation bedeutete ein volles Programm, aber es ratterte in mir. Ich dachte zunächst an meine Ordensgemeinschaft: Ich kann da nicht raus, das geht so nicht. Ich bin für sechs Jahre zum Generaloberen gewählt, diese sechs Jahre sind noch nicht einmal zur Hälfte um. Ich hatte ein schlechtes Gewissen gegenüber meiner Gemeinschaft, die mir bei der Wahl ihr Vertrauen ausgesprochen hatte.

Drei Tage später, aufgewühlt wie ich war, habe ich dann gedacht, ich schreibe dem Papst einen Brief, eine persönliche E-Mail. Ich wüsste nicht, wie ich mich entscheiden sollte und bäte ihn um seinen Rat.

Fünf Stunden nach dem Versenden der E-Mail brummte mein Handy in der Hosentasche. „Buona sera, sono io, Francesco." Da hatte ich also den Papst am Telefon. Er hat mir gesagt: „Hör zu, ich mache dir keinen Druck, du bist frei." Das höre ich noch heute: „Sei libero, non ti faccio nessuna pressione – du bist frei, ich mache dir keinen Druck."

Am Abend dann wurde mir klar: Der Papst macht mit mir das Gleiche, was ich mit meinen Leitungskräften mache. Da ist der Satz angebracht: „Wir brauchen dich, aber du bist frei." Okay, habe ich dann gedacht, der Papst ist der Chef der Kirche. In Gottes Namen, ich weiß nicht, was es gibt, aber ich sage „Ja". Spät abends habe ich dann Weihbischof Heinz-Günter Bongartz angerufen und gesagt: Ich stehe zur Verfügung.

Steenberg:
Würden Sie heute noch mal „Ja" sagen?

Wilmer:
Ich bin guter Dinge in Hildesheim. Ich bin damals bewusst in eine Ordensgemeinschaft gegangen und deshalb war das Bischofsamt nie in meiner Perspektive. Aber ich bin gerne im Bistum Hildesheim, fühle mich sehr wohl, sehr heimisch. Ja, es gibt schwere Themen, aber ich bin gern bei den Leuten. Ich mag die Art und Weise, wie in Ostniedersachsen geglaubt und gelebt wird. Ich mag die Herausforderung des Säkularen. Ich mag die starke protestantische Kirche und habe gute Kontakte zu den Juden und Muslimen. Ich mag das, weil es mir liegt. Am wichtigsten ist: Durch die Bodenständigkeit und Offenheit der Menschen eröffnen sich viele Perspektiven.

Neumann:
Ein gutes Drittel der angefragten Bischofs-Kandidaten, so heißt es, sagt „Nein". Können Sie das nachvollziehen?

Burger:
Wenn man in dieses Amt Einblick gewinnt und mitbekommt, was alles damit zusammenhängt und wie man auch manchmal, ich sage es mal krass, das Fell gegerbt bekommt, kann ich es schon nachvollziehen. Es stellt sich schon die Frage: Habe ich die Nerven dazu? Bringe ich die Gesundheit mit? Kann ich das durchstehen? Darüber macht man sich im Vorfeld viel zu wenig Gedanken. Aber das sind natürlich Momente, die schlagen nachher zu Buche. Schlaflose Nächte gibt's nicht nur ein Mal. Auch im Umgang mit den verschiedenen Personen, mit denen Sie zu tun haben, zeigt sich das: Geht es wirklich um die Sachebenen oder geht es um Befindlichkeitsgeschichten, wo Sie als Person angefragt, miesgemacht oder niedergemacht werden? Mit diesen Dingen muss man lernen umzugehen, oder man zerbricht daran.

Wilmer:
Also verstehen kann ich es auf jeden Fall. Angesichts dessen, was ein Bischof heute auszuhalten hat, kann ich mir schon vorstellen, dass jemand sagt: Nein, diesen Dienst übernehme ich nicht. Was Erz-

bischof Stephan sagt, sehe ich genauso: Es ist schon auch eine Nervensache, also eine große psychische Belastung. Entsprechend braucht man für diese Aufgabe eine große Belastbarkeit und eine gute psychische Konstitution.

Gallegos Sánchez:
Es gibt ja auch einen Vorbereitungskurs für neuernannte Bischöfe in Rom. Bereitet der einen darauf vor?

Burger:
Das war für mich eine ganz nette Veranstaltung, weil die verschiedenen Präfekten der Kurie erklärten, wie der Apparat funktioniert. Die Kollegialität mit den anderen neuernannten Mitbrüdern zu erfahren, das Miteinander wahrzunehmen, ist schon interessant und spannend. Inhaltlich hat der Kurs jetzt nicht unbedingt die Einführung ins bischöfliche Dasein bewirkt, zumindest bei mir nicht.

Wilmer:
Meines Erachtens war das Beste an dem Kurs das Menschliche, waren die Kontakte zu den anderen, das mitbrüderliche Gespräch zwischendurch bei Tisch, in den Pausen, abends. Wir waren etwa 110 Bischöfe aus Europa, aus Lateinamerika, Nordamerika – und Bagdad. Es gab die Besuche in den Dikasterien, die sich vorstellten, und zum Schluss, als Highlight, die Audienz beim Heiligen Vater.

Koller:
Wirken sich diese Kontakte zu Bischöfen in aller Welt auch darauf aus, wie Sie Ihr Bischofsein sehen, gerade im Blick auf Afrika und Lateinamerika, wo Kirche und das Bischofsamt ja doch sehr anders gelebt werden?

Burger:
Meine weltkirchlichen Kontakte haben sich weniger über den Bischofskurs ergeben, sondern vor allem durch meine Aufgabe als Misereor- und Caritas-Bischof sowie im Zuge der Freiburger Peru-Partnerschaft. Infolge dieser Kontakte durfte ich auch einzelne Persönlichkeiten näher kennenlernen. Es ist für mich eine riesengroße Bereicherung zu erleben, was katholische Kirche über die eige-

nen Diözesan- und Landesgrenzen hinaus bedeutet. Wie wird der Glaube anderswo gelebt? Mit welchen Emotionen, mit welchen Empfindungen? Es zeigen sich Mentalitätsunterschiede. Neue Erfahrungen kommen hinzu. Kirche ist eben mehr als nur das, was wir hier in unseren eigenen vier Wänden erfahren. Diesen reichen Schatz, den wollte ich nicht missen, der hilft mir auch, mit manchen Dingen entspannter umzugehen. Manches rüttelt sich, relativiert sich. Es geht um den gemeinsamen Glaubensvollzug in unserem Leben. Wir können viel miteinander und voneinander lernen.

Wilmer:
Zu einigen aus dem Kurs habe ich tatsächlich noch Kontakt und auch darüber hinaus pflege ich Kontakte zu anderen Bischöfen; teils in Europa, aber auch jenseits von Europa. Das ist für mich wichtig. Wie Erzbischof Stephan eben sagte, es hilft mir, meinen Blick zu weiten. Es hilft mir, andere Perspektiven zu sehen. Und es erinnert mich auch an meine früheren Aufgaben im Orden. Ich habe insgesamt acht Jahre im Ausland gelebt, in verschiedenen Ländern studiert und gearbeitet. Der Blick auf die Weltkirche ist für mich einerseits bereichernd, anregend, aber auch entspannend und relativierend. Wir sind als Kirche in Deutschland wichtig, aber wir sind nicht die ganze Kirche. Von daher ist es gut, Doppeltes zu tun: Voranzugehen und sich gleichzeitig zurückzunehmen. Vorschläge zu machen, aber auch Tugenden zu kennen wie Maß, Bescheidenheit und Hinhören. Hinhören, noch mal nachfragen und Interesse zeigen. Und auch daran denken, dass jede Kultur ein Proprium hat. Dass wir Kinder unserer jeweiligen Kultur sind, das darf man nicht unterschätzen.

Steenberg:
Was würden Sie sagen, ist das spezifisch Deutsche, was in der Welt wahrgenommen wird? Was macht den deutschen Katholizismus aus?

Wilmer:
Für die Welt sind wir das Land der Reformation, definitiv. Als ich damals in Italien mit dem Studium anfing, waren Studenten aus anderen Ländern völlig erstaunt, dass überhaupt noch ein Katholik aus

Deutschland kommt, um in Rom zu studieren. Viele dachten, in Deutschland gäbe es nur Protestanten. Es gibt tatsächlich die Vorstellung, Deutschland sei rein protestantisch. Natürlich sind wir das Land der Reformation. Aus der weltkirchlichen Wahrnehmung, so wie ich sie erfahren habe, wird Deutschland stark mit der protestantischen Kirche und Martin Luther verbunden, das ist das eine. Das zweite ist die deutsche Theologie. In anderen Ländern ist bekannt, dass die deutsche Theologie ein hohes, ja sehr hohes Niveau hat. Wir alle kennen überall, auch in Brasilien, in den USA, in Asien, Professoren, jüngere wie ältere, die irgendwann mal Deutsch gelernt hatten, um dann deutsche Theologen und Theologinnen studieren zu können. Das hat allerdings deutlich abgenommen. Ein dritter Punkt ist, dass die deutsche Mentalität im Ausland, auch die kirchliche Mentalität, als „*pressure*-Mentalität" gilt. Dies ist nicht immer von Vorteil. Ja, wir wirken manchmal wie eine *pressure group*, was ambivalent ist. Der Vorteil ist: Man macht einen Vorschlag und wir sind nicht ängstlich – das gehört schon zu unserer Mentalität. Gleichzeitig kommen wir häufig in einer Art rüber, die, wenn sie nicht geschliffen ist, auf dem internationalen Parkett als brüsk erscheint. Um nicht zu sagen sogar arrogant. Und hier und da plump. Wir sind so. Jedenfalls wirken wir so. Statt sich erstmal an einen Tisch zu setzen, gemeinsam Kaffee oder Matetee zu trinken, gemeinsam Pasta zu essen, nach den Eltern zu fragen, sich für die Geschwister zu interessieren, um so langsam Vertrauen zu gewinnen und in eine Beziehung zu kommen, sind wir eher diejenigen, die gleich mit gezielten Vorschlägen und Methoden kommen. Wir haben zehn Punkte auf der Agenda, wir haben wenig Zeit. Zack, zack, zack. Kirche ist für uns auch Business – so kommt es rüber.

Burger:
Bis hin, wenn ich das ergänzen darf, zu der Spannung: Zum einen wollen wir Freiheit, wollen wir Liberalität und Offenheit signalisieren. Und gleichzeitig regeln wir alles bis ins Detail zu Tode. Mit der Spannung umzugehen, was Leben heißt und dass Leben irgendwo Spielräume braucht, Atmungsaktivitäten, damit können wir kaum umgehen. Wir wollen alle Offenheit, aber achten auf alles kleinteilig bis ins Letzte und meinen, wir wären ansonsten nicht wahrhaft. Das Leben funktioniert aber nicht so! Hier können wir von anderen Län-

dern lernen: Die Norm nicht aufgeben, aber trotzdem ein bisschen Luft lassen.

Wilmer:
Das sehe ich ganz ähnlich wie Du, Stephan. Ich erinnere mich an ein Gespräch, da fragte ein deutscher Oberer bei einer Visitation im Ausland: „Wie findet ihr uns in Deutschland?". Die Antwort war: „Ach, alles super." Dann sagte der deutsche Obere: „Ja, haben Sie nicht einen kritischen Punkt? Wir brauchen keine Lobhudelei." Daraufhin der andere: „Ja doch, da ist ein Punkt. Euch fehlt es irgendwie an Spontaneität." Da hat der Deutsche eine kurze Pause gemacht und sagte dann: „Ach, wissen Sie, wenn Sie uns ein bisschen Zeit geben, können wir das auch organisieren."

Koller:
Was sind denn spezifische Qualitäten, die man braucht, um Bischof *in Deutschland* zu sein? Also für die Kirche, die Sie gerade skizziert haben?

Burger:
Was braucht es auf alle Fälle? Geduld. Viel Geduld. Was braucht es noch? Gelassenheit. Gutes Mitgefühl. Bei all den wahnsinnigen Entwicklungen, in denen wir drinstehen, und bei allem, was unvorhergesehen auf uns zukommt, wie gelingt es einem, sich nicht ständig treiben zu lassen vom einen Extrem ins andere? Man merkt es ja auch an den öffentlichen Reaktionen: Einmal wird man hochgejubelt, dann ist wieder alles Käse. Wo bleibt die Mitte? Vielleicht ist es eine Art Lebenskunst. Das ist nicht bloß etwas, was bischöfliches Dasein herausfordert. Auch in vielen anderen Bereichen gilt es zu lernen, die Balance zu halten, nicht vom einen Extrem ins andere zu gleiten. Das ist eine wichtige Voraussetzung, um mit dem Amt einigermaßen zurecht zu kommen.

Wilmer:
In Deutschland ist der Bischof aus meiner Sicht ein Doppeltes: Er ist der „Draufgucker" und der Spielmacher. Also der Auf-Seher, nicht der Aufseher; Auf-Seher im besten Sinne des griechischen *episkopein*, der draufschaut und wahrnimmt, beobachtet, der seine Sinne

voll ausfährt. Ich glaube, um es gut zu machen, muss ein Bischof in Deutschland *sinnlich* sein. Mit großen Augen. Er muss die Kunst der Langeweile und der langen Weile kennen, der Muße. Er muss mit seinen Augen sorgsam sehen. Riechen, den Geruch der Schafe, den berühmten. Mit den Ohren lange hinhören, das „Höre Israel", den Schlüsselsatz der Thora verinnerlichen, sich selbst ins Herz einritzen. Er muss taktil sein, muss den Takt kennen, den Rhythmus, Gefühl und Gespür entwickeln. Das alles verbinde ich mit Draufsehen, mit dem Sinnlichen. Es reicht nicht das Sehen, das würde ich weiten, man müsste die griechischen Wörter fürs Hören, fürs Tasten, fürs Schmecken dazulegen.

Das zweite ist der Spielmacher. Nicht ganz in dem Sinne wie im Fußball, wo der Libero frei agiert. Der Bischof ist der Anwalt dafür, dass das heilige Spiel nicht aufhört. Er schaut: Wie kommen wir zusammen? Wie bleiben wir zusammen? Wie setzen wir uns an einen Tisch, wie sind wir gemeinsam unterwegs? Mein Bild ist das der Emmaus-Jünger nach Ostern. Wie die Jünger damals leben auch wir in einer verunsicherten Gesellschaft. In einer Welt, in der die Sicherheit abhandengekommen ist. Vor allem kennen wir die Erfahrung: Der Herr ist nicht mehr da. Zwar erzählen die Leute von der Auferstehung, aber so richtig ist das noch nicht internalisiert. Die Menschen sind entwurzelt. Sie haben alles verloren, den Beruf, die Heimat, bestimmte menschliche Beziehungen, und sind unterwegs, von der Stadt in ein Nest namens Emmaus. Für mich ist der Bischof derjenige, der mit anderen unterwegs ist. Der Kontakte hält, der dafür sorgt, dass er selbst in Kontakt bleibt. Aber auch dafür, dass die anderen untereinander zusammenkommen, auch unabhängig von ihm. Das meine ich mit Spielmacher. Ein Bischof sollte ein guter Kommunikator sein, der dafür sorgt, dass aus dem „Ich" ein „Wir" wird. Er ist nicht wie die Nabe im Rad, an der alle Speichen zusammenlaufen. Als Spielmacher muss er schauen, wie wir zusammenbleiben und wie die anderen auch zusammenbleiben: Wie geht aktiv Gemeinschaft sein, unterwegs sein mit Gott, zusammen in dieser Welt, ohne weltscheu oder weltfeindlich zu sein – das ist Aufgabe eines Bischofs.

Steenberg:
Kirchlich wird ja immer vom Bischof als Hirten, als Oberhirten gesprochen. Ich finde „Spielmacher" durchaus sympathischer. Wo

würden Sie den Hirtenbegriff, die Hirtenmetapher verorten? Oder fühlen Sie sich damit unwohl?

Wilmer:
Ich finde die Hirtenmetapher schon sinnvoll, aber sie ist nicht mehr automatisch vermittelbar. Selbst in der Gegend, in der ich tätig bin, in Ostniedersachsen, wo wir tatsächlich Schafherden direkt vor der Tür haben. Allerdings haben wir in der deutschen Sprache Redewendungen wie das „dumme Schaf", das ist nicht von Vorteil. Dennoch kann ich der Metapher, wenn man sie erklärt, etwas abgewinnen.

Burger:
Das, was Du, Heiner, umschreibst, lässt sich ja mit „Hirtensorge" trefflich wiedergeben. Denn die Sorge um die anderen, um das Miteinander, um die Herde im besten Sinne zusammenzuhalten, trifft alles, was du mit dem Spielmacher gesagt hast. Beim Bild des Hirten geht es nicht um die dummen Schafe, sondern um die Sorge, eine Gemeinschaft zusammenzuhalten und gemeinsam auf dem Weg zu sein.

Koller:
Papst Franziskus schreibt in seiner Enzyklika *Evangelii Gaudium*, der Bischof als guter Hirte müsse mal der Herde voran, mal der Herde hinterher und mal in ihrer Mitte gehen. Wo verorten Sie sich? Und haben Sie vielleicht eine Lieblingsposition?

Wilmer:
Ich habe eine Verantwortung, ich kann mich nicht ducken. Ich finde, auf die Mischung kommt es an. Von der Rolle her wäre es falsch zu sagen, ich bewege mich nur in der Mitte. Es gibt tatsächlich Momente, da muss ich nach vorne gehen und eine Frage stellen oder etwas vorschlagen. Dann bin ich mal in der Mitte und alle sind drum herum. Und mal bin ich dann auch der Letzte, der noch den Raum fegt, noch mal hinterhergeht, das Licht ausmacht, der guckt, ob alles okay ist, während alle anderen schon mal vorgehen. Intuitiv, aber auch wenn ich darüber nachdenke, meine ich, dass alle drei Positionen für mich in meiner Rolle wichtig und gut sind.

Burger:
Interessant für mich ist die Retrospektive. Es ist ja nicht so, dass man sich im Vorfeld überlegt, jetzt gehe ich voran und jetzt komme ich hinterher oder jetzt bin ich in mittendrin. Aufgrund der verschiedenen Aufgaben, die man wahrzunehmen hat, ist man in verschiedenen Spektren unterwegs, und im Nachgang merkt man: Jetzt habe ich mal wieder zusammengekehrt, jetzt war ich mittendrin und dort habe ich ein Signal gesetzt, das nach vorne gebracht hat.

Gallegos Sánchez:
Im Begriff des Spielmachers steckt ja auch das Wort „machen", und das hat auch mit Macht zu tun. Wie würden Sie Ihre Macht beschreiben, die Sie als Bischof haben?

Wilmer:
Die Frage ist ja, wie verstehen Sie Macht? Verstehen Sie sie wie Max Weber oder wie Hannah Arendt? Das ist die Schlüsselfrage. Bei Max Weber meint Macht Herrschaftsausführung und Herrschaftsausübung. Das bedeutet: Ich habe Macht über andere Menschen. Im schlimmsten Falle kann ich mit ihnen tun und machen, was ich will. Das ist ein Machtbegriff aus der Politik und ihrer Geschichte. Der andere Machtbegriff von Hannah Arendt, die ich sehr schätze, lautet: Macht heißt gestalten können, die Möglichkeit haben, schöpferisch tätig und kreativ zu sein, etwas entwickeln zu können. Macht ist also im besten Sinne ein schöpferischer Akt. Wenn ich Macht verstehe als machen und gestalten können, dann brauche ich, dann braucht jede und jeder Macht, um Mensch zu sein. Schauen wir in unsere jüdisch-christliche Tradition, schauen wir, wie es die Bibel schon seit vielen hunderten Generationen lehrt: Du, Mensch, bist nicht nur ein Geschöpf Gottes, sondern du, Mensch, kommst zu der höchsten Erfüllung, wenn du das Göttliche in dir nicht nur entdeckst, sondern es aufblühen lässt. Du kommst zu deiner Erfüllung, wenn du selbst wieder Schöpferin, Schöpfer wirst. Denn es ist großartig, sich in diese Welt einzubringen. Dein Tun erfüllt dich mit Sinn. Dieser Sinn strahlt zurück. Gestalten ist nicht einfach ein Dienst und eine Pflicht, sondern macht das Leben schön. Dann ist Macht etwas Wunderbares. Ich *will* gestalten. Ich habe Lust, Energie und Leidenschaft, mich einzubringen. Das ist ein Machtbegriff, der

mich fasziniert. Zudem weiß ich, ich kann dann besonders kreativ sein, wenn mein Nachbar, meine Nachbarin dies auch sein können. Macht heißt hier: Wie gestalten wir die Welt mit? Wie bringen wir uns ein? Wie engagieren wir uns mit Leidenschaft? Wie ermöglichen wir *power*, wie *empowerment*? Wie gelingt Liebe? Wie entsteht Dynamik? Wie erleben wir Faszination? Da sind wir bei einer anderen Ebene und anderen Qualität von Leben, die faszinierend ist, die anspricht und ausstrahlt.

Burger:
Bei dieser Definition kann ich sehr gut mit. Macht gleich Kraft der Gestaltung. Dass ich nämlich als Bischof, von der Hierarchie her gedacht, der Letztverantwortliche bin, der in seiner Position alle Macht in sich vereint, ist in der Theorie wunderbar. Aber gerade in der praktischen Umsetzung gilt, was Bischof Wilmer gesagt hat: Ich kann nur dann gestalterisch tätig werden, wenn ich weiß, ich habe Leute um mich herum, die mitziehen, die mitgehen. Ich staune immer wieder, wie auch in der heutigen Zeit in uns Bischöfe eine Macht hineinprojiziert wird, die der eines absolutistischen Herrschers gleicht. Da kommen Bitten und Anfragen wie „Bischof, mach mal, jetzt, du kannst doch." Und dann sage ich: Nein, ich kann eben nicht! Meine Macht ist eine sehr relative, auch im rechtlichen Sinn. Ich bin an so viele Mitentscheidungsträger gebunden. In finanziellen Fragen bin ich komplett abhängig. Es gilt Rücksichten zu nehmen, Schritte, Abläufe einzuhalten. Anhörungs- und Zustimmungsrechte sind zu berücksichtigen, sodass von dieser absoluten Herrschergestalt, wie wir sie vielleicht aus der Geschichte kennen, meines Erachtens nicht mehr viel übrigbleibt. Im Gegenteil, wenn einer der Bischöfe meint, seine so genannte Macht ausspielen zu müssen, erleidet er ganz schnell Schiffbruch. So schafft er es nicht mehr, die Leute mitzunehmen. Ganz schnell kann ich hier einsam dastehen. Die Hirtensorge und das Spielmachen, was wir gerade angesprochen haben, werden dadurch konterkariert, wenn ich davon ausgehe, als absoluter Herrscher oben zu stehen. Auf diese Weise bewege ich eben nichts mehr, sondern schaffe mir bloß Probleme. Und Feinde.

Gallegos Sánchez:
Kirchenrechtlich gesehen gilt aber doch tatsächlich „von oben nach unten". Wenn man Macht mit Niklas Luhmann auch als Kommunikationskonzept betrachten will, ist Kommunikation von oben nach unten immer möglich und von unten nach oben immer an Schranken gebunden.

Burger:
Man täusche sich nicht, dass die Kommunikation von oben nach unten wirklich funktioniert. Sie glauben gar nicht, wie oft ich das erleben darf: „Der Erzbischof wünscht" – und von dem Wunsch weiß ich gar nichts. Auf diese Weise können auch Eigeninteressen von Personen zur Geltung kommen, die nichts mit dem zu tun haben, was der Bischof wirklich beabsichtigt. Oder die Absicht des Bischofs wird so filtriert, dass sie eher dem entspricht, der Eigeninteressen verfolgt. Wenn Vorhaben nicht weiterkommuniziert werden, wenn man nicht wissen will, wie und was ich „da oben" wirklich denke, gibt es natürlich eine Menge Interpretationsmöglichkeiten. Die Frage ist, wie gelingt es, mit den Leuten gemeinsam auf dem Weg zu sein, gemeinsam in unserer Kirche das Ziel eines gelebten Glaubens zu verwirklichen und in unserer Zeit dazu die notwendigen Maßnahmen zu ergreifen. Nur mein einsamer Wunsch an der Spitze, den ich nicht weitertransportiert und vermittelt bekomme, nützt nichts. Diese Machtgeschichte ist in der Theorie und im Codex Iuris Canonici wunderbar definiert, aber die Praxis bringt andere Erfahrungen mit sich.

Koller:
Wäre es dann nicht wichtig, dass sich dieses gemeinsame Machen in den Strukturen ein Stück weit abbildet?

Burger:
Nicht umsonst braucht es in unseren Apparaten verdiente Leute, die Verantwortung mittragen. Nicht umsonst sind unsere Ordinariate, ähnlich dem Staat mit seinen Ministerien, mit Hauptabteilungen, Abteilungen, Referaten ausgestattet, wo Sachverstand sitzt. Bevor ich eine Entscheidung fälle, will ich doch wissen, was wo wie geht. Ich mache mich doch schlau, will wissen, wie die Verhältnisse sind. Ohne diesen Sachverstand kann ich keine Entscheidung treffen.

Neumann:
Wenn ich Sie richtig verstehe, ist bischöfliche Macht dann weniger eine Sache der Entscheidungskompetenz, sondern vielmehr das Entdecken und Wecken von Gestaltungspotentialen? Wie macht man das, in der eigenen Diözesanverwaltung? Wie kriegt man die Leute, die gerne gestalten wollen, dahin, dass sie auch gestalten können?

Burger:
Meines Erachtens fängt es ja nicht erst in einer bischöflichen Behörde an, sondern bereits in unseren Pfarreien. Welche Leute sind bereit, sich noch zu engagieren, bringen sich ein mit ihren Charismen? Schon als Ortspfarrer bin ich doch auf geeignete Personen angewiesen, die das pfarrliche Leben mitgestalten. Denken wir nur an unsere Räte, an die Vereine und Gruppierungen oder an das Seelsorgeteam. Wer bringt was wie mit ein? Wo sind Bedarfe? Wo gibt es Wünsche von Leuten, die die Kirche mittragen und mitgestalten wollen? Wie können Anliegen aufgegriffen und realisiert werden? Wie führe ich Menschen zusammen? Wie kann ich sie motivieren? Es soll ja am Ende keine kleine Schar Solitärer geben, die irgendwo nur für sich irgendetwas machen. Schließlich sollten in dieser Gemeinschaft der Glaubenden – nach paulinischem Prinzip – alle etwas davon haben. Das gilt es meines Erachtens auch in den verschiedenen hierarchischen Ebenen durchzubuchstabieren. Als Bischof habe ich doch die Aufgabe, danach zu schauen, wo fällt jemand aufgrund seiner Arbeit in der Praxis auf, sodass ich zur Überzeugung komme, diese Person täte dem Fachbereich gut, die kann ich dort einsetzen. Was heißt es für uns, Personalgewinnung, Personalverantwortung wahrzunehmen? Das ist ein Prozess, der uns jeden Tag aufs Neue herausfordert.

Wilmer:
Ja, das ist ein wirklich wichtiger Prozess, an dem wir dranbleiben müssen. Und ich lege noch etwas hinzu mit einer vielleicht steilen These: Es ist richtig, dass wir über Strukturen und Prozesse nachdenken. Es ist richtig, dass wir bestimmte Formen, die sich in der Geschichte entwickelt haben, noch einmal neu anschauen, reflektieren und verändern. Dies müssen wir tun, weil unsere Vorfahren es auch getan haben. Es ist ja nicht so, dass die katholische Kirche in

ihrer jetzigen Form statisch ist. Einiges von dem, was unsere Kirche heute ausmacht, strukturell und kirchenrechtlich, stammt aus dem 19. Jahrhundert. Auch das Trienter Konzil, das die Struktur der Kirche nach der Reformation maßgeblich geprägt hat, hat erst vor knapp 500 Jahren stattgefunden; das bedeutet, dass es davor schon 1500 Jahre Kirche gab. Es ist also richtig, über dieses – ich nenne es mal ein bisschen abstrakter „Sprachspiel der Macht" –nachzudenken. Was mich zurzeit sehr nachdenklich stimmt, ist das neueste Ergebnis der großen KMU, der Kirchenmitgliedschaftsuntersuchung. Dort heißt es, dass drei Viertel der Katholikinnen und Katholiken nicht grundsätzlich ausschließen, aus der Kirche auszutreten, bei den evangelischen Christen gilt dies für etwa zwei Drittel der Mitglieder. Zwei Drittel der Christinnen und Christen können folgenden Satz nicht mehr unterschreiben: „Ich glaube, dass es einen Gott gibt, der sich in Jesus Christus zu erkennen gegeben hat."

Das stimmt mich sehr nachdenklich. Natürlich müssen wir über Macht und Leitungsstruktur nachdenken, aber die viel größere Frage ist die nach der Eschatologie und der Soteriologie. Wenn mehr als die Hälfte der Christinnen und Christen in Deutschland angibt, dass sie nicht an ein Leben nach dem Tod glauben können, muss uns das beschäftigen. Das sagte doch sinngemäß schon Paulus im 1. Korintherbrief: Ist Christus nicht von den Toten auferstanden, ist unsere Verkündigung leer und euer Glaube sinnlos. Anders gesagt: Gibt es nicht mehr den Glauben an ein Leben nach dem Tod, daran, dass uns Gott dem Tod entreißt, an die Auferstehung, dann ist alles Schmarrn, alles Unsinn. Das ist doch das eigentliche Thema. Doch dieses Thema blenden wir aus. Da sind wir wie Blei. Wir haben dafür keine Sprache, wir sind völlig sprachlos. Wir kennen nicht einmal die Frage! Bei der Frage nach der Macht kennen wir die Frage schon. Da gibt es auch schon ein paar Antworten. Vielleicht gehen nicht alle Antworten in die gleiche Richtung, aber wir sind schon dran, eine Grammatik zu entwickeln, wir lernen Vokabeln. Bezüglich unseres Glaubensfundaments jedoch kennen wir noch nicht einmal die Frage!

Burger:
Das ist für mich entscheidend: Wie schaffen wir es, diese Frohe Botschaft ständig ins Wort zu bringen, ohne sie aufzudrängen oder auf-

zunötigen, ohne oberlehrerhaft daherzukommen? Wie können wir trotzdem deren Inhalt immer wieder präsent halten bei den verschiedenen Anlässen, bei denen wir unterwegs sind? Von der Wiege bis zur Bahre, das fängt bei der Taufe an und endet auf dem Friedhof.

Wilmer:
Du bringst es auf den Punkt, Stephan. Und wie gehen wir dann damit um, dass der Glaube nicht mehr relevant zu sein scheint? Entweder scheint es so zu sein, als rutsche bei einem großen Teil der Gesellschaft der Glaube einfach weg. Oder es ist die Entdeckung, dass der Glaube, auf den wir in unserer volkskirchlichen Tradition gesetzt hatten, doch nicht so tief verwurzelt war, wie wir dachten. Die eigentliche große Frage lesen wir schon im Faust: „Heinrich, wie hältst du's mit der Religion?" Das halte ich für ein Riesenthema, ein Giga-Thema: Wie ist Glaube, wie ist Glaubensleben relevant für den Einzelnen, wie für die Gesellschaft? Im Moment sind wir aber wie gelähmt. Wir finden keine Wörter dafür, wir sehen nur Phänomene, die uns von Soziologen und Gesellschaftsanalytikerinnen aufgezeigt werden.

Burger:
Entscheidend ist doch, für was Kirche da ist. Und dabei geht es nicht darum, Systeme zu erhalten, die sich im Laufe der Geschichte irgendwie entwickelt haben oder gewachsen sind. Aufgabe der Kirche ist es, die Frage nach Gott, nach Christus lebendig zu erhalten, unabhängig davon, ob sich der Erfolg messen lässt oder nicht. Ich sage immer, mich verpflichtet das Evangelium nicht, dass ich am Jahresende die Statistik nach oben gepusht habe. Das Evangelium verpflichtet mich, dass ich Zeugnis abgelegt habe von dem, was zentraler Glaubensinhalt ist, von dieser Auferstehungshoffnung, von dem, was danach kommt, von diesem Leben mit Christus. Das gilt es präsent zu halten. Und alles andere ist, Entschuldigung, Nebensache.

Neumann:
Weil Sie gerade die Statistik erwähnten: In Deutschland sind wir mittlerweile bei einer Kirchenbesucherzahl von 4 % der Katholiken angekommen. In Malta etwa, so habe ich kürzlich erfahren, liegt sie noch bei knapp unter 50 %. Was können wir da machen?

Burger:
Ich kann diese Zahlen nicht einfach nach oben verändern. Vielleicht mag es auch noch mal eine Frage der Mentalität sein, wie ich mit dem Glauben umgehe, wie er mich persönlich prägt und beeinflusst, welchen Zugang ich zur Mitfeier von Gottesdiensten habe, sei es inhaltlich, sei es auch im Blick auf die Gemeinschaft. Wir Deutsche haben hier eher eine nüchterne Herangehensweise. In anderen Ländern erlebe ich sehr wohl, wie man mit einem Enthusiasmus unterwegs ist, den Glauben feiert, miteinander Gemeinschaft erfährt. Ich denke noch an die eine Situation in Madagaskar: Sonntag früh, 6.30 Uhr Pontifikalamt. 2000 Menschen in der Kathedralkirche, zwei Drittel junge Leute. Gut, ich freue mich auch, wenn ich bei uns ein feierliches lateinisches Hochamt zelebrieren und genießen kann. Ich kann und darf das eine nicht gegen das andere ausspielen. Aber beim feierlichen Einzug mit dem Ortsbischof in dessen Kathedralkirche, begleitet von den afrikanisch beeinflussten Gesängen, ist es mir eiskalt den Buckel hinuntergelaufen. Diese Faszination zu erleben, schafft auf ihre Weise Gemeinschaft. Vielleicht mag es daran liegen, dass die Menschen dort einfach mehr Glauben *feiern* und nicht ständig zerpflückt reflektieren. Ich merke einfach, der Glaube wird anders gelebt, Gemeinschaft intensiver erfahren. Dadurch wird natürlich Kirche lebendiger wahrgenommen.

Neumann:
Der Erzbischof von Malta sagt, er habe 300.000 Telefonnummern in seinem Telefonbuch, weil jeder Malteser seine Handynummer habe. Könnten Sie sich das vorstellen?

Burger:
Damit wäre ich maßlos überfordert. Ich wäre innerhalb von drei, vier Tagen komplett ruiniert. Weil ich schon die Zeit gar nicht hätte. Ich kenne das noch aus meiner eigenen Zeit als Pfarrer bei Seelsorgegesprächen. Wenn ich dem Einzelnen wirklich gerecht werden will, kann ich nicht nur sagen, „Schön, dass du da bist, ich freue mich, von dir was zu hören, und tschüss, ich habe jetzt keine Zeit mehr." Gerade dieser Vorwurf wird uns als Seelsorgende sehr oft gemacht: Sie haben ja keine Zeit. Wenn ich Seelsorger sein will, muss ich Zeit haben für die Menschen. Wenn jemand allein über die Tele-

fonnummern so viel Zeit oder Bindungskraft entwickeln kann, um die Leute zu motivieren und zu begleiten, dann ist das hervorragend; ich könnte es nicht.

Koller:
Ich hänge noch immer an diesem Bild der Sprachlosigkeit, das mir sehr einleuchtet und sich mit meinen Eindrücken und Erfahrungen, selbst an theologischen Fakultäten, deckt. Wo sehen Sie denn Sprachzentren? Wo könnte die Sprache, die uns fehlt, herkommen?

Burger:
Zunächst braucht es diese Erfahrung, Glauben gemeinsam zu erleben. Ich denke immer noch an die Predigt eines Pallottinerpaters, der die Frage nach der Glaubensvermittlung thematisiert hatte. Dabei ging es um einen Esel, der nicht mehr fressen und trinken wollte. Wie bringe ich den Esel wieder dazu? Der Bauer wollte ihn zwingen, hat ihn geschlagen. Er hat einen Haufen Futter vor ihn hingestellt, der Esel wollte einfach nicht. Da bekam er den Rat, er soll einen Esel nehmen, der Durst und Hunger hat. Diesen hat er neben den alten Esel gestellt. Und dann hat der eine Esel mit Wonne aus dem Wassereimer gesoffen und richtig gefressen. Das war der Anlass, dass der andere Esel wieder begonnen hat, selbst zu fressen und zu saufen. Vielleicht liegt es an diesem platten Beispiel, liegt es an der Motivation, wie wir unseren Glauben miteinander leben, wie wir miteinander umgehen, wie wir diesem Glauben Ausdruck verleihen in einer Lebendigkeit, in einer Ernsthaftigkeit, die anzieht und begeistert, und eben nicht nur in der theoretischen Erörterung. Keine Frage, unser Glaube will und muss reflektiert sein, darin sind wir in Deutschland auch Weltmeister, aber dieses gemeinsame Erleben, Wahrnehmen und Ernstgenommensein im Glaubensverständnis gehört unabdingbar dazu.

Wilmer:
Um einmal abstrakt zu beginnen: Phänomenologisch beschrieben sind wir hier in unserem Kulturkreis sehr stark durch den deutschen Idealismus geprägt. Durch Gelehrte wie Schelling, Hegel, Schleiermacher und natürlich Kant. Das Erkennen ist uns sehr wichtig. Wir müssen etwas begreifen, wir wollen intelligent sein. Wir fragen stär-

ker danach, ob jemand intelligent ist, als danach, ob jemand klug ist. Wir fragen stärker nach dem, was jemand weiß, wie pfiffig und gescheit jemand ist. Solche smarten Persönlichkeiten glänzen in jeder Talkshow. Aber wer fragt danach, wie klug jemand ist? Klugheit verstanden als Lebensweisheit. Das kann auch jemand sein, der älter ist oder jünger, mit abgebrochener Hauptschule, jemand, der mit beiden Beinen auf dem Boden steht und Verantwortung für Menschen übernimmt, für die Natur, für die Umwelt, für andere. Das nenne ich Klugheit, und Klugheit ist schon sehr affin zu Weisheit, auch im klassischen griechischen oder auch im biblischen Sinne.

Ich glaube, dass wir in der Kirche, aber auch in den Schulen und an den Universitäten erst einmal selbstkritisch nachfragen sollten. Wir haben hier in Deutschland, in unserer Kultur doch lange gedacht, es gibt so etwas wie *fides quae*, ein Glaubenspaket, das ich von einer Generation zur anderen vermittle. Wenn ich an mein eigenes Studium denke, an die Lehrer, die ich in Deutschland hatte, entstand nie die Frage: Sind die Lehrer, die Dozierenden in der Pfarrei engagiert? Oder sind sie nebenher in einem Krankenhaus tätig oder im Gefängnis? Betreuen sie einen Pfadfinderstamm? Wo sind sie verortet, wo haben sie ihre Wurzeln im Glaubensleben? Und reden sie darüber? Wir haben nicht nachgefragt. Das ist heute aber anders. Es ist nicht mehr davon auszugehen, dass die Glaubensvermittlung zu Hause stattfindet. Ich glaube, deswegen ist es in den Schulen und den Gemeinden zukünftig nicht mehr möglich, nicht existenziell gewendet zu lehren. Die existenzielle Wendung heißt, dass jeder, jede auch von sich erzählt: Wie halte ich es mit der Religion? Ohne das persönliche Zeugnis ist das, was ich sage, leer und die Anschauung ist hohl. Wir brauchen auch die Praxis; nicht nur die Orthodoxie, sondern auch die Orthopraxie. Das gilt für alle Christinnen und Christen. In Deutschland sind wir vielleicht sehr verkopft, in der Theologie, von der Lehre bis hin zum Religionsunterricht. Im Religionsunterricht wird Glaubenswissen vermittelt. Das ist gut und richtig. Aber das reicht nicht. Daneben braucht es tatsächlich das persönliche Zeugnis.

Koller:
Werfen wir zum Abschluss noch einen Blick ins kirchliche Gesetzbuch, den Codex Iuris Canonici. In Canon 378 CIC werden folgende

Eignungskriterien für das Bischofsamt aufgelistet: Ein Bischof soll „sich auszeichnen durch festen Glauben, gute Sitten, Frömmigkeit, Seeleneifer, Lebensweisheit, Klugheit sowie menschliche Tugenden und die übrigen Eigenschaften, die ihn für die Wahrnehmung seines Amtes geeignet machen."

Welche dieser Kompetenzen würden Sie aus Ihrer Erfahrung heraus für zentral erachten? Und gibt es vielleicht noch eine, die man bei der nächsten Codex-Revision ergänzen sollte?

Burger:
Ob ein Bischof all diesen Tugenden und Eigenschaften gerecht wird? Fragezeichen. Das mögen andere feststellen. Die Grundvoraussetzungen sind natürlich gut und löblich. Ob ich ihnen gerecht werde, ob sie für mich zutreffen? Fragezeichen.

Koller:
Aber gibt es eine dieser Eigenschaften, von der Sie sagen würden, die brauchen Sie am meisten?

Burger:
Lebensweisheit würde ich jetzt salopp und spontan sagen. Mich fragte einmal ein Kollege bei all den Beanspruchungen: „Stephan, wie hältst du das aus? Ich kann nicht mehr." Meine Antwort: „Nur mit badischer Gelassenheit und einem guten Weinkeller." Auch das mag für mich zur Lebensweisheit im weitesten Sinne gehören.

Aber all die anderen menschlichen Tugenden und Eigenschaften – wie gesagt, grundsätzlich voll und ganz dafür. Diese Kriterien festzustellen, gehört normalerweise zum Tugendverfahren innerhalb des Seligsprechungsprozesses. (*lacht*)

Wilmer:
Meines Erachtens braucht ein Bischof festen Glauben. Das ist für mich das Fundament. Ohne diesen Halt kann ich den Dienst des Bischofs nicht leisten. Dann fehlen mir in der Aufzählung des Canons einige Aspekte. Es fehlt zentral: Leitungskompetenz. Diese steht so nicht im Canon, ich finde sie aber absolut notwendig. Dazu gehört für mich ein Leitungsverständnis, das nicht einfach nur top-down bedeutet, sondern: Kann jemand mit Menschen? Kann jemand mit

komplexen Situationen umgehen, mit Vielschichtigkeit? Das wäre die erste Ergänzung. Zweitens: Psychische Belastbarkeit. Hat jemand breite Schultern, kann er tragen und ertragen? Wir müssen uns klarmachen: Burnout und Müdigkeit sind Phänomene unserer Gesellschaft, auch in Spitzenpositionen. Drittens: Kommunikation. Kann ein Bischof kommunizieren? Kann er erklären? Kann er Konfliktkommunikation, Negativkommunikation, komplexe Kommunikation?

Ergänzen würde ich am Ende noch einen Punkt. Unabdingbar für mich: Humor. Humor halte ich für enorm wichtig. Warum? Mit Humor geht vieles leichter und charmanter. Man muss auch mal lachen, nicht immer so fürchterlich bierernst sein, so verändert sich die Atmosphäre. Humor, finde ich, setzt auch inhaltlich eine Distanz. Man nimmt sich selbst nicht so wichtig, man kann sich distanzieren und auch mal über sich selbst lachen. Ich finde, heute muss ein Bischof über sich selbst lachen können. Leitungskompetenz, psychische Belastbarkeit, Kommunikationsfähigkeit und Humor. Das sollten Bischöfe auf jeden Fall mitbringen.

Gallegos Sánchez:
Erzbischof Stephan, Bischof Heiner,
vielen Dank für das offene Gespräch.

Die Autor:innen

Steffen Engler (geb. 1990), Dr. theol., Studium der Katholischen Theologie in Freiburg, ehemaliger wissenschaftlicher Mitarbeiter am Lehrstuhl für Kirchenrecht der Universität Freiburg. Seit 2022 Berater für den Öffentlichen Sektor bei einer Big-Four-Wirtschaftsprüfungsgesellschaft.

Katrin Gallegos Sánchez (geb. 1978), Dr. theol., Pastoralreferentin und Präventionsbeauftragte mit Fable für Kirchen- und Organisationsentwicklung, Studium der Katholischen Theologie und Betriebswirtin (BA). Derzeit tätig in der Pfarrei St. Ursula, Oberursel und Steinbach (Bistum Limburg).

Christoph Koller (geb. 1987), Studium der Theologie, Geschichte und Romanistik in Heidelberg, Freiburg und Paris; Wissenschaftlicher Mitarbeiter am Lehrstuhl für Kirchenrecht der Universität Freiburg.

Thomas Neumann (geb. 1984), Dr. theol. Lic. iur. can., Studium der Geschichte, Katholischen Theologie und Informatik in Freiburg i. Br., Promotion zum Dr. theol. ebenda bei Georg Bier. Studium des Kanonischen Rechts in Münster. Tätigkeit als Akademischer Rat am Institut für Kanonisches Recht der Universität Münster.

Oliver Schmitz (geb. 1983), Dipl.-Jur., Mag. theol. und seit 2017 Priester der Diözese Essen. Studium der Rechtswissenschaften in Bochum und der Katholischen Theologie in Bochum und Freiburg. Derzeit als Kaplan und Jugendbeauftragter tätig in der Propsteipfarrei St. Pankratius in Oberhausen-Osterfeld. Nach wie vor mit großem Interesse am Kirchenrecht unterwegs und in der Pfarrei u. a. verantwortlich für die Projektrealisierung der Kibar (Kirche erlebbar).

Nadja Schmitz-Arenst (geb. 1995), Mag. theol., M.A., Studium der Theologie, Musikwissenschaft und Psychologie in Freiburg; von 2020 bis 2024 wissenschaftliche Hilfskraft am Lehrstuhl Kirchenrecht der Universität Freiburg, seit 2024 tätig als Bildungsreferentin im Erzbischöflichen Seelsorgeamt Freiburg.

Benedikt Steenberg (geb. 1981), Dipl.-Theol., Studium der Katholischen Theologie in Freiburg und des Kanonischen Rechts in Münster. Seit 2017 Referent für Kirchenrecht in der Stabsabteilung Recht des Bischöflichen Generalvikariats Hildesheim und Wissenschaftlicher Mitarbeiter am Bischöflichen Offizialat Hildesheim.

Benjamin Vogel (geb. 1984), Dr. theol., Studium der Katholischen Theologie in Freiburg i. Br. Derzeit tätig als Pastoralreferent und Diözesanrichter im Erzbistum Freiburg.